Basiswissen Mobile App Testing

Björn Lemke ist Managing Consultant bei der trendig technology services GmbH. Die Schwerpunkte seiner Arbeit sind Softwarequalitätssicherung, Integrated Technology and Operations (ITOps), IT-Service-Management (ITIL), Testmanagement, Testdatenmanagement, Testinfrastrukturmanagement sowie Mobile Application Testing in kleinen bis hin zu sehr großen Projekten.

Nils Röttger arbeitet bei der imbus AG in Möhrendorf als Berater, Projektleiter und Speaker und ist u.a. verantwortlich für die Ausbildung und den Bereich Mobile Testing. In seinen Vorträgen beschäftigt er sich immer wieder mit Themen wie exploratives Testen, Usability oder Ethik im Softwaretest.

Björn Lemke · Nils Röttger

Basiswissen Mobile App Testing

Aus- und Weiterbildung zum Certified Mobile Application Tester – Foundation Level Specialist nach ISTQB®-Standard

dpunkt.verlag

Björn Lemke · *b.lemke@gmx.de*
Nils Röttger · *nils.roettger@imbus.de*

Lektorat: Christa Preisendanz
Copy-Editing: Ursula Zimpfer, Herrenberg
Layout & Satz: Birgit Bäuerlein
Herstellung: Stefanie Weidner
Umschlaggestaltung: Helmut Kraus, *www.exclam.de*
Druck und Bindung: mediaprint solutions GmbH, 33100 Paderborn

Bibliografische Information der Deutschen Nationalbibliothek
Die Deutsche Nationalbibliothek verzeichnet diese Publikation in der Deutschen Nationalbibliografie; detaillierte bibliografische Daten sind im Internet über *http://dnb.d-nb.de* abrufbar.

Fachliche Beratung und Herausgabe von dpunkt.büchern zum Thema »ISTQB® Certified Tester«:
Prof. Dr. Andreas Spillner · *Andreas.Spillner@hs-bremen.de*

ISBN:
Print 978-3-86490-748-7
PDF 978-3-96910-118-6
ePub 978-3-96910-119-3
mobi 978-3-96910-120-9

1. Auflage 2021

Wieblinger Weg 17
69123 Heidelberg

Hinweis:
Dieses Buch wurde auf PEFC-zertifiziertem Papier aus nachhaltiger Waldwirtschaft gedruckt. Der Umwelt zuliebe verzichten wir zusätzlich auf die Einschweißfolie.

Schreiben Sie uns:
Falls Sie Anregungen, Wünsche und Kommentare haben, lassen Sie es uns wissen: *hallo@dpunkt.de.*

5 4 3 2 1 0

Inhaltsübersicht

Inhaltsverzeichnis

1 Einleitung

In diesem Kapitel erläutern wir unsere Motivation, dieses Buch zu schreiben, geben grundlegende Hinweise und Erklärungen und skizzieren, wie dieses Buch zum ISTQB®-Syllabus »Mobile Application Testing Foundation Level« [URL: ISTQB Materials] steht. Fachliche Inhalte aus dem Syllabus sind in diesem Kapitel nicht enthalten. Diese findest du ab Kapitel 2.

1.1 Warum wir dieses Buch schreiben

Wir beide hatten das Glück, im Rahmen unserer beruflichen Tätigkeit schon in einer frühen Phase der Marktverbreitung von Smartphones in Mobile-App-Projekten arbeiten zu können. Für uns hatten fast alle Kundenprojekte seit den frühen 2010er-Jahren mit mobilen Apps zu tun. Darunter gab es sowohl reine App-Projekte als auch Projekte, in denen mobile Apps nur ein Teilaspekt waren. Somit kann jeder von uns auf fast 10 Jahre Erfahrung im Testen mobiler Apps zurückblicken. Die Erfahrungen zum Testen von anderen Applikationen reichen noch weiter zurück.

Zudem arbeiten wir beide bei Unternehmen, die neben der Projektunterstützung für Kunden auch Schulungen zu Softwaretests und verwandten Themen anbieten. Da wir nicht nur in Kundenprojekten tätig sind, sondern auch gelegentlich Trainings durchführen, war es nur natürlich, dass wir unser Wissen und unsere Erfahrungen rund um das Mobile App Testing bereits seit einigen Jahren an Kollegen und Kunden weitergeben. Diese Weitergabe erfolgt sowohl in individuellen Schulungen, Workshops und Coachings als auch in standardisierten Schulungen, wie z.B. dem »Certified Mobile App Professional – Foundation Level« (CMAP-FL). Der CMAP-FL diente als Basis für die Erstellung des ISTQB®-Syllabus »Mobile Application Testing Foundation Level« (ISTQB® MAT).

Als sich für uns dann die Möglichkeit bot, am Syllabus für den ISTQB® MAT mitzuwirken, haben wir dies gerne getan. Neben den wertvollen Erfahrungen, die wir dabei sammeln durften, führte die Erstellung des Syllabus dazu, dass wir uns kennenlernten.

Auch wenn wir beide bei Trainingsanbietern arbeiten und den Besuch eines professionellen Trainings empfehlen, wissen wir trotzdem, dass nicht jeder an solch einem Training teilnehmen kann, darf oder will. Zudem haben wir selbst auch viel aus Büchern gelernt. Daher haben wir uns entschieden, gemeinsam dieses Buch zu schreiben, in dem wir versuchen, die Inhalte des Syllabus so zu vermitteln, wie wir dies auch bei unseren Trainings tun. Unsere Absicht ist es, mit diesem Buch eine Möglichkeit zum Selbststudium für die ISTQB®-MAT-Zertifizierung bereitzustellen. Wichtiger für uns ist jedoch, dir Kenntnisse zu vermitteln, die bei der Erfüllung deiner Aufgaben rund um mobile Apps hilfreich sind.

1.2 Dieses Buch im Kontext des ISTQB®-Syllabus »Mobile Application Testing Foundation Level«

Der ISTQB®-MAT-Syllabus zeigt in erster Linie die unterschiedlichen mobilspezifischen Themenbereiche rund um den Test mobiler Apps auf. Aus unserer Sicht ist er allein nicht als Lehrbuch geeignet und auch nicht als solches gedacht. Sofern der Syllabus zum Selbststudium genutzt wird, sind zusätzliche Informationsquellen notwendig, um sich die Inhalte der einzelnen Themenkomplexe in angemessener Tiefe zu erarbeiten. Diese Informationsquellen müssen zudem durch eigene Recherchen gefunden werden. Diesen Aufwand wollen wir unseren Lesern ersparen und daher erläutern wir den gesamten Inhalt des Syllabus im Rahmen dieses Buches. Zudem haben wir exemplarische Übungen zu fast allen Kapiteln entworfen, in denen der Syllabus diese vorsieht. Weiterhin führen wir Praxisbeispiele aus unserem Projektalltag auf. Diese sollen dabei unterstützen, die Inhalte in die eigene berufliche Praxis zu übertragen.

Aufbau und Struktur des Buches entsprechen weitestgehend dem Syllabus. Dadurch wird es einfacher, im Selbststudium parallel mit dem Syllabus und diesem Buch zu arbeiten. Zusätzlich haben wir im Anhang ein Mapping zwischen den Kapiteln dieses Buches und den zugehörigen Kapiteln des ISTQB®-MAT-Syllabus bereitgestellt.

Aufgrund unserer Mitwirkung am Syllabus und unserer Erfahrungen als Trainer für den ISTQB® MAT und dessen Vorgänger CMAP-FL sind wir überzeugt, dass dieses Buch als Prüfungsvorbereitung für die Zertifizierung dienen kann.

Zur Kontrolle der eigenen Kenntnisse empfehlen wir, die gemeinsam mit dem Syllabus veröffentlichten ISTQB®-MAT-Übungsfragen [URL: ISTQB Materials] zu bearbeiten. Da die englische Sprache der originalen Veröffentlichung eine Herausforderung sein kann, möchten wir auch die deutschsprachige Übersetzung des German Testing Board aufführen. Das German Testing Board stellt sowohl den Syllabus als auch die Übungsfragen in deutscher Sprache bereit [URL: GTB MAT].

1.3 Das ISTQB® und das »Certified Tester«-Ausbildungsschema

Das International Software Testing Qualification Board, kurz ISTQB®, ist eine global agierende Organisation, die das erfolgreichste Ausbildungs- und Zertifizierungsschema zum Testen von Software entwickelt hat. Es ist in regionalen bzw. nationalen Boards organisiert. So gibt es im deutschsprachigen Raum das Austrian Testing Board (ATB), das German Testing Board (GTB) und das Swiss Testing Board (STB).

Das Ausbildungsschema des ISTQB® ist in drei Stufen organisiert: dem Foundation Level, dem Advanced Level sowie dem Expert Level. Innerhalb jeder Stufe gibt es Lehrpläne zu mehreren Themenbereichen rund um den Softwaretest, die von ehrenamtlich tätigen Autoren aus Industrie und Forschung erstellt werden.

Weitere Informationen zur Organisation, dem Ausbildungs- und Zertifizierungsschema sowie den Lehrplänen finden sich auf der Webseite des ISTQB® [URL: ISTQB] sowie auf den Seiten der nationalen Testing Boards [URL: ATB; URL: GBT; URL: STB].

1.4 Schlüsselbegriffe

Wir haben am Anfang jedes Kapitels die Schlüsselbegriffe und die dazugehörigen englischen Begriffe aus dem englischen Syllabus aufgelistet. Zum Teil haben wir zusätzliche, aus unserer Sicht wichtige Begriffe in dieser Auflistung ergänzt.

1.5 Grundlegende Hinweise und Erklärungen

Gendergerechte Sprache

Wie bereits in den vorangehenden Abschnitten zu sehen war, verzichten wir im gesamten Buch auf gendergerechte Sprache. Wir verwenden immer die kürzeste Form. Zum Beispiel werden wir »der Nutzer« schreiben und nicht »die Nutzerin oder der Nutzer«. Dies machen wir einzig und allein zur leichteren Lesbarkeit. Wir beabsichtigen damit keinerlei Diskriminierung. Sollten sich Leserinnen durch diese Entscheidung diskriminiert fühlen, möchten wir uns dafür entschuldigen und versichern, dass dies nicht unsere Absicht ist.

Anrede

Nach unserer Erfahrung werden mobile Apps meist in jungen und agilen Teams entwickelt. In diesen steht das Team im Mittelpunkt. Daher ist auch der Kommunikationsstil angepasst, sodass sich in der Regel alle Teammitglieder duzen. Diesen Kommunikationsstil haben wir für dieses Buch übernommen und duzen den Leser daher. Selbstverständlich darf auch jeder uns duzen.

Wir hoffen, dass du dich durch diesen Kommunikationsstil nicht unangemessen angesprochen oder sogar angegriffen fühlst. Falls dies doch der Fall sein sollte, möchten wir uns dafür entschuldigen.

Praxisbeispiele

Die enthaltenen Praxisbeispiele stammen ausschließlich aus unserer beruflichen Praxis. Um den Schutz von Kunden und Geschäftsgeheimnissen zu wahren, mussten wir jedoch teilweise abstrahieren oder kleine Anpassungen vornehmen. Durch diese Anpassungen kann eventuell der Eindruck entstehen, dass es sich um konstruierte Beispiele handelt. Dies ist aber nicht der Fall. Alle Praxisbeispiele haben wir im Kern so in unserem Berufsalltag erlebt. Die Praxisbeispiele sind folgendermaßen gekennzeichnet:

Praxisbeispiel 1–1: Beispiel, wie Praxisbeispiele dargestellt werden

Bei diesem Kasten handelt es sich um ein Beispiel, das zeigen soll, wie Beispiele aus unserem Projektalltag im weiteren Verlauf des Buches dargestellt werden.

Englische Abbildungen

Wir haben teilweise echte Screenshots von Webseiten oder den Mobilgeräten eingefügt, um das Geschriebene bildlich zu verdeutlichen. Leider gibt es manche Bilder nur mit englischem Inhalt. Da die Bilder jedoch zumeist selbsterklärend sind und den Text ergänzen sollen, haben wir auf eine Übersetzung in den Abbildungen verzichtet.

Übungen

Wir empfehlen dringend, die im Buch enthaltenen Übungen praktisch durchzuführen und nicht nur zu lesen. Testen lernst du nur dadurch, dass du testest! Theoretische Kenntnisse wirken nur unterstützend für die praktische Anwendung. Sie helfen, Ideen zu generieren und festzulegen, wie mit der aktuellen Aufgabenstellung umgegangen werden kann. Vielleicht findet sich für die Übungen ein Sparringspartner aus der Testing Community oder unter den Arbeitskollegen. Viele der Übungen können so durchgeführt werden, dass gemeinsam und remote an der Lösung gearbeitet wird.

Copyrights und Namen

Alle im Buch genutzten Namen und Bezeichnungen unterliegen dem Copyright des jeweiligen Eigentümers. Diese Aussage gilt auch, wenn die Namen oder Bezeichnungen nicht explizit als dem Copyright unterliegend gekennzeichnet sind.

Hinweis zum Glossar

Wir haben unser Glossar mit dem domänenspezifischen Glossar im MAT-Syllabus und dem allgemeinen Glossar des ISTQB® abgeglichen. Bei den Begriffen kann es andere Formulierungen geben. Der Inhalt stimmt aus unserer Sicht aber überein. Sollten in diesem Buch dir unbekannte Worte oder Begriffe vorkommen, empfehlen wir dir als erste Anlaufstelle die beiden genannten Quellen des ISTQB® [URL: ISTQB Glossary; URL: ISTQB Materials].

Verweise auf andere Lehrpläne

Einige der im Buch genannten Lehrpläne wurden vom GTB (German Testing Board) auch ins Deutsche übersetzt, und es werden deutsche Zertifizierungen angeboten. Wir haben im Buch dann neben dem Link zum ISTQB® zusätzlich auch den Link zur Webseite des GTB aufgelistet, den Lehrplan beim GTB aber nicht explizit aufgeführt.

Quellen und Links

Quellen und Links wurden von uns zuletzt im August 2020 überprüft. Sollten sich nach diesem Datum Änderungen ergeben haben, sind diese nicht im Buch berücksichtigt.

2 Die mobile Welt

Dieses Kapitel beinhaltet eine allgemeine Einführung in die Welt der mobilen Applikationen. Neben einem Überblick über den Markt und warum dessen Kenntnis wichtig ist, beschreiben wir, welche geschäftlichen und technischen Faktoren eine Rolle spielen. Zudem skizzieren wir Herausforderungen und die daraus resultierenden Risiken und erläutern Beispiele, auf welche Art und Weise diese Risiken im Rahmen der Teststrategie behandelt werden können.

Schlüsselbegriffe aus dem englischen Syllabus:
Risikoanalyse (risk analysis), Risikominderung (risk mitigation), risikoorientierter Test (risk-based testing), Teststrategie (test strategy)

Weitere Schlüsselbegriffe in diesem Kapitel:
Geräte, Nutzer, Plattform, App-Art

2.1 Geschäftliche Faktoren

In der mobilen Welt tummeln sich viele Mitspieler. Neben den Herstellern der Betriebssysteme, Geräte und Werkzeuge sind auch die Nutzer und die benutzten Geräte wichtige Informationen, die hilfreich sind, um eine App marktgerecht entwickeln und testen zu können. Weiterhin ist es wichtig, zu wissen, wie eine App monetarisiert, also zu Geld gemacht werden kann. In den seltensten Fällen wird eine App nur gebaut, um eine App zu bauen. In der Regel wird ein geschäftliches Interesse hinter den für die Entwicklung notwendigen Investitionen stehen. Jeder Tester und andere Projektbeteiligte sollten dies bei ihrer Arbeit berücksichtigen.

2.1.1 Analyse mobiler Daten

Zum Glück ist es nicht notwendig, selbst entsprechende Marktstudien durchzuführen, um sich einen Überblick über die mobile Welt zu verschaffen. Stattdessen kannst du auf eine Vielzahl von öffentlich verfügbaren Informationen zugreifen. Diese sind teilweise frei nutzbar oder auch als kommerzielle Angebote verfügbar.

Bei der Verwendung der Informationen ist es wichtig, darauf zu achten, was die jeweilige Datenquelle beinhaltet. So stellt z.B. Google für Android im Developer Dashboard [URL: Dashboard] Informationen über die prozentuale Nutzerverteilung über die verschiedenen Android-Versionen bereit. Zudem bietet Google eine Übersicht, welcher prozentuale Anteil der Nutzer welche Kombination aus Displaygrößenklasse und Pixeldichteklasse nutzt (vgl. Abb. 2–1).

	ldpi	mdpi	tvdpi	hdpi	xhdpi	xxhdpi	Total
Small	0.4%				0.1%	0.1%	0.6%
Normal		0.9%	0.3%	24.0%	37.7%	23.6%	86.5%
Large		2.4%	1.9%	0.6%	1.6%	1.7%	8.2%
Xlarge		3.1%		1.3%	0.6%		5.0%
Total	0.4%	6.4%	2.2%	25.9%	40.0%	25.4%	

Abb. 2–1 *Matrix der Nutzeranteile in Prozent nach Displaygrößen- und Dichteklasse, Stand 18.01.2020 [URL: Dashboard]*

Diese Zahlen beziehen sich jedoch nur auf Android. iOS wird dabei nicht berücksichtigt. Zudem sind es globale Daten. In lokalen Märkten kann die Verteilung anders aussehen. Beispielsweise kam Android 9.0, laut Google, im Mai 2019 weltweit bei 10,4 % aller Android-Nutzer zum Einsatz. Laut GS Statcounter [URL: Statcounter] wurde im gleichen Zeitraum in Deutschland Android 9.0 bereits von 26,23 % der Nutzer eingesetzt. Eine Erklärung für diesen Unterschied besteht darin, dass in hoch entwickelten Industrienationen wie Deutschland, Österreich und der Schweiz tendenziell andere Geräte genutzt werden als in weniger weit industrialisierten Ländern, wie z.B. Kenia oder Indonesien.

Die bereits im vorstehenden Absatz genannte Informationsquelle GS Statcounter erlaubt es, über ein einfach zu bedienendes Webinterface diverse Auswertungen zu erstellen. Für jeden einsehbar finden sich dort Informationen bezüglich folgender Aspekte:

- Marktanteil nach Browser
- Betriebssystem
- Bildschirm- oder Displayauflösung
- Gerätehersteller

Außerdem ist es möglich, die Auswertungen u.a. nach folgenden Kriterien einzuschränken:

- Geräteklasse
- Zeitraum
- Regionen oder Ländern

Die Parameter der Auswertungen kannst du selbst aus einem vorgegebenen Set wählen, woraufhin die Seite die grafische Aufbereitung des Ergebnisses anpasst (vgl. Abb. 2–2). Diese Information ist sehr hilfreich, um das im Test genutzte Geräteportfolio für das eigene Projekt und dessen Zielmärkte anzupassen.

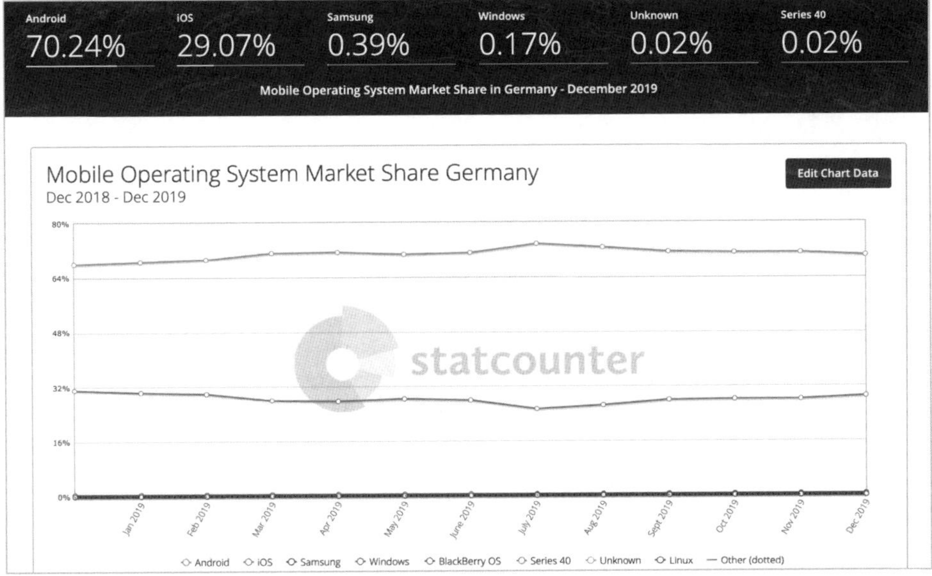

Abb. 2–2 *Exemplarische Darstellung einer Auswertung mit GS Statcounter zu Marktanteilen mobiler Betriebssysteme in Deutschland im Zeitraum Jan. 2019 – Jan. 2020 [GS Statcounter]*

Als eine mögliche dritte Datenquelle zur Verbreitung von Plattformen und Geräten empfehlen wir Perfecto Mobile. An sich ist Perfecto Mobile ein Anbieter für Cloud-Testing-Dienste. Perfecto Mobile veröffentlicht aber auch regelmäßig den sogenannten »Mobile & Web Test Coverage Index« [Perfecto 2020]. Dieser kann nach kostenloser Registrierung heruntergeladen werden und enthält Empfehlungen zu konkreten Geräten für ausgewählte Zielmärkte (vgl. Abb. 2–3).

TEST COVERAGE INDEX Perfecto

MOBILE DEVICE INDEX: GERMANY

	Device Model	Screen Family	Screen Size	Screen Resolution	PPI	Release Date	Recommended OS	Stock OS/ Custom OS	Status
ESSENTIAL	Apple iPhone 8	N	4.7''	750 x 1334	326	September 2017	iOS Latest	NA	Up
	Samsung Galaxy S9+	L	6.2''	1440 x 2960	529	March 2018	Android 10	One UI 2	Up
	Apple iPhone 7 Plus	L	5.5''	1080 x 1920	401	September 2016	iOS Latest	NA	Up
	Samsung Galaxy S8	L	5.8''	1440 x 2960	570	April 2017	Android 9	One UI	Down
	Apple iPhone X	L	5.8''	1125 x 2436	458	November 2017	iOS Latest	NA	Up
	Apple iPhone 11	L	6.1''	828 x 1792	326	September 2019	iOS Latest	NA	Up
	Samsung Galaxy S7	N	5.1''	1440 x 2560	577	February 2016	Android 8.0	TouchWiz UI	Down
	Samsung Galaxy S9	L	5.8''	1440 x 2960	570	March 2018	Android 10	One UI 2	Up
	Google Pixel 4 (REF)	N	5.7''	1080 x 2280	444	October 2019	Android 11	Stock	"="
	Huawei P30 Pro	L	6.47''	1080 x 2340	398	March 2019	Android 10	EMUI 10	New
	Samsung Galaxy Note 10+	L	6.8''	1440 x 3040	498	August 2019	Android 10	One UI 2	New
	Apple iPad Air 2	XL	9.7"	2048 x 1536	264	October 2014	iPadOS Latest	NA	Up
	Huawei P30 Lite	L	6.15''	1080 x 2312	415	April 2019	Android 10	EMUI 10	New
	Apple iPhone 8 Plus	L	5.5''	1080 x 1920	401	September 2017	iOS Latest	NA	Up

Abb. 2–3 *Beispiel für Geräteauswahlliste von Perfecto Mobile für Deutschland [Perfecto 2020]*

Die oben aufgeführten und auch die meisten weiteren Datenquellen beziehen sich auf die Verbreitung der Plattformen bzw. Plattformversionen. Diese Informationen können genutzt werden, um zu ermitteln, welche Geräte im eigenen Geräteportfolio enthalten sein sollten. Somit ermöglichen sie, dass im Test ein repräsentativer Querschnitt der im jeweiligen Markt genutzten Geräte zum Einsatz kommt.

Daneben können aber auch weitere Marktdaten, wie z.B. erzielte Umsätze oder App-Downloadzahlen, interessant sein. Insbesondere wenn es um die Entscheidung geht, ob überhaupt eine App und – wenn ja – welche Art von App gebaut werden soll. Auch die Teststrategie und Testkonzeption können von weiteren Marktinformationen profitieren. Je besser uns der Markt bekannt ist, desto besser können wir Teststrategie und Testkonzeption an die Bedürfnisse des Marktes anpassen.

Neben den oben genannten Datenquellen gibt es noch eine Vielzahl von anderen Quellen. Alle diese möglichen Bezugsquellen für Marktdaten und die jeweiligen Arten von Daten aufzuführen, die sie bereitstellen, würde den Rahmen dieses Buches sprengen. Daher möchten wir dich, werter Leser, an deine bevorzugte Suchmaschine verweisen und vertrauen dabei auf deine eigenen Fähigkeiten zur Onlinerecherche.

Die Recherchen und die Aufbereitung der Daten können sehr zeitaufwendig sein. Das Ergebnis steht weiterhin im Zusammenhang mit dem allgemeinen Markt. Dies ist meist ein guter Startpunkt, aber nicht zwangsläufig identisch mit der eigenen Nutzerbasis. Daher ist es häufig lohnend, sich mit anderen Projekten im eigenen Unternehmen auszutauschen, welche Informationen zum Markt und den Nutzern vorhanden sind und wie diese erarbeitet wurden. Durch diesen Austausch können redundante Aktivitäten zum Erarbeiten der Informationen reduziert werden. Auch ist es sinnvoll, eine unternehmensweite Initiative anzustoßen, die die folgenden Punkte für alle Projekte abarbeitet:

- Informationen sammeln
- Informationen aufbereiten
- Informationen bereitstellen
- Informationen regelmäßig aktualisieren

Eine solche Initiative ermöglicht es, den Aufwand über viele Projekte zu verteilen. Zudem kann damit sichergestellt werden, dass alle Projekte immer auf aktuelle Informationen zugreifen und das Risiko von Fehlern in der Analyse und Aufbereitung der Marktdaten reduziert wird. Wir empfehlen daher, dieses Vorgehen unbedingt zu adaptieren.

Weiterhin empfehlen wir die Integration von Analysewerkzeugen in die App. Solche Analysewerkzeuge erlauben es u.a., festzustellen, auf welche Art und Weise und mit welchen Geräten die App genutzt wird. Diese Informationen sind sehr wertvoll, um den im Test genutzten Gerätepool entsprechend an die Geräte der eigenen Nutzer anzupassen. Zudem können wir so feststellen, wie häufig einzelne Teile der App genutzt werden. Dies wiederum erlaubt es, die Testintensität auf die Nutzungsintensität abzustimmen. Ein weiterer Vorteil liegt darin, dass Geräte, die häufig Probleme mit der App haben, identifiziert und anschließend in den Gerätepool mit aufgenommen werden können.

Zusätzlich zu den genannten Marktdaten sollten Tester auch die tatsächlich im Gerätepool vorliegenden Geräte, deren Funktionsumfang und die eingebaute Hardware analysieren. Es ist möglich, dass dies Einfluss auf den Testumfang hat, da Funktionsumfang und in den Geräten verbaute Komponenten es erfordern, spezifische Tests durchzuführen (vgl. Praxisbeispiel 2–1).

Praxisbeispiel 2–1: Funktionsumfang der Geräte

In einer Android-App konnten mithilfe der Kamera Bilder in den selbst erstellten Inhalt integriert werden. Standardmäßig griff die App dabei auf die nach hinten gerichtete Kamera zu. Über den Kundensupport erhielten wir die Meldung, dass bei einem Kunden die App immer abstürzt, wenn er die Kamera nutzen will, um Bilder in den von ihm erstellten Inhalt zu integrieren.

Es stellte sich heraus, dass das Gerät des Kunden nur eine nach vorne gerichtete Kamera hatte. Bei der Implementierung des Zugriffs der App auf die Kamera-API war der Entwickler aber davon ausgegangen, dass entweder keine Kamera oder zwei Kameras vorhanden sind. Da aber nur eine Kamera gefunden wurde, entstand ein undefinierter Zustand in der App, der zum Absturz führte. Nach Korrektur des Zugriffs der App auf die Kamera-API konnte die App auch auf Geräten mit nur einer Kamera genutzt werden.

2.1.2 Geschäftsmodelle für Apps

In der Regel stehen geschäftliche Ziele hinter der Entwicklung einer mobilen App. Im Zuge dessen wurden im Laufe der letzten Jahre vielfältige Geschäftsmodelle für Apps entwickelt. Wir werden wichtige, weitverbreitete Modelle in diesem Kapitel vorstellen und kurz ihre Vor- und Nachteile diskutieren. Dabei ist zu beachten, dass die Modelle sowohl in Reinform als auch in Mischformen zum Einsatz kommen und daher die Grenzen häufig nicht eindeutig erkennbar sind. Für den Tester ist ein Verständnis der Modelle wichtig, um in der Teststrategie und bei der Testplanung entsprechende Tests berücksichtigen zu können. Solche Tests prüfen, ob das Geschäftsmodell für die App sinnvoll anwendbar ist oder aber negativen Einfluss auf das Nutzererlebnis hat.

Kauf-Apps

Apps können verkauft werden wie jede andere Software auch. In der Regel stellen die Stores der Plattformbetreiber sowie Stores von Drittanbietern Funktionen bereit, über die der Anwender einen festgelegten Betrag bezahlt, bevor er die Applikation herunterladen und installieren kann.

Aufgrund der vielen Apps in den Stores, von denen viele kostenfrei heruntergeladen und genutzt werden können, ist dieses Modell nur für wenige Apps geeignet. Dies ist mit einer der Gründe, warum die meisten Apps in den Stores kostenfrei verfügbar sind. Zu fast jeder Kauf-App gibt es kostenlose Konkurrenz mit mehr oder weniger gleichem Funktionsumfang (vgl. Abb. 2–4).

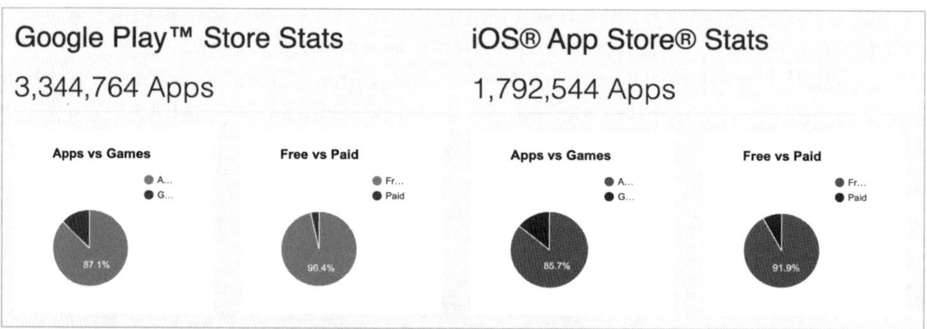

Abb. 2–4 *Anteil Kauf-Apps (Paid) in Google Play Store und iOS App Store [URL: 42matters]*

Außerdem sollten wir in der Wirtschaftlichkeitsrechnung berücksichtigen, dass die Store-Betreiber relative hohe Verkaufsprovisionen einbehalten. Hinzu kommt, dass laut Bitkom in 2018 nur ca. 5 % des gesamten Umsatzes im deutschen App-Markt durch direkten Verkauf von Apps erwirtschaftet wurde [URL: Bitkom].

Apps, für die dieses Modell nutzbar ist, sollten über einzigartige, schwer zu kopierende Funktionen verfügen. Eine andere Möglichkeit, sich vom Wettbewerb abzusetzen, ist eine bessere Benutzbarkeit. Oft bietet gerade die Benutzbarkeit dem Anwender einen hohen Mehrwert, für den er zu zahlen bereit ist.

In einer Umfrage von Perfecto Mobile haben Nutzer die sie am meisten störenden Auffälligkeiten oder Fehler nach ihrer Art bewertet. Auch für uns war es auf den ersten Blick überraschend, dass Benutzbarkeit und Performanz noch vor Funktionalität genannt wurden. Je mehr wir darüber nachdachten, desto mehr wurde uns klar, dass es uns selbst ebenso geht. Intuitive Benutzung oder keine Wartezeiten sind häufig wichtiger als Funktionalität und anderes (vgl. Abb. 2–5).

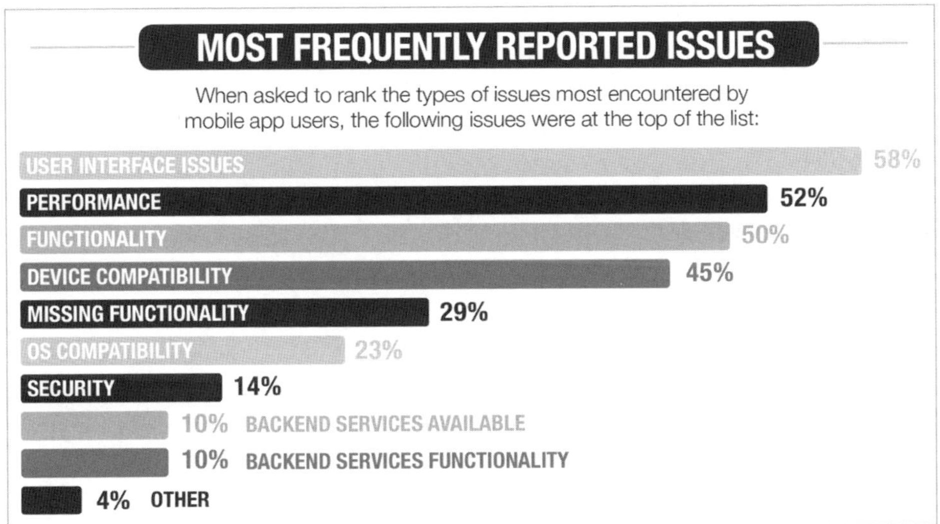

Abb. 2–5 *Häufigkeit von Fehlerarten, die durch Anwender berichtet werden [URL: Perfecto 2014]*

Für die Testplanung ist zudem zu berücksichtigen, dass Budgets geplant und Zahlungswege bereitgestellt werden müssen, die es ermöglichen, die App nach der Veröffentlichung aus dem jeweiligen Store zu kaufen. Durch den Kauf können wir prüfen, ob die veröffentlichte Version der letzten getesteten Version entspricht.

Freemium-Apps

Bei Freemium-Apps stehen den Nutzern Basisfunktionalitäten kostenfrei zur Verfügung. Für zusätzliche Funktionen muss der Nutzer bezahlen. Wie die Bezahlung durch den Nutzer erfolgt, kann auf vielfältige Weise realisiert werden. Dies reicht von In-App-Käufen über Zusatzpakete, die in den Stores für die jeweilige Plattform zum Kauf angeboten werden, bis hin zu Abo-Modellen, bei denen der Nutzer eine monatliche Gebühr bezahlt.

Eine andere Variante der Freemium-Apps erlaubt die kostenfreie Nutzung der App für eine gewisse Zeit. Für die weitere Nutzung muss bezahlt werden.

Das Modell der Freemium-Apps ist sehr weit verbreitet. Es findet in den verschiedensten Bereichen Anwendung. Bekannte Beispiele sind Spiele, die kostenlos gespielt werden können, aber den Nutzern die Möglichkeit bieten, zusätzliche Level, besondere Ausrüstung und Ähnliches käuflich zu erwerben. Ein anderes Beispiel sind Nachrichtenseiten, bei denen gewisse Artikel kostenfrei gelesen werden können, andere Inhalte jedoch zahlenden Kunden vorbehalten sind.

Die Verbreitung und wirtschaftliche Bedeutung dieses Modells zeigt sich auch in dem bereits oben aufgeführten Bitkom-Bericht [URL: Bitcom]. Laut diesem wurden in 2018 77 % des Umsatzes im deutschen App-Markt über kostenpflichtige Angebote innerhalb der Apps erzielt. Allerdings beinhalten diese 77 % auch die später noch aufgeführten transaktionsbasierten Apps.

Im Test darf nicht vergessen werden, die zahlungspflichtigen Erweiterungen zu testen. Diese müssen funktionsfähig verfügbar sein, unabhängig davon, ob sie in die laufende App integriert werden oder ob die App nach dem Kauf erneut installiert wird, z. B. weil der Nutzer sein Smartphone durch ein neues Gerät ersetzt. Dadurch erhöht sich der Testaufwand stark!

Transaktionsbasierte Apps

Diese Apps sind in der Regel kostenfrei nutzbar. Kosten entstehen erst, wenn Transaktionen ausgeführt werden. Dabei muss der Anwender pro Transaktion eine Gebühr bezahlen. Diese Gebühr kann dabei als Pauschalbetrag oder als prozentualer Anteil am Transaktionsvolumen realisiert sein.

Dieses Modell wird eher selten genutzt, da es nur für Apps nutzbar ist, in denen Transaktionen einen wichtigen Teil der Funktionalität darstellen. Ein Schwerpunkt der Nutzung dieses Modell liegt bei Finanz-Apps wie z. B. digitalen Geldbörsen (Wallet), bei denen der Anwender für jede Übertragung von Geld auf ein anderes Konto bezahlt. Weitere Beispiele sind Apps zum Handel von Aktien, bei denen für jeden Kauf oder Verkauf eine Gebühr zu bezahlen ist.

Auch bei Nachrichten-Apps kommt dieses Modell manchmal zum Einsatz, häufig in Kombination mit einem Abo-basierten Modell. Dabei können Nutzer, die kein Abo haben, einzelne Artikel käuflich erwerben, die ansonsten nur Nutzern mit Abo vorbehalten sind.

Werbefinanzierte Apps

Werbung innerhalb von Apps anzuzeigen ist eine sehr weit verbreitete Methode, mit deren Hilfe App-Anbieter Umsatz generieren. Sie ist in fast allen Arten von Apps zu finden.

Die Einbindung von Werbung ist relativ einfach umzusetzen, da sowohl die Plattformanbieter als auch Drittanbieter entsprechende Programmbibliotheken zur Verfügung stellen. Diese müssen durch den App-Anbieter lediglich in die App eingebunden werden. Die Werbeinhalte werden dabei von den Anbietern der Bibliotheken bereitgestellt, sodass sich der App-Betreiber nicht einmal um Werbepartner kümmern muss. Auch die Ausschüttung des erzielten Umsatzes erfolgt über diese Anbieter. Somit handelt es sich um eine gute Möglichkeit für einen App-Anbieter, ohne großen Aufwand Umsatz zu erzielen (vgl. Abb. 2–6).

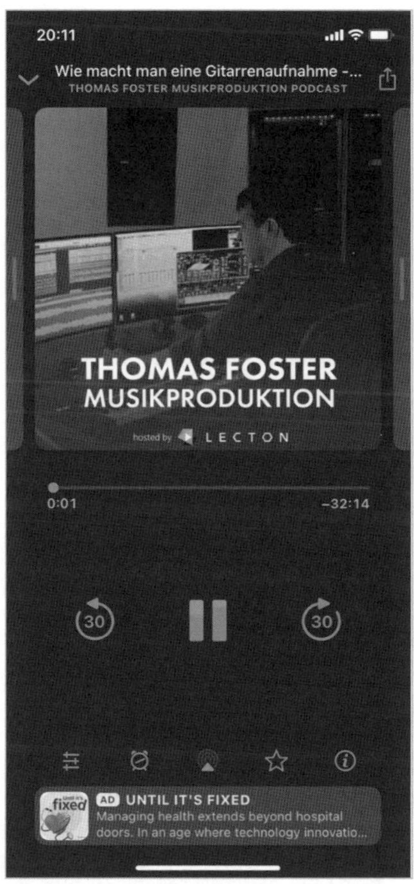

Abb. 2–6 *Podcast-App »Overcast« – werbefinanziert*

Die größte Herausforderung besteht darin, die Werbung so in das User Interface zu integrieren, dass die Werbung durch die Nutzer wahrgenommen wird, ohne die Nutzbarkeit stark zu beeinträchtigen. Wird die Nutzbarkeit der App durch die Werbung zu stark eingeschränkt, z.B. indem die Werbung wesentliche Teile der App überlagert, kann dies dazu führen, dass die App nicht genutzt wird. Wird die App nicht genutzt, wird auch keine Werbung angezeigt und somit kein Umsatz über angezeigte Werbung generiert. Dies ist auch der Grund, warum in der Regel der mit dieser Art der Finanzierung erzielbare Umsatz mit der Dauer der Nutzersessions steigt. Denn je länger die App genutzt wird, desto mehr Werbung wird dem Anwender gezeigt.

Beim Test von Apps, die dieses Geschäftsmodell nutzen, sollten wir darauf achten, dass bereits im Test echte Werbung aus den gleichen Quellen wie später in der produktiven Nutzung bezogen wird. Wenn im Test nur simulierte Quellen genutzt werden, besteht das Risiko, dass Probleme mit der Schnittstelle zur produktiven Quelle nicht gefunden werden.

Häufig werden Werbefinanzierung und Freemium kombiniert. Bei dieser Kombination kann eine werbefinanzierte App durch Bezahlung in eine werbefreie Version gewandelt werden. Im Test ist daher darauf zu achten, dass in der werbefreien Version wirklich alle Werbung entfernt wurde.

Gratis- und Unternehmens-Apps

Das Feld der Gratis- und Unternehmens-Apps ist sehr groß. Es lässt sich dabei in drei Hauptgruppen einteilen. Zum einen in die Gruppe der Apps, die für die eigenen Mitarbeiter und Partner entwickelt werden, damit diese geschäftliche Aufgaben direkt von ihrem Smartphone oder Tablet aus erledigen können (vgl. Praxisbeispiel 2–2).

Praxisbeispiel 2–2: Unternehmens-App

Ein Abrechnungsdienstleister im Energiesektor hat eine Android-App entwickeln lassen, mit der die Ableser vor Ort beim Kunden die Verbrauchswerte für Strom, Heizung und Wasser erfassen konnten. Jeder Ableser erhielt ein entsprechendes Android-Gerät. Erfasste Daten wurden bei bestehender Netzwerkverbindung direkt übertragen. Wenn während der Erfassung keine Netzwerkverbindung bestand, wurde die Übertragung verzögert, bis das Gerät das nächste Mal eine Netzwerkverbindung aufbauen konnte.

Durch diese App wurde die Arbeit der Ableser vor Ort stark vereinfacht, da sie das Formular für den jeweiligen Kunden nicht mehr aus einer Vielzahl von Papierformularen heraussuchen mussten. Zudem wurden auch nur die Eingabefelder angezeigt, die abzulesen waren. Außerdem wurde angezeigt, wo die Messinstrumente, die abgelesen werden mussten, installiert waren, was die Zeiten zur Suche der Instrumente reduzierte.

Ein weiterer Vorteil war, dass keine Formulare verloren gingen, was früher bei der Nutzung von Papierformularen gelegentlich vorgekommen war.

Zusätzlich konnten Einsparungen erzielt werden, da der Aufwand zum Drucken und Verteilen der Formulare an die Ableser entfiel. Auch war keine manuelle Übertragung der Daten von den Papierformularen in das Abrechnungssystem mehr notwendig. Damit wurde die Anzahl der Übertragungsfehler reduziert, was zu weniger falschen Abrechnungen und damit verbundenen Kundenbeschwerden führte. Neben den Einsparungen wurde somit zusätzlich die Kundenzufriedenheit gesteigert.

Die zweite Gruppe richtet sich an Endverbraucher. Unternehmen stellen ihren Kunden Apps kostenfrei zur Verfügung, mit denen die Angebote des Unternehmens genutzt werden können. Umsatz und Kosteneinsparungen werden dann durch die genutzten Angebote realisiert (vgl. Praxisbeispiel 2–3).

Praxisbeispiel 2–3: Onlinebanking-App

Im Rahmen des Projektes wurde eine Onlinebanking-App von Grund auf neu entwickelt. Wir waren von der ersten Stunde an dabei und teilweise werden heute noch (zehn Jahre nach der ersten Veröffentlichung im App Store) Regressionstests von uns durchgeführt.

Die App wurde nativ für iOS und Android entwickelt. Die gesamte Funktionalität der App wurde vollständig neu implementiert. Dabei wurde die bestehende Webanwendung als Vorbild für Abläufe, Masken usw. herangezogen.

Die App selbst ist eine typische Onlinebanking-App, wie sie mehr oder weniger jeder heutzutage auf seinem Smartphone hat, wenn vielleicht aus Sicherheitsgründen nicht die seiner Hausbank, dann aber vielleicht Paypal oder Ähnliches. Der Nutzer kann dort seine Kundendaten anpassen, also beispielsweise seine Adresse ändern. Als Kernfunktionalität kann er Überweisungen durchführen und sich seinen Kontostand anzeigen lassen.

Alle Kosten für die Entwicklung und den Test sowie die fortlaufenden Wartungskosten werden vollständig von der Bank getragen. Die App dient der Bank als Instrument zur Kundenbindung und zum Generieren von Neugeschäft. Der Vorteil für den Kunden ist, dass er mit der App ausgewählte Bankgeschäfte immer und überall durchführen kann. Für Kunden steht die App kostenlos zur Verfügung.

Der Umsatz für die Bank entsteht aus den Bankgeschäften, die die Kunden mithilfe der App eigenständig ausführen können, z.B. in Form der üblichen Überweisungsgebühren. Einsparungen kann die Bank erzielen, da kein Mitarbeiter Überweisungsformulare in das System übertragen muss.

Die dritte Gruppe sind Apps, die von Unternehmen, Organisationen oder Privatpersonen, ohne die Absicht Umsatz zu generieren, veröffentlicht werden. Dies ist vergleichbar zu Freeware und Open-Source-Software, wie wir sie auch im PC-Bereich kennen. Als sehr bekanntes Beispiel möchten wir hier den Browser Mozilla Firefox aufführen. Dieser ist nicht nur für PC, sondern auch für Android und iOS verfügbar. Ein weiteres Beispiel ist die von der Bundesregierung bzw. dem Robert-Koch-Institut bereitgestellte Corona-Warn-App.

Bei diesen freien und Unternehmens-Apps ist genau wie bei den zuvor aufgeführten Geschäftsmodellen im Test darauf zu achten, dass nicht nur die App an sich, sondern auch das Zusammenspiel mit dem Backend berücksichtigt wird.

Grundsätzlich darf auch bei diesem Geschäftsmodell der Test nicht vernachlässigt werden. Denn nur weil der Anwender nichts für die App bezahlt, bedeutet dies nicht, dass er Fehler leichter verzeiht. Der Schaden für das Image und den Umsatz des Unternehmens kann bei schlechter Qualität der App höher sein als der über die App generierte Wert.

2.2 Technische Faktoren

Eine Vielzahl von technischen Faktoren beeinflusst den Test mobiler Applikationen. Aus unserer Sicht sind die folgenden drei die wichtigsten:

- Mobile Gerätetypen
- Mobile App-Arten
- Mobile Architekturen

Details der aufgeführten Faktoren besprechen wir in den folgenden Kapiteln. Daneben gibt es noch weitere technische Faktoren, die nicht mobilspezifisch sind und daher hier nicht weiter betrachtet werden. Beispielsweise wird nicht auf die Technologien eingegangen, in denen das Backend umgesetzt wird, auch wenn diese Technologien Einfluss auf den Test haben können (vgl. Praxisbeispiel 2–4). So sollte z.B., wenn Schwachstellen in genutzten Bibliotheken bekannt sind, im Test geprüft werden, dass diese Schwachstellen nicht ausgenutzt werden können.

Praxisbeispiel 2–4: Fehler im Backend einer Onlinebanking-App

Im Test unserer Onlinebanking-App (Praxisbeispiel 2–3) haben wir viele Fehler im Backend gefunden. Diese hätten aber auch bereits vorher gefunden werden können. Schließlich existierte das Backend und die dazugehörige Anwendung für den Browser, bevor die App entwickelt wurde. Die App hat letzten Endes die gleichen oder ähnliche Anfragen an das Backend geschickt wie der Browser auch.

Vermutlich wurden diese Fehler beim Test der App gefunden, weil andere Tester eingesetzt wurden, die anders auf die Anwendung geschaut haben, oder aber, weil im Test der App anders vorgegangen worden ist als beim Test der ursprünglichen Webapplikation.

Letzten Endes mussten wir dann aber die Entwickler des Backends unterstützen, damit sie die Fehlerursachen identifizieren und beheben konnten. Wir haben somit faktisch Fehler im Backend unabhängig von der App gesucht. Hierdurch ging aber wertvolle Zeit verloren, die ursprünglich für den Test der App geplant war.

2.2.1 Mobile Gerätetypen

Der Gerätetyp, für den eine mobile Applikation erstellt wird, hat maßgeblichen Einfluss auf den Test, da jeder Gerätetyp spezifische Charakteristiken und Funktionen aufweist und unterschiedliche Anwenderanforderungen bedient.

Die im Rahmen dieses Buches betrachteten Mobilgeräte lassen sich in fünf Typenklassen einteilen:

- Basistelefone
- Feature-Phones
- Smartphones
- Tablets
- Begleitgeräte

Die Abgrenzung der Klassen gegeneinander ist teilweise etwas schwammig und kann sich im Laufe der Zeit ändern. Sie dient somit mehr der Orientierung und ist nicht als absolute Definition zu verstehen.

Basistelefone

Basistelefone sind der ursprüngliche Gerätetyp mobiler Telefone, wie sie seit den 70er-Jahren des vorigen Jahrhunderts angeboten werden. In der Anfangszeit waren solche Geräte jedoch Nischenprodukte und mobiles Telefonieren war sehr teuer. Die Verbreitung im Massenmarkt erfolgte Ende der 1990er-, Anfang der 2000er-Jahre, parallel mit auch für Normalverdiener bezahlbaren Mobilfunkverträgen.

In erster Linie erlauben Basistelefone die mobile Sprachkommunikation. Weitere übliche Funktionen umfassen SMS (Short Message Service), Uhr mit Kalender und Wecker sowie ein Adressbuch. Teilweise sind auch kleine zusätzliche Applikationen vorinstalliert, wie z.B. das legendäre Spiel »Snake« oder ein Taschenrechner. Ein Browser ist normalerweise nicht enthalten, sodass ein Datenvertrag keinen Nutzen bringt. In der Regel ist es auch nicht möglich, weitere Applikationen zu installieren. Erweiterungen des Funktionsumfangs durch den Nutzer sind somit nicht möglich.

Trotzdem bieten viele Netzanbieter bzw. Gerätehersteller weiterhin solche Geräte an, um günstige Sprachtarife zu bedienen bzw. um Kunden Geräte anbieten zu können, die ihr Gerät in erster Linie zur Sprachkommunikation nutzen wollen.

Feature-Phones

Etwa zeitgleich mit der Verbreitung der Mobiltelefonie im Massenmarkt tauchten auch die ersten Feature-Phones auf.

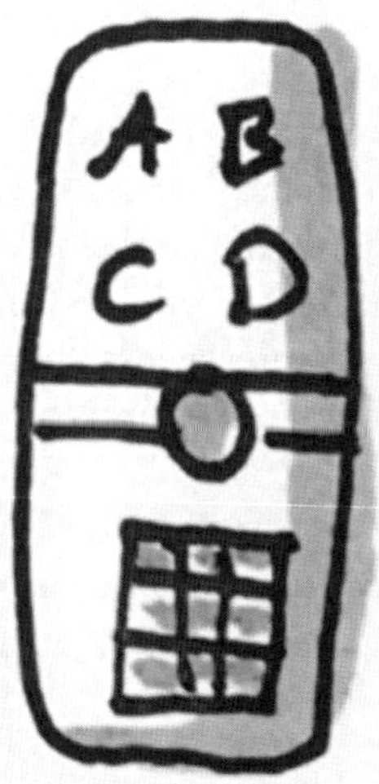

Abb. 2–7 *Schematische Zeichnung eines Feature-Phone*

Zusätzlich zum Funktionsumfang der Basistelefone bieten sie Möglichkeiten, den Funktionsumfang in gewissem Maß zu erweitern. So ist in der Regel die Erweiterung mit zusätzlichen Klingeltönen, Spielen, Hintergrundbildern und Benutzerinterface-Layouts, sogenannten Themen, möglich.

Häufig sind Browser vorinstalliert, sodass der Zugriff auf das Internet möglich und Datenverträge somit nutzbar sind. Es besteht auch eine eingeschränkte Unterstützung für die Installation weiterer Applikationen. Meist ist der Nutzer jedoch auf solche Applikationen beschränkt, die vom Gerätehersteller angeboten werden. Applikationen von Fremdanbietern werden in der Regel nicht unterstützt. Im Vergleich zu Basistelefonen ist auch zusätzliche Hardware verbreitet. Häufig anzutreffen sind z.B. Kameras und LED-Licht, das als Blitz für die Kamera und als Taschenlampe genutzt werden kann.

Auch heute noch können wir Feature-Phones auf dem Markt finden, tendenziell jedoch eher in weniger hoch entwickelten Ländern. In hoch technisierten Ländern wie Deutschland, Österreich und der Schweiz ist die Auswahl an Geräten dieser Klasse eingeschränkt und es sind nur wenige Modelle verfügbar.

Smartphones

Häufig lesen wir, dass die Ära der Smartphones 2007 mit dem iPhone 1 begonnen hat. Dies ist jedoch nicht korrekt, da es bereits deutlich früher Geräte gab, die der heutigen Beschreibung von Smartphones entsprechen. Als Beispiele seien hier genannt:

- Apple Newton (1993)
- Nokia Communicator (1996)
- Palm VII (1999)

An sich sind Smartphones Computer für die Hosentasche, mit denen wir auch telefonieren können. Neben den üblichen mobilen Kommunikationskanälen wie Telefonie und SMS wird eine Vielzahl weiterer internetgestützter Kommunikationskanäle bedient, wie z.B. Videotelefonie, E-Mail und Messenger. Dies ist möglich, da es sich bei Smartphones um kleine Computer handelt, auf denen durch Software, genannt Apps, eine Vielzahl von Funktionalitäten realisiert werden kann. Die Apps interagieren dabei über APIs mit dem Gerät, um so auf dessen Funktionalität und die Funktionalitäten weiterer installierter Apps zugreifen zu können. Der Funktionsumfang von Smartphones kann durch die Installation zusätzlicher Apps erweitert werden.

Unterstützt wird diese Funktionsvielfalt durch die vielen verschiedenen Kommunikationsschnittstellen, die in Smartphones enthalten sind. Neben den Schnittstellen für Mobilfunknetze und WLAN sei hier insbesondere Bluetooth und NFC (Near Field Communication) genannt.

Weiterhin typisch für Smartphones sind die verbauten Sensoren. Am weitesten verbreitet sind dabei:

- Positionssensoren, z.B. in Form von GPS, GLONASS, Beidou und GALILEO
- Lagesensoren (Gyroskop)
- Beschleunigungssensoren
- Sensoren für Licht (Kamera)
- Geräusche (Mikrofon)

Neben den aufgeführten weitverbreiteten Sensoren integrieren verschiedene Hersteller auch noch weitere Sensoren, wie z.B. für Fingerabdruck oder Radar, in ihre Geräte. Somit ist die Bandbreite an möglichen Sensoren bereits heute sehr groß und stetig steigend. Ein Beispiel für diese steigende Vielfalt sind Fingerabdrucksensoren. Vor wenigen Jahren haben einzelne Hersteller damit begonnen, solche Sensoren in ihre High-End-Modelle einzubauen. Heute verfügen fast alle Geräte über einen Fingerabdrucksensor.

Damit das volle Potenzial von Smartphones genutzt werden kann, ist es notwendig, einen entsprechenden Mobilfunkvertrag inkl. Datentransfer zu haben, ansonsten sind wir für internetbasierte Kommunikation darauf angewiesen, ein WLAN zu finden und sich mit diesem zu verbinden. Ohne eine solche Verbindung sind Datenübertragungen nicht möglich. Die meisten Apps sind aber auf eine solche Datenübertragung angewiesen, um vollumfänglich nutzbar zu sein.

Tablets

Tablets sind Smartphones sehr ähnlich. Daher werden wir hier nur die Unterschiede zu Smartphones darstellen. Sofern nicht explizit von uns aufgeführt, gelten die oben gemachten Aussagen zu Smartphones somit auch für Tablets.

In erster Linie sind Tablets größer als Smartphones, insbesondere in Bezug auf die Displaygröße. Das größere Display prädestiniert Tablets für den Multimedia-Einsatz, wie zum Anschauen von Videos und Lesen von E-Books, sowie für jeden Nutzungszweck, der von größeren Bildschirmflächen profitiert (vgl. Praxisbeispiel 2–5).

Praxisbeispiel 2–5: Noten-App

Die im Projekt realisierte Noten-App soll den Anwender unterstützen, Klavier spielen zu lernen. Die App kann sowohl Notenblätter anzeigen als auch die Klaviatur abbilden und die zu spielenden Tasten farblich markieren. Außerdem kann das Tempo des Stücks eingestellt werden. Beispielsweise ist es möglich, ein beliebiges Musikstück so langsam abzuspielen, dass pro Ton eine Sekunde zur Verfügung steht. Werden die richtigen Töne gespielt, merkt sich die App das und am Ende bekommt der Nutzer ein Ergebnis angezeigt, wie viele Töne richtig bzw. falsch gespielt wurden. Die Tonerkennung funktioniert bei einem echten oder einem elektronischen Klavier ohne USB-Anschluss über das Mikrofon. Für Midi-Keyboards oder auch moderne elektronische Klaviere mit Bluetooth oder USB-Anschluss funktioniert die Tonerkennung anhand der über die Schnittstelle übertragenen Signale. Je nach Ergebnis gibt die App dann andere zu lernende Stücke vor oder empfiehlt ein anderes Tempo für das gleiche Stück. In diesem YouTube-Video wird das Stück »Für Elise« auf einer solchen Klaviatur gespielt:

https://www.youtube.com/watch?v=wfF0zHeU3Zs.

So ähnlich sieht das auch in der »Noten-App« aus.

Wir hatten in diesem Projekt auch den Auftrag, die App auf dem Smartphone zu testen. Der Hauptfokus lag jedoch auf Tablets. Viele der Tests konnten nur auf Tablets sinnvoll durchgeführt werden. Ursache war, dass auf den kleineren Smartphone-Displays nicht genug Platz war, die Tastatur so darzustellen, dass alle gleichzeitig zu drückenden Tasten angezeigt wurden.

Die größere Bauform erlaubt es zudem, größere Akkus zu verbauen. Diese können mehr elektrische Energie für die Nutzung bereitstellen. Zwar wird ein Teil der zusätzlich verfügbaren Energie durch das größere Display verbraucht, aber tendenziell haben Tablets bei gleicher Nutzungsintensität längere Laufzeiten als Smartphones, bis sie wieder geladen werden müssen.

Es gibt auch Modelle, die keine SIM-Karte und somit keine Mobilfunkverbindung unterstützen. Bei diesen Geräten wird die Datenverbindung über WLAN hergestellt. Wenn wir mit diesen Geräten unterwegs auf das Internet zugreifen wollen und kein zugängliches WLAN verfügbar ist, sind wir darauf angewiesen, selbst ein WLAN aufzubauen, z.B. durch Nutzung von Tethering. Damit wird das Smartphone zum WLAN-Hotspot und vom Tablet aus ist die Internetnutzung über die Mobilfunkverbindung des Smartphones möglich.

Sofern SIM-Kartenslots im Tablet verbaut sind, können Mobilfunk-Datenverträge genutzt werden. Das Tablet kann so auch an Orten, wo kein WLAN verfügbar ist, das Internet mobil nutzen, vergleichbar wie es bei Smartphones der Fall ist.

Aufgrund der technischen Ähnlichkeit sprechen wir im weiteren Verlauf des Buches von Smartphones. Die Aussagen sind aber meist auch für Tablets gültig.

Exkurs: Phablets

Phablets sind Zwitter zwischen Smartphone und Tablets. Sie sind größer als Smartphones und kleiner als Tablets, ansonsten jedoch technisch gleich. Die Grenzen zwischen den Gerätearten Smartphone, Phablet und Tablet sind fließend und ändern sich im Laufe der Zeit. In der Mitte der 2010er-Jahre haben wir bei allen Geräten mit einer Bildschirmdiagonale größer als 5,5 Zoll und kleiner als 7 Zoll von Phablets gesprochen. Heute liegen viele Smartphones in diesem Größenbereich.

Häufig werden Phablets auch mit einem speziellen Stift zur leichteren Bedienung ausgeliefert. Es ist jedoch nicht notwendig, den Stift zur Bedienung zu nutzen. Die Bedienung des Touchscreens ist, wie bei Smartphones und Tablets auch, mit den Fingern möglich.

Begleitgeräte

Begleitgeräte auch Companion Devices genannt, sind computergestützte Zusatzgeräte, die mit einem Smartphone gemeinsam genutzt werden können. Sie sind auf Smartphones angewiesen, um ihr volles Leistungspotenzial zu entfalten. Häufig erweitern sie den Funktionsumfang der gekoppelten Smartphones durch zusätzliche Sensorik, z.B. Schrittzähler in Fitness-Trackern, oder zusätzliche Benutzerschnittstellen, die dem Nutzer die Bedienung des Smartphones ermöglichen, ohne physisch mit dem Smartphone interagieren zu müssen. So bieten z.B. viele Begleitgeräte die Möglichkeit, auf dem Smartphone empfangene Nachrichten auf dem Begleitgerät einzusehen, ohne nach dem Smartphone greifen zu müssen.

Die Bandbreite an Begleitgeräten ist sehr groß. Sie reicht von Wearables, Geräten, die am Körper getragen werden wie Smartwatches und Fitness-Tracker, bis hin zu IoT-Geräten (Internet of Things). Wobei im gesamten Bereich der Wearables und IoT auch viele eigenständige Geräte existieren, die ohne gekoppeltes Smartphone arbeiten und ihren vollständigen Funktionsumfang bereitstellen.

Begleitgeräte stehen nicht im Fokus dieses Buches. Daher gehen wir nicht weiter auf diese ein. Grundsätzlich kann jedoch gesagt werden, dass durch die Berücksichtigung von Begleitgeräten die Komplexität und der für den Test benötigte Aufwand stark erhöht werden. Das haben wir auch in diversen Projekten erlebt.

2.2.2 Mobile App-Arten

Der größte Teil der Funktionalität von Smartphones wird durch Apps realisiert. So wird erst durch eine App aus einer Optik und einem lichtempfindlichen Sensor eine Kamera. Somit stehen Apps im Zentrum der durch Smartphones bereitgestellten Funktionalität. Darum ist es aus unserer Sicht so wichtig, beim Test von mobilen Apps besonders sorgfältig vorzugehen. Die für den Test wichtigsten Faktoren, die wir berücksichtigen sollten, sind die folgenden:

- Unterstützte Gerätetypen, auf denen die App lauffähig sein soll
- Durch die App genutzte Sensoren und Gerätefunktionen
- Verschiedene Netzwerktypen und deren Verfügbarkeit
- Installierbarkeit aus dem Store und ggf. über weitere Kanäle
- Kompatibilität mit den Geräten und weiteren installierten Apps
- Performanz, insbesondere die durch den Nutzer erlebte
- Gebrauchstauglichkeit

Apps lassen sich in drei Arten klassifizieren:

- Native Apps
- Web-Apps
- Hybride Apps

Jede Art von App hat Vor- und Nachteile. Daher ist es sehr wichtig, vor der Umsetzung einer App informations- und geschäftsbasiert zu entscheiden, welche Art von App umgesetzt werden soll. Die Unterschiede besprechen wir in den folgenden Abschnitten.

Native Apps

Native Apps werden spezifisch für eine Plattform entwickelt. Sie setzen auf den von den Plattformanbietern bereitgestellten SDKs (Software Development Kit) auf und nutzen diese bzw. die darin enthaltenen Schnittstellen zur Interaktion mit:

- dem Betriebssystem,
- der zugrunde liegenden Hardware oder
- den Systemapplikationen.

Häufig sind die SDKs in die IDE (Integrated Development Environment) der Hersteller eingebunden. Für Android ist dies Android Studio [URL: Studio], für iOS Apple Xcode [URL: Xcode]. Teilweise können die SDKs jedoch auch in andere Entwicklungsumgebungen eingebunden werden. So gibt es z.B. ein Plug-in für Eclipse, um das Android-SDK einzubinden.

Häufig erfordern die Plattformen, native Apps in bestimmten Programmiersprachen zu erstellen. Bei Android ist dies Java und Kotlin, bei iOS Objective-C und Swift. Im Android-SDK ist zusätzlich ein Wrapper enthalten, der die Programmierung in C und C++ erlaubt. Dies ist insbesondere dann hilfreich, wenn rechenintensive Aufgaben realisiert werden, wie z.B. bei Spielen oder Simulationen, oder wenn verwendete Funktionsbibliotheken bereits in C bzw. C++ vorliegen.

Neben den genannten Sprachen können insbesondere für Android auch weitere Sprachen genutzt werden, für die es entsprechende Cross-Compiler gibt. Diese erlauben es, den geschriebenen Programmcode in entsprechenden Bytecode zu übersetzen, der durch ART (Android Run Time), die Android-spezifische JVM (Java Virtual Machine), ausgeführt werden kann.

Aufgrund der engen Beziehung zur Plattform sind native Apps in der Regel performanter als andere Arten mobiler Apps. Dies gilt sowohl für die auf dem Mobilgerät ausgeführten Funktionen als auch für die übertragenen Daten, da lediglich dynamische, d.h. sich ändernde Daten übertragen werden müssen. Eine Übertragung von grafischen Bestandteilen der App und statischen Daten über das Internet ist zur Laufzeit nicht notwendig. Hinzu kommt, dass sie gezielt für eine Plattform entwickelt werden, und es somit sehr einfach möglich ist, die App im Look & Feel der jeweiligen Plattform zu erstellen. Dies wird durch die in den SDKs enthaltenen Werkzeuge gut unterstützt. Außerdem ist der Zugriff auf die Sensoren oder andere Plattformfunktionen bei nativen Apps am besten.

Da native Apps auf dem jeweiligen Gerät installiert werden, sind sie auch ideal geeignet, um offline, d.h. ohne Internetverbindung, genutzt zu werden (vgl. Praxisbeispiel 2–6). Dies ist jedoch nur für wenige Apps von Bedeutung. Wenn es jedoch eine Bedeutung hat, empfehlen wir, im Test insbesondere diese Offline-Funktionalitäten zu prüfen. Unserer Erfahrung nach gibt es hier häufiger Probleme.

Praxisbeispiel 2–6: Offline-Features der Noten-App

Anhand der Noten-App aus Praxisbeispiel 2–5 lässt sich eine sinnvolle Offline-Nutzung sehr schön darstellen.

Die App erlaubt es dem Nutzer, die Noten zu Musikstücken, die er lernen will, herunterzuladen und auf dem Gerät zu speichern. Wenn die Noten einmal heruntergeladen wurden, können sie zukünftig ohne Internetverbindung für Übungen genutzt werden. Der Nutzer kann somit überall, wo ein Midi-Keyboard, ein elektronisches Klavier oder ein echtes Klavier verfügbar ist, üben, ohne auf eine Internetverbindung angewiesen zu sein.

Zur Verteilung und Aktualisierung von nativen Apps können die Stores der Plattformanbieter sowie teilweise auch Stores von Drittanbietern genutzt werden. Somit lässt sich direkt bei Veröffentlichung der App eine sehr große Reichweite erzielen, da sie für jeden Store-Nutzer installierbar wird. Dabei ist jedoch zu berücksichtigen, welche Anforderungen an die App durch den jeweiligen Store gestellt werden.

Den oben aufgeführten Vorteilen stehen Nachteile gegenüber. Insbesondere, was die Entwicklungskosten betrifft. Dies ist zum einen damit zu erklären, dass spezielle Entwicklerkenntnisse benötigt werden. Dabei handelt es sich zum einen um die Kenntnisse der jeweiligen Programmiersprache, zum anderen aber auch um Kenntnisse, welche Werkzeuge und Programmbibliotheken in den SDKs enthalten sind und wie diese genutzt werden. Hinzu kommen Kenntnisse darüber, wie die jeweilige Plattform arbeitet und welche Bedienungskonzepte auf dieser Plattform vorgesehen sind. Ein weiterer Kostentreiber ist, dass eine native App nur für eine Plattform entwickelt wird. Somit muss eine App ggf. mehrfach entwickelt werden, wenn sie auf mehreren Plattformen verfügbar gemacht werden soll. Diese mehrfache Entwicklung, inkl. mehrfachem Test, ist entsprechend teurer.

Doch nicht nur durch die Entwicklung entstehen die zusätzlichen Kosten, auch beim Test ist der Aufwand höher. Die enge Verzahnung mit dem Betriebssystem erfordert es, dass native Apps auf einer Vielzahl von Geräten getestet werden sollten. Dies ist notwendig, um sicherzustellen, dass die App mit der Vielzahl unterschiedlicher Geräte und Hardwareausstattungen kompatibel ist.

Web-Apps

Mobile Web-Apps werden, genau wie andere Webapplikationen, im Browser aufgerufen. Ob dieser Aufruf über die manuelle Eingabe der URL, durch Auswahl eines Bookmarks oder Aufruf eines Links geschieht, ist dabei unerheblich. Eine Web-App bietet für den Anbieter der App viele Vorteile. Zum einen ist die Entwicklung mit HTML, CSS und JavaScript relativ preisgünstig im Vergleich zur nativen Entwicklung. Dies ist in erster Linie damit zu erklären, dass das Know-how für Entwicklung und Test von Webapplikationen sehr weit verbreitet und damit günstiger ist.

Weiterhin ist es nicht notwendig, dass die App auf dem jeweiligen Endgerät des Nutzers installiert wird. Somit ist die Zugangsbarriere für neue Nutzer deutlich geringer, da sie lediglich eine URL im Browser aufrufen müssen, um die App zu nutzen. Es ist nicht notwendig, die App vor der ersten Nutzung aus dem Store zu installieren. Auch Updates sind einfacher möglich. Der Anbieter muss lediglich die auf seinem Server laufende App aktualisieren, damit jeder Nutzer beim nächsten Aufruf die aktuellste Version nutzt. Dafür ist es aber deutlich schwieriger, den Nutzer auf die eigene Applikation zu lenken, als dies per Icon auf dem Homescreen möglich ist, der bei nativen Apps automatisch bei der Installation angelegt wird. Bei Web-Apps kann ein solches Icon nur unter Mitwirkung des Nutzers angelegt werden, z.B. durch manuelle Anlage des Links zur Web-App durch den User.

Ein weiterer Vorteil von Web-Apps wiederum ist, dass sie plattformunabhängig sind, d.h., dass sie von jedem Gerät aus genutzt werden können, auf dem ein Browser verfügbar ist, unabhängig vom Betriebssystem des jeweiligen Gerätes. Es reicht somit aus, eine App einmal zu entwickeln, damit sie der Anwender vom PC, Smartphone und von sonstigen Internetgeräten aus nutzen kann. Diese Plattformunabhängigkeit hat jedoch auch ihren Preis, indem sich die App nicht wie vom Nutzer für seine Plattform erwartet verhält. Das Look & Feel der jeweiligen Plattform kann meist nur unzureichend nachgestellt werden.

Auch die Nutzung der gerätespezifischen Funktionen, wie Zugriff auf die Sensoren und weitere APIs, ist bei Web-Apps eingeschränkt. Gleiches gilt für die Offline-Fähigkeiten. In der Regel sind Web-Apps auf eine permanente Internetverbindung angewiesen. Ausnahme sind sogenannte Progressive Web Apps. In Märkten wie in Europa und den USA, wo häufig eine gute Netzabdeckung besteht und Datenverträge mit entsprechenden Datenvolumen oder gar Flatrates preisgünstig verfügbar sind, mag dies weniger relevant sein als in anderen Märkten, wo die Netze lückenhafter und Datenverträge teurer sind.

Weitere Ersparnisse lassen sich beim Test realisieren. Zwar ist es notwendig, die Web-Apps mit verschiedenen Browsern und mit unterschiedlichen Geräten zu testen, die unterschiedliche Viewports ausweisen. In der Regel ist die Anzahl der benötigten Geräte jedoch geringer als für den Test nativer Apps. Viewports sind Größenklassifizierungen für Displays. Sie werden in HTML5 zur Skalierung der Bildschirminhalte genutzt.

Aufgrund oben stehender Information könnten wir annehmen, dass jede Webapplikation für Mobilgeräte geeignet ist. Grundsätzlich ist dies auch richtig, jedoch häufig auf Kosten der Benutzbarkeit, da viel Scrollen und Zoomen notwendig ist. Daher bieten viele Anbieter mobilspezifische Varianten ihrer Web-Apps an. Für diesen Zweck wurden im Laufe der Zeit vier Arten von Web-Apps, unter Berücksichtigung der Anforderungen von Mobilgeräten, entwickelt:

- **Mobilspezifische Version der jeweiligen Web-App**
  Häufig ist diese durch ein der URL vorangestelltes Präfix, wie z.B. »m.« oder »mobil.« aufrufbar. Unter dieser erweiterten URL wird eine spezielle Version der Web-App bereitgestellt. Diese ist für die Darstellung auf den vergleichsweisen kleinen Displays von Smartphones optimiert.

  Da es sich um eine eigenständige Variante handelt, sollte diese wie eine eigene App getestet werden. Eventuell können dazu ausgewählte Tests für die ursprüngliche, nicht mobile Variante wiederverwendet werden. Zudem kann die nicht mobile Variante als Testorakel genutzt werden.
- **Responsive Web Apps**
  Bei dieser Art wird das aufrufende Gerät durch den Server erkannt. Daraufhin wählt der Server automatisch die passende CSS-Datei, um die Darstellung für das Gerät so anzupassen, wie es durch die Entwickler festgelegt wurde.

  Im Test sollte der Fokus daher auf dieser Anpassung des Layouts liegen, um sicherzustellen, dass diese erwartungsgemäß erfolgt und keinen negativen Einfluss auf das Nutzererlebnis hat.
- **Adaptive Web Apps**
  Diese Art von Web-Apps funktionieren ähnlich wie Responsive Web Apps. Es wird jedoch nicht nur das Layout angepasst, sondern auch der Funktionsumfang der Applikation, um das Nutzererlebnis für Mobilgeräte zu optimieren.

  Im Test ist somit zusätzlich darauf zu achten, dass die verfügbaren Funktionen weiterhin richtig funktionieren und keine häufig genutzte Kernfunktionalität der Optimierung auf Mobilgeräte geopfert wurde.

- **Progressive Web Apps**
  Zur Darstellung nutzen sie die gleiche Technik wie Responsive und Adaptive Web Apps. Zusätzlich erlauben es Progressive Web Apps, dass sie per Klick auf dem jeweiligen Endgerät verfügbar gemacht werden. Somit haben Progressiv Web Apps eine gewisse Ähnlichkeit zu installierten, nativen Apps. Weiterhin bieten sie eine gewisse Offline-Fähigkeit, was die Ähnlichkeit zu nativen Apps aus Benutzersicht vergrößert. Diese Ähnlichkeit ist jedoch rein auf das Nutzererleben beschränkt. Eine technische Ähnlichkeit besteht nicht. Zum Bereitstellen der Offline-Fähigkeiten nutzen Progressive Web Apps Caching-Mechanismen und JavaScript Event Listener, um Inhalte im Hintergrund aktuell zu halten. Beim Test muss somit zusätzlich berücksichtigt werden, dass die Aktualisierung von Inhalten funktioniert.

Hybride Apps

Hybride Apps sind eine Kombination aus nativen Apps und Web-Apps. In der Regel wird in einem nativen App-Rahmen ein Browser transparent genutzt, um Webinhalte ähnlich wie eine native App darzustellen. Dieser Rahmen ist für den User nicht sichtbar. Sie kombinieren somit die Vorteile von nativen Apps, wie Installierbarkeit aus dem Store und Zugriff auf die Gerätefunktionalität, mit den Vorteilen von Web-Apps, wie die einfachere Entwicklung mit Webtechniken und leichtere Aktualisierung von Inhalten.

Nachteile von hybriden Apps sind die in der Regel geringere Performanz im Vergleich zu nativen Apps und die Einschränkungen in Bezug auf das Look & Feel der jeweiligen Plattform. Diese Einschränkung ist damit zu erklären, dass die Inhalte auf allen Plattformen, auf denen die App verfügbar ist, die gleichen sind. Eine Optimierung auf das Look & Feel der jeweiligen Plattform ist nur eingeschränkt möglich.

Hybride Apps werden häufig mithilfe sogenannter Cross-Platform Development Frameworks erstellt. Diese Frameworks erlauben es, die Apps vollständig in Webtechniken wie HTML, CSS und JavaScript zu erstellen. Der Zugriff auf die Gerätefunktionen wird dabei mithilfe von frameworkeigenen Programmbibliotheken realisiert. Nachdem die App entwickelt wurde, kann sie mit einem im Framework enthaltenen Cross-Compiler für die jeweiligen Zielplattformen kompiliert werden.

Tester sollten wissen, mit welchem Framework die Cross-Plattform-App erstellt wurde, und sich mit diesem vertraut machen. Zum einen wird dadurch die Nutzung von enthaltenen Werkzeugen möglich, die im Test unterstützen können, zum anderen lässt sich damit die Teststrategie und Testdurchführung optimal abstimmen.

Neben dem genannten Ansatz zur Nutzung von Webtechnologien für die Cross-Plattform-Entwicklung gibt es auch neuere Ansätze, wie z.B. Flutter [URL: Flutter] oder Kotlin Multiplatform Mobile [URL: Kotlin Multiplatform]. Diese neueren Ansätze erlauben es, native Apps für die jeweilige Zielplattform aus einer geteilten Codebasis zu erstellen. Die mithilfe dieser Ansätze erstellten Apps sind jedoch eher als echte native Apps zu betrachten und nicht als hybride Apps.

2.2.3 Mobile Anwendungsarchitekturen

Eine Vielzahl von Faktoren müssen berücksichtigt werden, um sinnvolle Design- bzw. Architekturentscheidungen für eine neu zu entwickelnde App zu treffen. Wir können uns zu einigen der wichtigsten Faktoren die folgenden Fragen stellen:

- **Zielgruppe**
  Wer sind die erwarteten Nutzer der App und wie nutzen diese ihr Mobilgerät?
- **Art der App**
  Welche Art von Applikation ist für die geplante App und Zielgruppe am besten geeignet?
- **Unterstützung verschiedener mobiler und nicht mobiler Plattformen**
  Welche Endgeräte, außer Smartphones, verwenden die erwarteten Anwender noch, sodass die Verfügbarkeit der App auf diesen Geräten ebenfalls relevant sein könnte?
- **Verbindungsfähigkeit**
  Über welche Netzwerktypen und sonstige Verbindungen soll die App kommunizieren, sowohl in Bezug auf ein Backend als auch in Bezug auf verbundene Geräte, wie z. B. IoT-Geräte?
- **Datenspeicherbedarf**
  Welchen Bedarf zum Speichern von Daten hat die App, wo sollen die Daten gespeichert werden und von wo aus soll auf die Daten zugegriffen werden können?

Die Architekturentscheidungen sind dabei sowohl für die App selbst, also den Client, als auch für das Backend sowie die Verbindung zwischen App und Backend zu treffen. Auch die Frage, wie die Datensynchronisation über die unterstützten Verbindungen realisiert werden soll, spielt eine Rolle.

Für uns Tester sind diese Architekturentscheidungen relevant, damit wir angepasste Tests planen und ausführen können.

Clientseitige Architektur

Eine App kann als Thin oder Fat bzw. Thick Client realisiert werden. Der ein oder andere mag diese Begriffe eher von Desktop-PCs kennen. Aber sie werden eben auch im Kontext mobiler Apps genutzt.

- **Thin-Client-Apps** nutzen dabei keinen spezifischen Anwendungscode, der auf dem Endgerät installiert wird. Für ihre Funktionalität sind sie vollständig auf das Backend angewiesen, das die gesamte Anwendungslogik bereitstellt. Die Möglichkeit zur Nutzung von Gerätefunktionen ist stark eingeschränkt. Sie ist auf das limitiert, was das Interface zur Anwendung, in der Regel ein Browser, zur Verfügung stellt. Teilweise werden geringe Teile der Anwendungslogik, z.B. als JavaScript, vom Backend an den Browser übertragen. Normalerweise sind diese ausgelagerten Teile unabhängig vom Betriebssystem des Endgerätes. Thin-Client-Apps nutzen das Internet zur Kommunikation mit dem Backend. Web-Apps sind somit häufig Thin-Client-Apps.

- **Fat-Client-Apps** werden auf dem Gerät installiert und beinhalten meist einen großen Teil der Anwendungslogik, die direkt auf dem Gerät ausgeführt wird. Sie können aus mehreren Schichten Anwendungscode bestehen und über definierte Schnittstellen sehr gut auf Gerätefunktionen und weitere Apps zugreifen. Sie sind für eine Betriebsplattform gebaut und können, zumindest für eine gewisse Zeit, ohne Verbindung zum Backend funktionieren, sofern eine lokale Datenhaltung vorgesehen ist. Fat-Client-Apps sind häufig als native oder hybride Apps realisiert. Fat-Client-Apps werden auch Thick-Client-Apps genannt.

Serverseitige Architektur

Serverseitig bestehen ebenfalls vielfältige Möglichkeiten zur Realisierung der Backend-Anwendung. Wobei Server nicht zwangsläufig physikalische Maschinen sein müssen. Die Realisierung in Form eines virtuellen Servers oder als ein oder mehrere Container in einer oder mehreren Clouds sind ebenfalls möglich. Der Einfachheit halber sprechen wir im weiteren Verlauf von Server oder Backend. Darin enthalten sind auch die oben aufgeführten Varianten.

Für das generelle Konzept ist es unerheblich, ob der Server vom App-Hersteller selbst betrieben wird oder bei einem Dienstleister gehostet ist. Für den Test spielt dies jedoch eine Rolle, insbesondere in Bezug auf Performanz- und Sicherheitstests. Somit sollten wir wissen, wie das Backend umgesetzt und gehostet wird, um dies in der Teststrategie, -planung und -durchführung berücksichtigen zu können.

Typische serverseitige Architekturen sind:

- **Einschichtige Architektur (Single-Tier)**
  Das Backend wird dabei als Monolith erstellt, der alle notwendigen Funktionen in sich vereint. Dieses Architekturmodell ist einfach und kostengünstig umzusetzen. Dies kann damit begründet werden, dass bei Entwicklung und Betrieb keine Kosten für die Interaktion zwischen mehreren Servern entstehen. Diesem Vorteil steht jedoch der Nachteil gegenüber, dass die Skalierbarkeit schlechter ist. Weiterhin ist es schwieriger, die Anwendung abzusichern. Sobald eine Komponente kompromittiert ist, ist die gesamte Anwendung kompromittiert.

- **Mehrschichtige Architektur (Multi-Tier)**
  Das Backend wird über mehrere Schichten verteilt. Weitverbreitet sind dabei zweischichtige Architekturen (Two-Tier), bei denen die Datenhaltung in eine eigene Schicht bzw. einen eigenen Datenbankserver ausgelagert wird. Eine weitere Möglichkeit sind dreischichtige Architekturen (Three-Tier), bei denen ein zusätzlicher Applikationsserver zur Bereitstellung der Backend-seitigen Geschäftslogik umgesetzt wird. Somit hat eine dreischichtige Serverapplikation die folgenden Schichten:

  1. Angezeigte Inhalte, entweder als Webserver für eine mobile Web-App oder als Serviceprovider für eine mobile App
  2. Umsetzung der Geschäftslogik der Applikation, in der die Daten verarbeitet werden
  3. Datenhaltung der Applikation, in der Regel in einer Datenbank

  Mehrschichtige Architekturen sind in der Regel teurer in der Entwicklung und im Betrieb, da die Kommunikation zwischen den Schichten berücksichtigt werden muss. Diese muss im Programmcode umgesetzt, betrieben und gesichert werden. Hinzu kommt, dass alle Schichten sowie die darunter liegenden Betriebssysteme und Anwendungen betrieben und gepflegt werden müssen.

  Mehrschichtige Architekturen bieten jedoch den Vorteil, dass Spezialisierungen möglich werden und die Flexibilität steigt. Weiterhin sind sie skalierbarer, da gezielt die Schicht optimiert oder erweitert werden kann, die den aktuellen Flaschenhals darstellt. Auch ist die Sicherheit höher, da die einzelnen Schichten gegeneinander abgesichert werden können und die Kommunikation auf definierte Schnittstellen limitiert werden kann.

Eine weitere Möglichkeit, das Backend für eine App zu realisieren, besteht darin, auf Services von diversen Anbietern zuzugreifen und diese als Backend zu nutzen. Häufig wird diese Variante nur für einen Teil des Backends genutzt. So gibt es viele Apps, die es uns erlauben, sich mit unserem Google- oder Facebook-Account anzumelden. Hierdurch reduziert sich der Aufwand im eigenen Backend, da nur rudimentäre Funktionen zur Verwaltung und Authentifizierung der Nutzer benötigt werden und stattdessen auf die Authentifizierungsdienste von Anbietern wie Google oder Facebook zurückgegriffen wird (vgl. Abb. 2–8).

Abb. 2–8 *Beispiel für die Anmeldung über Dienste von Drittanbietern wie Google oder Facebook*

Verbindungstypen und -modi

Es ist ebenfalls von Bedeutung, wie die Verbindung zwischen Backend und App umgesetzt ist. Für den Test liegt eine Herausforderung darin, sicherzustellen, dass die notwendige Infrastruktur zum Test der App über die unterstützten Verbindungstypen verfügbar ist. Hauptsächlich werden folgende Verbindungstypen genutzt:

- WLAN
  WLAN ist funkbasierte LAN-Technologie (Local Area Network). Die Unterschiede zu kabelbasierten LAN-Technologien liegen im OSI-Referenzmodell in den Schichten 1 (Physical Layer) und 2 (Data Link Layer). In den darüber liegenden Schichten kommen in erster Linie die gleichen Protokolle, z.B. TCP/IP, zum Einsatz, wie sie auch bei kabelgebundenen LAN-Installationen genutzt werden. Tester können ihre Kenntnisse über diese Protokolle somit auch für den Test von mobilen Apps nutzen.

  Ein eigenes WLAN für den Test aufzubauen ist einfach und kostengünstig möglich. In größeren Unternehmen oder in sicherheitskritischen Bereichen liegt die Herausforderung eher darin, sicherzustellen, dass das Backend der Anwendung aus diesem WLAN erreicht werden kann. Denn in den meisten Fällen ist das Backend in der gesicherten Testumgebung platziert. Somit ist eine frühe Planung sinnvoll, damit genug Zeit für die Umsetzung der Erreichbarkeit durch die für die Infrastruktur verantwortlichen Kollegen zur Verfügung steht.

- **GSM**
  Bei zellenbasierten Mobilfunknetzen treffen wir auf einen Mix von Technologiegenerationen, wie z. B. 2G, 3G, 4G, 5G. Dabei gilt derzeit die Faustregel, dass eine höhere Zahl eine neuere Generation repräsentiert. Neuere Netzwerkgenerationen erlauben u. a. die Übertragung von größeren Datenmengen pro Zeiteinheit. Im Test sollte daher geprüft werden, dass die Datenübertragungsrate in älteren Generationen immer noch ausreichend ist, die App zu nutzen. Zu geringe Datenübertragungsraten können zu Fehlern wie beispielsweise Time-outs führen, die die Nutzung der App verhindern.

  Ein eigenes GSM-Netz aufzubauen ist nicht so einfach und kostengünstig möglich wie ein eigenes WLAN. Die Kosten für ein eigenes GSM-Netz sind sehr hoch. Sie können sehr schnell die Grenze einer Million Euro überschreiten. Wichtig zu wissen ist auch, dass das Management des Netzwerks zwischen den jeweiligen Netzwerkprovidern unterschiedlich sein kann. Dies hat zur Folge, dass die Anzahl der übertragenen Datenpakete sich von Netzwerkprovider zu Netzwerkprovider unterscheiden und somit Auswirkungen auf die Performanz haben kann (vgl. Praxisbeispiel 2–7).

Praxisbeispiel 2–7: Netzwerkanbieter

In einem Projekt hatten wir den Fall, dass aus dem Monitoring hervorging, dass ein Großteil aller fehlschlagenden Anmeldungsversuche über die App aus dem Netz eines bestimmten Providers kam.

Daher wurde ein Test geplant und ausgeführt, bei dem der Netzwerkverkehr der Anmeldesequenz für alle verfügbaren GSM-Netze mithilfe einer Netzwerkprotokoll-Analysesoftware aufgezeichnet wurde, um diese gegeneinander zu vergleichen.

Dadurch konnten wir feststellen, dass im Netzwerk des Anbieters, bei dem die vielen fehlgeschlagenen Anmeldeversuche aufgefallen waren, die Anzahl der übertragenen Datenpakete ca. 10% größer war als in den anderen Netzwerken.

Somit ist es empfehlenswert, eine App in allen verfügbaren Netzwerken der verschiedenen Zielmärkte zu testen. Dies bedeutet, dass für den Test SIM-Karten der relevanten Netzwerkbetreiber in ausreichender Menge und mit ausreichendem Datenvolumen verfügbar sein sollten. Daher empfehlen wir, dies bereits in der Testplanung zu berücksichtigen. Nur so kann sichergestellt werden, dass es in der Testausführung nicht wegen fehlender SIM-Karten zu Verzögerungen kommt.

- **Nahbereich-Funkverbindungen wie Bluetooth oder NFC** (Near Field Communication)
  Für die Kommunikation mit dem Backend kommen diese Verbindungstypen eher selten vor. Sie dienen in erster Linie zur Kommunikation mit weiteren Geräten, wie z.B. Begleitgeräten (vgl. Abschnitt »Begleitgeräte« auf S. 23), oder auch anderen Mobilgeräten zum direkten Datenaustausch (vgl. Praxisbeispiel 2–8).

Praxisbeispiel 2–8: Digitale Visitenkarte

In einem unserer Projekte ging es u.a. um digitale Visitenkarten. Früher hatten wir nach dem Besuch von Konferenzen häufig einen ganzen Stapel von Visitenkarten. Diese mussten wir sichten und manuell in unser digitales Adressbuch übertragen.

Heute können wir Kontaktdaten ganz einfach per Bluetooth von einem Smartphone auf ein anderes übertragen, wodurch der Austausch der Visitenkarten und die manuelle Übertragung entfallen. Neben der Zeitersparnis durch den Wegfall der manuellen Eingabe der Kontaktdaten verringern wir auch das Risiko, Kontaktdaten zu verlieren, weil Visitenkarten verloren wurden.

Als Verbindungsmodus zwischen App und Backend kommt eine der drei folgenden Modi zur Anwendung:

- **Nie verbunden**
  Die App arbeitet vollständig ohne Netzwerkzugriff (Offline). Zugriff auf ein Backend ist nicht vorgesehen. Nie verbundene Apps sind somit nicht netzwerkbasiert und unabhängig von Verbindungstypen. Dieser Verbindungsmodus ist jedoch eher selten anzutreffen. Ein Beispiel für eine solche App ist z.B. die Kamera, die die aufgenommenen Bilder immer auf dem Gerät speichert. Zur Weiterverteilung, wie z.B. dem Speichern der gemachten Bilder in der Cloud, kommen andere Applikationen zum Einsatz.

  Für den Test bedeutet dies, dass kein Backend und keine Netzwerkkommunikation berücksichtigt werden muss. Der Test wird dadurch vereinfacht.
- **Immer verbunden**
  Die App benötigt für ihre Funktionalität eine permanente Verbindung zu ihrem Backend über ein Netzwerk. Eine Nutzung ohne Verbindung ist nicht möglich. Alle mobilen Web-Apps, mit Ausnahme der Progressive Web Apps, fallen in diese Kategorie, da eine Internetverbindung verfügbar sein muss, um die Web-App vom Server zu beziehen. Dies erfolgt in der Regel, indem wir eine URL im Browser eingeben oder eine gespeicherte URL aufrufen.

  Für den Test bedeutet dies, dass die notwendige Netzwerkinfrastruktur inkl. Backend verfügbar sein muss. Zudem sollte geprüft werden, welchen Einfluss Verbindungsabbrüche auf die App und das Nutzererlebnis haben (vgl. Praxisbeispiel 2–9).

Praxisbeispiel 2–9: Konsistenz bei Fehlermeldungen

Beim Test einer App, die auf eine permanente Netzwerkverbindung angewiesen war, konnten wir im Test feststellen, dass bei Verlust der Netzwerkverbindung dem Nutzer eine Fehlermeldung gezeigt wurde und dass die Verbindung zum Backend wieder aufgebaut wurde, sobald ein Netzwerk verfügbar war. Allerdings wurde für fast jede Bildschirmmaske ein individueller Text für die Fehlermeldung genutzt. Dies führte dazu, dass Nutzern sechs verschiedene Fehlermeldungen für ein einziges Problem gezeigt wurden, abhängig davon, wo sich der Nutzer gerade in der App befand. Solch ein Verhalten kann negative Auswirkungen auf das Vertrauen der Nutzer in die App haben.

- **Teilweise verbunden**
  Die App ist teilweise auf eine Datenverbindung angewiesen, kann jedoch streckenweise auch ohne diese Verbindung arbeiten. Dieser Verbindungsmodus wird für die meisten nativen und hybriden Apps genutzt. Die Verbindung wird nur aufgebaut, sofern ein Datenaustausch stattfinden soll. Ein anschauliches Beispiel ist eine E-Mail-App. Die Datenverbindung wird nur gebraucht, um empfangene E-Mails vom Server auf das Gerät zu laden und um geschriebene E-Mails vom Gerät auf den Server zu übertragen. Zum Schreiben neuer E-Mails oder zum Lesen der bereits empfangenen E-Mails wird keine Netzwerkverbindung benötigt.

  Für den Test bedeutet dies, dass geprüft werden muss, dass die Netzwerkverbindung richtig abgebaut wird, wenn sie nicht benötigt wird, und dass bei Bedarf die Verbindung erneut aufgebaut wird, ohne dass der Anwender zusätzliche Aktionen durchführen muss. So sollte sich z.B. der Anwender nicht erneut durch Eingabe von Benutzername und Passwort anmelden müssen, nur weil die App die Verbindung zum Backend eigenständig neu aufbaut.

Datenkommunikation

Die Kommunikation zwischen App und Backend kann auf zwei Wegen realisiert werden. Zum einen als »Push«, wobei der Server der App Daten schickt, sobald entsprechende Daten vorliegen. Push-Nachrichten sind sicherlich die bekannteste Umsetzung, z.B. in der Form, dass der E-Mail-Server eine Nachricht schickt, wenn eine neue Mail eingegangen ist.

Zum anderen wird die Kommunikation als »Pull« realisiert, wobei die App die Daten vom Server anfordert. Beim oben genutzten Beispiel der E-Mail fordert die App beim Server die Übertragung der empfangenen E-Mail an, damit sie vom Anwender gelesen werden kann.

Wie an den Beispielen zu erkennen ist, kann in einer App die Datenkommunikation teilweise als Push und teilweise als Pull realisiert werden. Doch die Überlegungen zur Datenübertragung sind nicht auf Push und Pull beschränkt. Weiterhin ist festzulegen, ob die Datenübertragung kontinuierlich oder über das »Teilstreckenverfahren« (Store-and-Forward) erfolgen soll.

Bei der kontinuierlichen Datenübertragung werden die Daten an den Server übertragen, sobald sie verfügbar sind. Beim »Teilstreckenverfahren« werden die Daten erst auf dem Gerät zwischengespeichert und zu einem späteren Zeitpunkt übertragen. Das »Teilstreckenverfahren« kommt insbesondere dann zum Einsatz, wenn die App gewisse Offline-Fähigkeiten haben soll. Der Nachteil ist, dass eine entsprechende lokale Datenhaltung in der App realisiert werden muss. Um beim Beispiel E-Mail zu bleiben, erlaubt es das »Teilstreckenverfahren«, dass eine E-Mail geschrieben und verschickt wird, auch wenn das Gerät offline ist. Die E-Mail wird auf dem Gerät gespeichert und durch die App eigenständig und ohne weitere Interaktion des Nutzers übertragen, sobald eine Internetverbindung besteht. Beim Test müssen wir somit zum einen die lokale Datenhaltung prüfen. Zum anderen müssen wir prüfen, dass die App die Verbindung zum Backend aufbaut und die Daten überträgt, sobald eine Netzwerkverbindung besteht. Der Nutzer muss dabei nicht aktiv werden und die Daten manuell übertragen. Die Datenübertragung sollte von der App durchgeführt werden, unabhängig davon, ob sie aktiv im Vordergrund ist und genutzt wird oder ob sie im Hintergrund läuft. Die weiteren Prüfungen im Test sollten berücksichtigen, wie sich die App verhält, wenn es während der Übertragung zum Abbruch der Verbindung kommt. Unser Ziel ist dabei, sicherzustellen, dass es nicht zu Datenverlusten kommt.

Arten der Datenübertragung

Grundsätzlich kann die Datenübertragung auf die folgenden zwei Arten geschehen:

- **Synchron**
  Die anfragende App schickt Daten an den Server und wartet anschließend, bis sie ein Ergebnis vom Server erhält. Dies hat den Vorteil, dass die erfolgreiche Bearbeitung der Daten zu erkennen ist. Insbesondere wenn die Verarbeitung lange dauert, kann dies jedoch zu Wartezeiten für den Nutzer führen. Die App wartet auf das Ergebnis vom Server und kann in dieser Zeit nicht durch den Anwender genutzt werden.

  Für synchrone Datenübertragungen ist im Test zu prüfen, welche Auswirkungen auf die App vorliegen für den Fall, dass die Netzwerkverbindung oder der Server langsam sind. Weiterhin sollte im Test geprüft werden, wie die App mit Abbrüchen der Netzwerkverbindung zwischen Absetzen der Anfrage und Empfangen der Antwort umgeht.

- **Asynchron**
  Die anfragende App schickt Daten an den Server und erhält direkt Antwort, dass die Anfrage angenommen wurde. Mit dieser Antwort ist die App erst einmal zufrieden und steht dem Anwender weiterhin zu Verfügung, auch wenn noch kein Ergebnis zur Anfrage selbst vorliegt. Es wird folglich nicht auf das Ergebnis gewartet. Der Server verarbeitet die Daten zu einem späteren Zeit-

punkt und schickt anschließend das Ergebnis an den Client. Die asynchrone Datenübertragung ermöglicht bessere Kontrolle darüber, wie die App dem Anwender zur Verfügung steht. Gleichzeitig wird aber auch die Komplexität der Anwendung erhöht, da festgelegt werden muss, wie damit umgegangen wird, falls die App beim Verschicken des Ergebnisses durch den Server nicht zur Verfügung steht. Außerdem muss geregelt werden, wie dem Nutzer kommuniziert wird, dass nun das Ergebnis seiner Anfrage zur Verfügung steht, und es wird Programmcode benötigt, der diese Festlegungen in der App umsetzt.

Neben der schon mehrfach erwähnten Berücksichtigung von Verbindungsabbrüchen müssen wir im Test zudem prüfen, ob die Kommunikation an den Nutzer korrekt erfolgt. Dies ist unabhängig davon, ob die App aktiv im Vordergrund genutzt wird, passiv im Hintergrund läuft oder auch komplett beendet wurde.

Innerhalb einer App kommen häufig beide Arten der Datenübertragung zum Einsatz. Somit ist die Frage nicht, welche Art gewählt wurde, sondern ob die gewählte Art zur jeweiligen Aufgabe und dem erwarteten Nutzerverhalten passt.

2.3 Herausforderungen und Risiken im Mobile App Testing

Die mobile Welt stellt Entwickler und Tester vor eine Vielzahl von Herausforderungen, die bei Software für nicht mobile Plattformen deutlich weniger oder auch gar nicht relevant sind. Ein Teil dieser Herausforderungen wurde bereits in den vorherigen Abschnitten aufgeführt. Unter anderem ging es um die daraus entstehenden Risiken sowie die von uns in Projekten genutzte Reaktion darauf. Allerdings haben wir diese nicht explizit als Herausforderungen benannt. Zum Beispiel kann auf die Herausforderung der unterschiedlichen Plattformen durch die Wahl einer entsprechenden App-Art reagiert werden. Meist haben wir Tester eher wenig Einfluss auf solche Entscheidungen. Manchmal jedoch können wir diese Entscheidungen entsprechend beeinflussen. Dazu müssen wir darlegen, welche Auswirkungen die Entscheidung auf den Test hat.

Doch nicht nur die unterschiedlichen Plattformen sind eine Herausforderung. Innerhalb der Plattformen, insbesondere bei Android, gibt es eine nahezu unüberschaubare Vielzahl von Geräten, die alle eigene Charakteristiken bezüglich der verbauten Hardware aufweisen. Diese umfasst insbesondere die Bildschirme, aber auch andere Hardware wie Prozessor, Speicher, Sensoren und Controller-Chips (vgl. Praxisbeispiel 2–10).

Praxisbeispiel 2–10: Variation in verbauter Hardware

In einem Projekt wurde eine App entwickelt, die über USB auf ein angeschlossenes IoT-Gerät zugreift. Im Test wurde ein Fehler mit einem bestimmten Smartphone festgestellt, der mit anderen Geräten der Testabteilung nicht reproduzierbar war. Interessant wurde das Ganze, als die Entwicklungskollegen mit ihrem Smartphone, mit identischer Modellbezeichnung, den Fehler nicht reproduzieren konnten.

Erst durch die Kommunikation mit dem Hersteller der Smartphones stellte sich heraus, dass das Gerät der Testabteilung aus einer anderen Fertigungscharge stammte als das Gerät der Entwicklungsabteilung und sich diese beiden Chargen durch den im Gerät verbauten USB-Controller unterschieden.

Das unten stehende Bild von Open Signal ist bereits etwas älter, gibt aber einen schönen visuellen Überblick der bereits damals verfügbaren Vielfalt an Android-Geräten (vgl. Abb. 2–9).

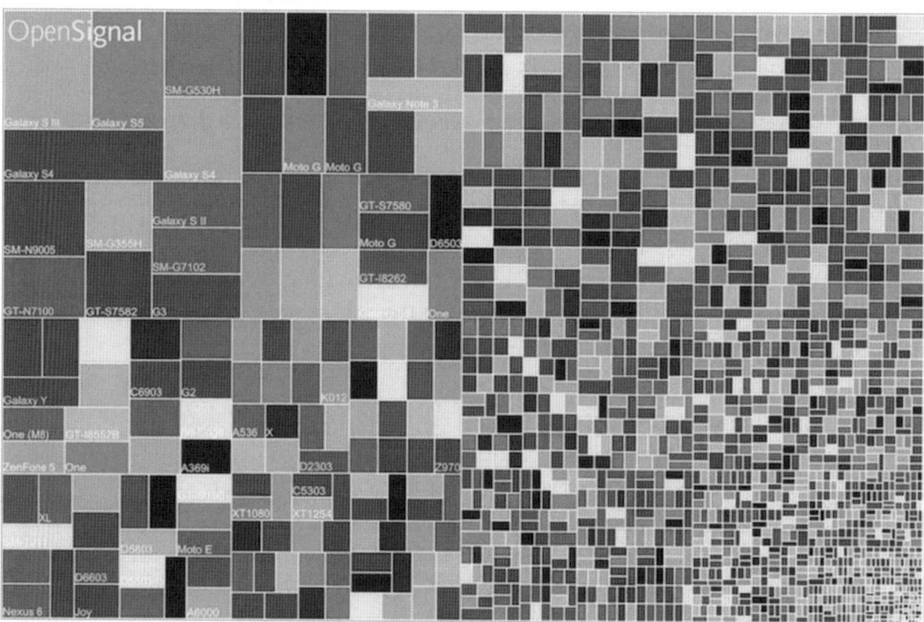

Abb. 2–9 *Fragmentierung des Android-Marktes 2015 [OpenSignal 2015]*

Das Bild von Mitte 2015 enthält 24.093 verschiedene Geräte von 1.294 Herstellern. Im Jahr davor waren 18.796 Geräte enthalten, was ein Wachstum von rund 30 % bedeutet. Ob die Vielzahl an unterschiedlichen Geräten mit der gleichen Geschwindigkeit weitergewachsen ist oder sich das Wachstum verlangsamt hat, können wir nicht sagen. Es kann jedoch davon ausgegangen werden, dass die Anzahl der verschiedenen Geräte nicht kleiner geworden ist, auch wenn heute viele der in dem Bild enthaltenen Geräte nicht mehr genutzt werden.

Die unterschiedlichen Geräte sind mit unterschiedlichen Bildschirmen und Bildschirmauflösungen ausgestattet. Dies hat Auswirkungen auf die Darstellungsqualität und somit auf den Test. Ein 5-Zoll-Display mit Full-HD-Auflösung (1920× 1080 Pixel) unterscheidet sich in der Darstellung massiv von einem 3,2-Zoll-Display mit 320×240 Pixel.

Ein weiterer Punkt ist, dass die Geräte auch mit unterschiedlichen Versionen des Betriebssystems ausgestattet sein können, die wiederum unterschiedliche API-Level aufweisen. Je Modell können somit auch unterschiedliche Versionen des Betriebssystems zum Einsatz kommen. Dies ist von Bedeutung, da es Fehler geben kann, die nur in einer bestimmten Kombination aus Gerät und Betriebssystemversion auftreten (vgl. Praxisbeispiel 2–11).

Praxisbeispiel 2–11: Zusammenspiel von Gerät und Betriebssystemversion

In einem unserer Projekte wurde in einer App die Möglichkeit, mit der Kamera einen Barcode zu scannen, integriert. Auf fast allen Geräten der Testabteilung war dies auch möglich. Auf einem Gerät konnte jedoch kein Barcode erfolgreich gescannt werden. Auf dem baugleichen Gerät der Entwicklungsabteilung war Scannen möglich. Wie sich herausstellte, war auf dem Gerät der Entwicklungsabteilung bereits Android 4.4 installiert. Auf dem Gerät der Testabteilung war aber noch Android 4.3 installiert.

Da es ein weitverbreitetes Modell war, nutzten es auch zwei Kollegen als ihr privates Smartphone. Beide waren bereit, ihr privates Gerät für den Test zur Verfügung zu stellen. Einer hatte bereits das Update auf Android 4.4 installiert, wohingegen der andere Kollege das Update noch nicht installiert hatte. Es ergab sich wieder das gleiche Bild. Unter Android 4.4 konnten Barcodes erfolgreich gescannt werden, was unter Android 4.3 nicht möglich war. Der Kollege, auf dessen Gerät das Update noch nicht installiert war, schlug vor, dass wir sein Gerät auf 4.4 updaten. Nachdem die Aktualisierung durchgeführt wurde, konnten Barcodes auch auf diesem Gerät erfolgreich gescannt werden.

Auf anderen Geräten mit Android 4.3 war Scannen von Barcodes ebenfalls möglich. Das Problem trat nur in Kombination dieses einen Modells mit Android 4.3 auf.

Bei Apple-Geräten, wie iPhone und iPad, ist das Problem der Fragmentierung deutlich geringer. Die Vielfalt an verschiedenen Geräten ist erheblich kleiner. Zudem kommen alle Geräte von einem Hersteller. Auch die Anzahl an zu berücksichtigenden Betriebssystemversionen ist deutlich geringer. Bei Apple stehen Aktualisierungen (Updates) immer für fast alle Geräte zur Verfügung. Zudem werden die Aktualisierungen von der Mehrzahl der Nutzer zeitnah zur Veröffentlichung eingespielt. Bei Android ist dies nicht der Fall. Wenn eine neue Version von Android von Google bereitgestellt wird, muss diese durch die Gerätehersteller auf ihre Modelle angepasst werden, was, wenn überhaupt, nur mit Zeitverzögerung erfolgt. Somit können Android-Nutzer eine neue Version nicht direkt installieren. Sie müssen warten, bis die Anpassung durch den Hersteller ihres Gerätes erfolgt ist.

Die oben aufgeführten Punkte und Beispiele zeigen, dass Tests auf unterschiedlichen Modellen ausgeführt werden sollten. Zudem sollten unterschiedliche Betriebssystemversionen im Test eingesetzt werden. Dabei besteht das Risiko, dass das im Test genutzte Geräteportfolio von den Geräten der Nutzer abweicht und somit Fehler nicht gefunden werden, die starke Auswirkungen auf eine Vielzahl von Nutzern haben.

Zudem entsteht ein Problem für den Testumfang. Wenn alle Tests auf allen verfügbaren Geräten und Betriebssystemversionen ausgeführt werden sollen, steigt der Testumfang exponentiell. Daher müssen geeignete Strategien gefunden werden, die Anzahl der durchzuführenden Tests zu reduzieren.

Eine Möglichkeit ist die Reduktion mithilfe orthogonaler Arrays, wie sie bei der Testfallentwurfsmethode »Pairwise Testing« zum Einsatz kommt.

Eine weitere Möglichkeit besteht darin, die Tests anhand des verbundenen Risikos und der Marktbedeutung der jeweiligen Geräte über die Geräte zu verteilen. Dabei werden Tests zu kritischen Risiken auf vielen und wichtigen Geräten ausgeführt, Tests zu kleinen Risiken hingegen auf weniger und weniger wichtigen Geräten.

Die Verfügbarkeit der Geräte ist dabei eine Herausforderung für sich. Insbesondere wenn eine Organisation neu anfängt, ein Geräteportfolio aufzubauen. Ältere Geräte können nicht mehr verfügbar sein, sodass es schwer ist, diese Geräte zu kaufen, auch wenn sie bei vielen Nutzern im Einsatz sind.

Neue Geräte und Betriebssystemversionen, die während der Lebensdauer der App zu erwarten sind, können ähnlich herausfordernd sein. Dies gilt insbesondere für Geräte, die vermutlich schnell eine relativ hohe Marktdurchdringung in den erwarteten Zielmärkten erreichen. In High-End-Märkten wie Deutschland, Österreich und der Schweiz sind dies die jeweils neuesten Geräte der großen und bekannten Anbieter, wie z.B. Apple oder Samsung. Bei diesen hat die Organisation das Risiko, dass nicht oder nur eingeschränkt vorab getestet werden kann, ob die eigene App mit den Geräten kompatibel ist.

Eine weitere Herausforderung, die wir bereits angesprochen haben, sind die verschiedenen Arten von Apps, Verbindungstypen und -modi sowie Netzwerktypen und Anbieter. Innerhalb der Netze kommen dann noch technisch bedingte Faktoren hinzu:

- Latenzen (Verzögerungen) und Laufzeitvarianzen von Datenpaketen (Jitter)
- Schwankungen der Bandbreite
- Verlust einzelner Netzwerkpakete, die erneut angefordert werden müssen

Das Ganze tritt in Kombination mit der mobilen Nutzung auf, wodurch es passieren kann, dass während einer Nutzersession zwischen unterschiedlichen Netzwerken gewechselt wird. Außerdem können auch mal Orte betreten werden, an denen kein Netzwerk vorhanden ist.

Auch vertragliche Restriktionen seitens der Mobilfunkanbieter spielen mit in diesen Bereich hinein. Viele der sogenannten Flatrates bieten nur bis zu einem gewissen Datenvolumen die volle Bandbreite. Wenn das Datenvolumen überschritten wird, wird die Bandbreite gedrosselt. Das wirkt sich auf die Down- und Upload-Geschwindigkeit aus.

Die mobile Nutzung der Apps ist eine weitere Herausforderung. Neben dem oben bereits erwähnten Problem des Netzwerkwechsels führt diese dazu, dass die App unter einer Vielzahl von Bedingungen genutzt werden kann. An einem sonnigen Sommertag im Straßencafé genauso wie an einem dunklen, kalten Morgen im Winter an der Bushaltestelle. Mit der Herausforderung der mobilen Nutzung verbunden ist das Risiko, dass die App unter bestimmten Bedingungen schlecht bedienbar ist. Beispiele für die Beeinträchtigung der Bedienbarkeit sind zu kleine Touchelemente. Mit kalten, klammen Fingern kann nicht mehr sinnvoll mit diesen interagiert werden. Ein weiteres Beispiel sind zu geringe Farbunterschiede zwischen Elementen, sodass diese Elemente in hellem Licht nicht mehr differenziert erkannt werden können.

Bereits im Jahre 2012 hat Google eine Untersuchung durchgeführt, um zu ermitteln, wo Smartphones häufig genutzt werden (vgl. Abb. 2–10).

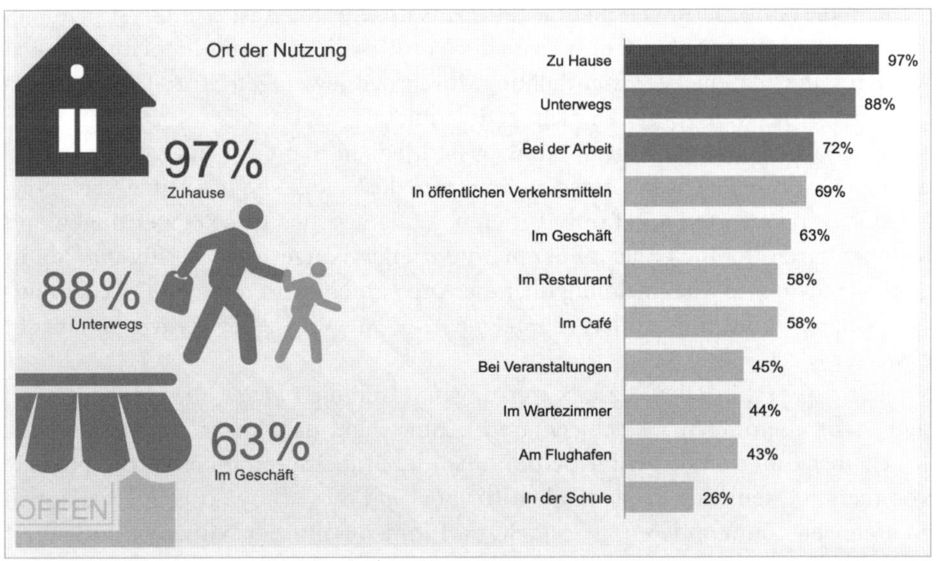

Abb. 2–10 *Wo Smartphones genutzt werden [Google 2012]*

Auch wenn die Prozentangaben im Bild bereits acht Jahre alt sind und sich die einzelnen Anteile verschoben haben können, zeigt die Abbildung dennoch sehr eindrücklich, dass Smartphones und die darauf installierten Apps in den unterschiedlichsten Situationen und an unterschiedlichsten Orten genutzt werden.

Wir haben bereits das unterschiedliche Look & Feel, also das unterschiedliche Aussehen und die Bedienkonzepte der Plattformen, angesprochen. Es kann sehr wichtig sein, dass die App sich entsprechend der Erwartung der Anwender für ihre Plattform verhält und auch so aussieht, wie es auf der Plattform erwartet wird (vgl. Praxisbeispiel 2–12).

Praxisbeispiel 2-12: Bedeutung des Look & Feel der jeweiligen Plattform

In einem Projekt hatten wir den Fall, dass der Kunde entschieden hat, eine neue Version der App für Android und iOS entsprechend dem neuen eigenen CI/CD (Corporate Identity/Corporate Design) aussehen zu lassen und die Eigenheiten der Plattformen nicht zu berücksichtigen. Nach der Veröffentlichung hat das dazu geführt, dass die Android-App nicht wie bisher mit mehr als 4 Sternen, sondern mit nur etwas mehr als 2 Sternen bewertet wurde. Bei iOS war der Absturz nicht ganz so dramatisch, aber ebenfalls deutlich zu sehen.

Eine von uns bisher nicht aufgeführte Herausforderung sind die unterschiedlichen Vertriebskanäle für Apps. Für native und hybride Apps sind dies insbesondere die unterschiedlichen Anforderungen der Stores und damit das Risiko, dass die App die Anforderungen nicht erfüllt. Aus unserer Sicht ist es äußerst peinlich, wenn ein Projekt berichten muss, dass der Veröffentlichungstermin nicht gehalten werden kann, da eine Veröffentlichung durch den jeweiligen Store-Betreiber abgelehnt wurde, weil Vorgaben nicht erfüllt sind.

Diese Vorgaben der Store-Betreiber sind jedoch nicht die einzige Herausforderung, die durch die Stores entsteht. So bieten die Stores Möglichkeiten, dass Nutzer eine App bewerten und kommentieren. Zudem stehen diese Bewertungen und Kommentare öffentlich allen anderen potenziellen Nutzern zur Verfügung. Somit gibt es eine direkte Rückmeldung über die App von Nutzern an potenzielle zukünftige Nutzer. Und wer installiert schon eine App, die von anderen Nutzern schlecht bewertet wird?

Für den Test können diese Bewertungen durch die Nutzer aber sehr wertvoll sein – vor allem auch die schlechteren. Zum einen, da Nutzer hier gerne ihren Ärger über funktionale Probleme dokumentieren. Somit erlauben es die Nutzerkommentare, fehlende Tests zu identifizieren und diese für zukünftige Versionen zu ergänzen. Zum anderen aber auch, da Probleme mit der Nutzung, und somit Usability-Probleme, aufgezeigt werden, die vom Team genutzt werden können, um die Usability der App in zukünftigen Veröffentlichungen (Releases) zu verbessern.

Neben dem direkten Download aus dem jeweiligen Store der Plattform stehen auch andere Möglichkeiten zur Installation zur Verfügung. Es gibt z. B. Stores von Drittanbietern oder die Möglichkeit, nach einem Download mit dem PC die App auf einem verbundenen Gerät zu installieren. Diese Vielzahl an Installationswegen ist eine weitere Herausforderung. Sie dürfen keinen Einfluss auf die installierte App und das Nutzererlebnis haben (vgl. Praxisbeispiel 2–13).

Praxisbeispiel 2–13: Stores von Drittanbietern

In einem Projekt hatten wir den Fall, dass beim Kundenservice auf einmal sehr viele Nutzerbeschwerden eingingen, weil sich die Nutzer nicht mehr einloggen konnten. Eine Analyse ergab, dass die Nutzer eine sehr alte Version der App aus dem Store eines Drittanbieters nutzten, daher keine Updates erhielten und aus Sicherheitsgründen serverseitig der Login mit der alten Version unterbunden war.

Die Lösung war in diesem Fall, die Kunden darauf hinzuweisen, dass sie eine veraltete Version der App nutzten, die aus Sicherheitsgründen nicht mehr unterstützt wurde. Außerdem wurde ihnen mitgeteilt, dass der Login wieder möglich wäre, wenn sie sich die aktuelle Version der App aus dem Google Play Store installieren würden.

Eine weitere Herausforderung sind die Hardwarekapazitäten bzw. die beschränkten Ressourcen der Smartphones. Was CPU- und Speicherausstattung angeht, hat sich in den letzten Jahren zwar sehr viel getan, trotzdem ist die erlebte Performanz häufig noch geringer als auf einem PC. Dies stellt insbesondere dann eine Herausforderung dar, wenn es parallel zur mobilen App auch eine Variante für den PC gibt. Eine sehr wichtige und beschränkte Ressource ist die verfügbare Energie. Ein zu hoher Energieverbrauch führt zu dem Risiko, dass die App keine Akzeptanz bei den Anwendern findet und somit nicht erfolgreich ist – vergleiche dazu auch die Akzeptanz bzw. die Diskussionen zur Einführung der Corona-App bezüglich des Energieverbrauchs [URL: t-online].

Als letzte Herausforderung führen wir die unterschiedlichen Entwicklungsplattformen und darin enthaltene Werkzeuge an. Gleiche Aktivitäten im Entwicklungszyklus werden auf den Plattformen unterschiedlich gut unterstützt. Daraus entsteht das Risiko, dass Aktivitäten auf einer Plattform sehr einfach und schnell und damit kostengünstig durchgeführt werden können, wohingegen die gleiche Aktivität auf einer anderen Plattform nur sehr schwer und aufwendig und damit teuer sowie fehleranfällig realisierbar ist. Beispiel: Unter iOS ist es sehr einfach möglich, GSM-Netzwerkverkehr zu protokollieren. Dazu nutzen wir das mit iOS 5 bereitgestellte »Remote Virtual Interface« (RVI). Unter Android ist dies deutlich aufwendiger. Dagegen lassen sich Stresstests unter Android sehr einfach mit dem im Android-SDK enthaltenen Kommandozeilenwerkzeug »Monkey« realisieren. Für iOS ist uns kein vergleichbares Werkzeug im iOS-SDK bekannt. Stresstests sind somit unter iOS aufwendiger.

Neben den von uns genannten Herausforderungen und den daraus entstehenden Risiken kann es, abhängig vom Kontext der Applikation und der Qualitätspolitik des Herstellers, noch viele weitere geben. Daher empfehlen wir, sich mit dem Kontext der App sowie der Qualitätspolitik der eigenen Organisation auseinanderzusetzen, um weitere Herausforderungen und daraus resultierende Risiken zu identifizieren. Dies ist die Voraussetzung dafür, dass eure App angemessen von euch getestet werden kann.

2.4 Teststrategien für mobile Apps

Die Erstellung einer Teststrategie für eine mobile App ist mit der Erstellung einer Teststrategie für eine nicht mobile Software vergleichbar. Allerdings müssen wir die Besonderheiten der mobilen Welt sowie die daraus entstehenden Herausforderungen und Risiken berücksichtigen.

Dabei sollte im Rahmen der Teststrategie festgelegt werden, wie mit den jeweiligen Risiken umgegangen wird. Zu einer guten Teststrategie gehört es auch, Begründungen für nicht beachtete Risiken zu dokumentieren. Insbesondere zu den oben aufgeführten typischen Herausforderungen und Risiken im mobilen Bereich empfehlen wir, nachvollziehbare Argumente aufzuschreiben. So kann zu jeder Zeit nachgelesen werden, warum bezüglich dieses Risikos so entschieden worden ist.

Da der Umgang mit Risiken vom Kontext der App sowie dem jeweiligen Hersteller und seinen Qualitätsanforderungen abhängig ist, kann hier keine Vorgabe für eine allgemeingültige Teststrategie für mobile Apps vorgestellt werden. Stattdessen führen wir die Risiken und Möglichkeiten zum Umgang mit diesen auf, wie sie auch im ISTQB®-MAT-Syllabus enthalten sind. Die aufgeführten Möglichkeiten sind dabei als Beispiele zu betrachten, ein anderer Umgang mit den jeweiligen Risiken ist denkbar.

Mögliche Reaktionen auf die von uns genannten Herausforderungen und Risiken innerhalb der Teststrategie sind in den folgenden Abschnitten beschrieben.

2.4.1 Reaktionen auf die Marktfragmentierung

Zum Umgang mit dem Risiko der Marktfragmentierung gibt es viele Möglichkeiten. Vier weit verbreitete sind:

- Wir treffen die Annahme, dass dies für die eigene App unbedeutend ist und wir daher den Test auf nur einem einzigen Modell ausführen. Bei diesem Einzelplattform-Ansatz nutzen wir nur ein Gerät mit einer Betriebssystemversion in nur einem Netzwerk. Hierdurch können Aufwand und Kosten sehr stark reduziert werden. Es verbleibt jedoch das Risiko, dass viele Fehler vor der Veröffentlichung nicht identifiziert werden können.
- Wir testen auf möglichst vielen Geräten. Dieser Ansatz zur maximalen Überdeckung ist sehr aufwendig und teuer. Um zu verhindern, dass wir die Vielzahl an Geräten selbst anschaffen und warten müssen, ist es möglich, einen Cloud-Anbieter für RDA-Dienste einzubinden, der die gewünschte Vielfalt an Geräten bereitstellt. Darunter sollten auch solche Geräte sein, die auf dem Markt nicht mehr verfügbar sind. Dies ist aber auch mit entsprechendem Aufwand und Kosten verbunden. Zudem sollte immer noch eine kleine Auswahl von Geräten vor Ort verfügbar sein, da das Nutzererlebnis mit einem Gerät in der Hand sehr stark vom Nutzererlebnis der App-Bedienung im Browser abweicht.

- Wir nutzen Crowd-Testing. Zum einen können wir kommerzielle Crowd-Testing-Services in Anspruch nehmen. Die Anbieter solcher Services verfügen über viele Tester mit vielen Geräten, die für den Test unserer App bezahlt werden. Die genauen Leistungen und Kosten dieser Angebote sind sehr vielfältig. Das zu den Bedürfnissen des eigenen Projektes passende Angebot zu finden, ist daher eine Herausforderung für sich.

  Alternativ zu diesen kommerziellen Angeboten können wir eine eigene Crowd im Unternehmen aufbauen. Das heißt, dass wir die eigenen Kollegen, auch die aus anderen Unternehmensbereichen, mit in den Test einbinden. Dies ist häufig eine kostengünstige Möglichkeit. Oder wir nutzen persönliche Netzwerke sowie andere Freiwillige.

  Die einfachste Möglichkeit ist, mehrere Leute einzuladen, dabei etwas Verpflegung bereitzustellen und den Test als Spiel bzw. Wettkampf zu verpacken. Diese Vorgehensweise ist in diversen Varianten als »Bug Hunting« oder »Bug Bash« bekannt. Wir haben »Bug Hunting« bereits häufig und erfolgreich in unseren Projekten eingesetzt. Dabei wurde eine Testversion der App auf den Privatgeräten der Teilnehmer installiert und der Test mit einem Startschuss begonnen. Zudem war der Testzeitraum zeitlich limitiert. Dabei gab es im Voraus festgelegt Preise für bestimmte Ziele, wie z.B. einen Preis für den ersten Fehler, einen Preis für die meisten Fehler, Preise für Fehler, die zu Abstürzen oder Einfrieren der App führen, usw. (vgl. Abb. 2–11).

Abb. 2–11 *Symbolische Belohnung aus einem Bug-Hunting-Event*

So kann zwar eine große Vielfalt an Geräten im Test zum Einsatz kommen, inwieweit diese Vielfalt aber für die eigenen Nutzer, sowohl was Geräte als auch was die Nutzererwartungen angeht, repräsentativ ist, hängt vom konkreten Angebot des Dienstleisters bzw. von den Teilnehmern ab.

- Wir empfehlen, für jeden Zielmarkt die wichtigsten Geräte zu identifizieren und diese im Test zu nutzen. Dieses Vorgehen hat sich bewährt, um dem Risiko der Fragmentierung zu begegnen. Der Syllabus nennt dies den Multiplattform-Ansatz. Zur Identifizierung der im Test zu nutzenden Geräten kann auf allgemein verfügbare Daten zugegriffen werden. Besser ist es jedoch, wenn auf analytische Daten zur eigenen Nutzerbasis zugegriffen werden kann (vgl. Abschnitt 2.1). Als Erfahrungswert nutzen wir für Android ein Geräteportfolio von 15–20 Geräten pro Zielmarkt, um eine ausreichende Marktabdeckung und Fehleridentifikation zu erreichen. Für iOS reichen erfahrungsgemäß ca. 5–10 Geräte.

  Wenn wir diesen Ansatz in unseren Projekten nutzen, führen wir gerne gegen Ende der Testphase ein Bug-Hunting-Event durch, um die Abdeckung zu vergrößern und zusätzlich Spaß zu haben.

2.4.2 Reaktionen auf das Geschäftsmodell

Ein weitverbreitetes und somit typisches Risiko ist, dass die Tester das eigentliche Geschäftsmodell nicht kennen. Sie können nicht bewerten, ob das Geschäftsmodell zur App passt. Mögliche Reaktionen sind:

- Wir empfehlen, bereits in der Teststrategie festzulegen, dass das gewählte Geschäftsmodell, inkl. Begründung, warum dieses Geschäftsmodell gewählt wurde, an das Testteam kommuniziert werden muss. Im Zweifelsfall muss der Testverantwortliche beim Projektleiter, Product Owner o. Ä. nachfragen, um die Informationen zum Geschäftsmodell zu erhalten. Dies erlaubt es dem Testteam zu bewerten, ob das Geschäftsmodell zur App passt.
- In der Teststrategie legen wir fest, dass die Bewertung bezüglich des zur App passenden Geschäftsmodells nicht Aufgabe des Tests ist, sondern durch den Product Owner bzw. das Produktmarketing eigenständig durchgeführt werden muss. Diese Möglichkeit hat sich jedoch nicht bewährt und wird von uns nicht empfohlen.

2.4.3 Reaktionen auf neue Geräte oder neue Betriebssystemversionen

Auf neue Geräte und neue Versionen der Plattformen kann ebenfalls vielfältig reagiert werden:

- Das Risiko, das aus neuen Versionen des Betriebssystems entsteht, kann reduziert werden, indem Vorabversionen des Betriebssystems auf Emulatoren installiert bzw. Simulatoren der neuen Version genutzt werden. Wir nutzen diese Emulatoren/Simulatoren, um die App und ihre Kompatibilität mit der neuen Betriebssystemversion zu testen. Da zwischen den Vorabversionen und der finalen, veröffentlichten Version jedoch Unterschiede vorliegen können, empfehlen wir,

Apps auf Vorabversionen in erster Linie explorativ zu testen. Zudem sollten weitere Tests mit der finalen Releaseversion unmittelbar nach deren Veröffentlichung geplant werden.

- Vorabversionen können teilweise auch auf echten Geräten installiert werden. Der Test mit echten Geräten ist dem Test mit Emulatoren bzw. Simulatoren vorzuziehen. Dabei sollte jedoch sichergestellt sein, dass der Test mit produktiven Betriebssystemversionen nicht beeinträchtigt wird. Zudem sollte der Aufwand berücksichtigt werden, wenn das Gerät von einer Vorabversion auf die aktuell produktive Betriebssystemversion zurückgesetzt werden muss.
- Das Risiko, das von neuen Geräten auf dem Markt ausgeht, kann häufig nur eingeschränkt reduziert werden. Die wenigsten App-Anbieter erhalten Vorabversionen der neuen Geräte für Testzwecke. Somit bleibt häufig nur die Möglichkeit, mit Emulatoren bzw. Simulatoren zu testen. Hierbei sollte darauf geachtet werden, die erwartete Charakteristik der Geräte so genau als möglich abzubilden. Besonderes Augenmerk liegt dabei auf der erwarteten Bildschirmgröße und Auflösung. Bei Android lohnt es auch zu prüfen, ob der Gerätehersteller entsprechende System-Images oder Erweiterungen für den Emulator bereitstellt. Bei diesem Ansatz darf jedoch nicht vergessen werden, dass Emulatoren und Simulatoren echte Geräte nur eingeschränkt wiedergeben. Außerdem hat es sich bewährt, die Release-Shows der Hersteller zu verfolgen, um bereits vorab mögliche Testszenarien vorbereiten zu können, die durch die neuen oder wegfallenden Funktionen entstehen.
- Stellvertretergeräte sind eine weitere Möglichkeit. Bei diesem Ansatz testen wir mit bereits erhältlichen Geräten, die der erwarteten Charakteristik der neuen Geräte so gut als möglich entsprechen. Dieser Ansatz erfordert es teilweise, dass mit mehreren Geräten getestet wird. Die Geräte wiederum repräsentieren jeweils Teilaspekte der erwarteten Geräte.
- Ein weiterer Ansatz ist es, erst nach der Verfügbarkeit der Geräte mit diesen zu testen. Dabei setzen wir auf den Effekt, dass nach der Markteinführung Zeit vergeht, bis ein Gerät eine relevante Verbreitung gefunden hat. Somit bleibt etwas Zeit, um im Bedarfsfall eine korrigierte und mit dem neuen Gerät kompatible Version der App zu veröffentlichen, bevor allzu viele Nutzer betroffen sind. Dieser Ansatz erfordert es, sicherzustellen, dass neu veröffentlichte Geräte dem eigenen Team so früh als möglich zur Verfügung stehen. Im Team müssen auch Ressourcen verfügbar sein, mit dem neuen Gerät zu testen und, sofern Inkompatibilitäten gefunden werden, diese schnell zu fixen. Geschwindigkeit ist bei diesem Ansatz elementar wichtig. Es geht um Tage, nicht um Wochen. Bereits zwei oder drei Wochen, in denen die App nicht auf dem neuen Gerät funktioniert, können genug negatives Feedback der Anwender generieren und dadurch den Erfolg der App negativ beeinflussen. Somit können wir diesen Ansatz nur in Kombination mit anderen, oben aufgeführten Strategien empfehlen.

2.4.4 Reaktionen auf die vielfältigen Möglichkeiten zur Installation

Im Folgenden sind Beispiele für mögliche Reaktionen auf die vielfältigen Installationsmöglichkeiten aufgeführt:

- Dem Risiko der Installation von alten, nicht mehr unterstützten Versionen aus anderen Quellen können wir begegnen, indem wir, wie im Praxisbeispiel 2–13 in Abschnitt 2.3 aufgeführt, serverseitige Funktionen zur Limitierung des Zugriffs vorsehen. Diese Funktionen müssen jedoch ebenfalls getestet werden.
- Wir empfehlen, bereits in der Teststrategie festzulegen, dass die App über alle verfügbaren Wege installiert werden muss. Auf diese Weise stellen wir sicher, dass die App unabhängig vom Installationsweg das gleiche Verhalten zeigt. Mit diesem Vorgehen können wir die Installation aus dem jeweiligen Store aber nicht direkt abbilden. Wenn wir durch die Nutzung von verschiedenen Installationswegen aber nachweisen können, dass das Verhalten der App unabhängig vom Installationsweg ist, wird das Risiko reduziert, dass die Installation aus dem jeweiligen Store zu Problemen führt.
- Weiterhin empfehlen wir, Tests unmittelbar nach dem Release der Software einzuplanen. Mit diesen Tests versuchen wir sicherzustellen, dass die Releaseversion fehlerfrei installiert werden kann und das erwartete Verhalten zeigt.

2.4.5 Reaktionen auf die Umgebungsbedingungen

Für Reaktionen auf die Umgebungsbedingungen gibt es folgende Beispiele:

- Eine Möglichkeit, das Risiko zu reduzieren, das sich aus der mobilen Nutzung mit ihren vielfältigen Umgebungsbedingungen ergibt, ist es, möglichst viele Bedingungen im Labor nachzustellen bzw. zu simulieren. Beispielsweise kann ein Netzwerkwechsel dadurch nachgestellt werden, dass das WLAN ausgeschaltet wird oder der Tester mit dem zu testenden Gerät den Bereich verlässt, in dem WLAN verfügbar ist. Das Gerät wechselt dann auf ein vorhandenes Mobilfunknetz und wir können beobachten, wie sich die App verhält.
- Wir empfehlen eine zusätzliche Teststufe einzufügen, in der wir den Nutzer und sein Verhalten simulieren. Wir verlassen das Testlabor und testen unterwegs und draußen, so wie auch der Anwender die App nutzt. Dafür gibt es auch den Begriff »Field Testing« bzw. »Feldtest«. In unseren Projekten läuft das häufig so, dass der Tester mit einem Rucksack voller Geräte mit öffentlichen Verkehrsmitteln durch die Gegend fährt und dabei die App testet. Für weitere Details zu dieser Teststufe siehe Abschnitt 4.2.1.

Alle aufgeführten Möglichkeiten zum Umgang mit Risiken in der Teststrategie sind dabei nur Beispiele. Diese Beispiele sind weder vollständig noch der richtige Umgang im Kontext deiner App. Für die Teststrategie zur eigenen App ist es wichtig, dass die Risiken identifiziert werden und eine Festlegung getroffen wird, welche Risiken im Test berücksichtigt werden. Auch sollte festgelegt werden, welche Risiken aus welchem Grund im Test nicht berücksichtigt werden. Für berücksichtigte Risiken sollte definiert werden, wie die Berücksichtigung erfolgt und welche Auswirkungen auf das Risiko erwartet werden.

2.5 Übung: Ermittlung Geräteportfolio anhand von Marktdaten

Die folgende Übung und Beispiellösung dient dazu, einen beispielhaften Weg zu skizzieren, wie Marktdaten genutzt werden können, um anschließend ein Geräteportfolio für den Test festzulegen. In realen Projekten solltest du einen für die konkrete Aufgabenstellung angepassten Weg wählen. Zusätzlich solltest du auf mehr Datenquellen zugreifen, als dies in der Beispiellösung getan wird. Zudem wird in der Beispiellösung vereinfacht vorgegangen. Das Vorgehen der Beispiellösung kann somit nicht 1:1 im Projekt übernommen werden. Es kann jedoch als grobe Skizze für das Vorgehen im eigenen Projekt dienen.

Aufgabe

Erstelle für die Region »Deutschland« eine Liste mit fünf Geräten, die eine möglichst hohe Marktabdeckung in Bezug auf Betriebssysteme, Bildschirmgröße und Dichte sowie Gerätehersteller haben. Gib jeweils die Marktabdeckung an.

Beispiellösung

1. Im ersten Schritt schauen wir bei GS Statcounter [URL: Statcounter] nach der Verteilung des Netzwerkverkehrs nach Gerätegattung. Daraus können wir ersehen, dass Tablets in Deutschland nur einen Anteil von ca. 4% haben, wohingegen Smartphones auf einen Anteil von ca. 42% kommen (Stand: 1.7.2020). Wenn wir uns auf fünf Geräte beschränken, sind Tablets nicht verbreitet genug, um diese zu berücksichtigen. Daher wird die Liste auf Smartphones eingeschränkt.
2. Im zweiten Schritt schauen wir bei GS Statcounter auf die Verteilung der Betriebssysteme [URL: Statcounter]. Wir sehen, dass Android ca. 71% und iOS ca. 27% Marktanteil hat. Wenn die Liste zehn Geräte umfassen dürfte, würden wir sieben Android- und drei iOS-Geräte wählen. Da die Liste aber nur fünf Geräte umfassen soll, entscheiden wir, zwei iOS-Geräte und drei Android-Geräte in die Liste aufzunehmen.
3. Im dritten Schritt schauen wir auf Betriebssystemversionen. Für Android gibt GS Statcounter [URL: Statcounter] an, dass im Juni 2020 ca. 35% auf Android 10 entfällt, gefolgt von Android 9.0 mit ca. 27% und Android 8.0 mit ca. 12%. Alle weiteren Versionen haben einen geringeren Marktanteil.

   Für iOS sehen wir, dass zum gleichen Zeitpunkt wie oben stehende Android-Verteilung ca. 40% der iOS-Nutzer Version 13.5 nutzen. Auf Platz zwei folgt iOS 13.4 mit ca. 28% und auf Platz 3 iOS 13.3 mit ca. 10%. Alle anderen Versionen haben einen geringeren Anteil.
4. Im vierten Schritt schauen wir auf den »Mobile & Web Test Coverage Index« von Perfecto Mobile, Stand Frühling 2020 [Perfecto 2020]. Der Download ist nach Registrierung kostenfrei möglich. Als wichtigstes Gerät wird dort das iPhone 8 genannt. Gefolgt von iPhone 7 Plus und iPhone X. Da das iPhone 7 Plus von der Displaygröße und Auflösung her zwi-

schen iPhone 8 und iPhone X liegt, entscheiden wir uns dafür, das iPhone 8 als erstes iOS-Gerät aufzunehmen. Als zweites iPhone entscheiden wir uns für das iPhone X, da bei diesem der Unterschied in Displaygröße und Auflösung höher ist.

5. Im fünften Schritt schauen wir auf die Hersteller. Bei GS Statcounter sehen wir, dass Samsung in Deutschland ca. 41 % Marktanteil hat [URL: Statcounter]. Gefolgt von Apple mit ca. 27% und Huawei mit ca. 17%. Die ca. 27% Marktanteile von Apple passen gut zum Marktanteil von iOS bei den Betriebssystemen. Aufgrund der Limitierung von fünf Geräten, von denen nur drei für Android vorgesehen sind, entscheiden wir, dass die Liste zwei Samsung-Geräte und ein Huawei-Gerät enthalten soll.
6. In sechsten Schritt schauen wir erneut auf den »Mobile & Web Test Coverage Index« von Perfecto Mobile, Stand Frühling 2020 [Perfecto 2020]. Als erstes Samsung-Gerät ist das Galaxy S9+ mit Android 10.0 aufgeführt. Gefolgt vom Galaxy S8 mit Android 9.0 und dem Galaxy S7 mit Android 8.0. Alle drei Geräte haben ein ähnliches Display, was die Auflösung angeht. Auch der Größenunterschied ist nur gering. Somit unterscheidet sich auch die Dichte nicht sonderlich stark. Einen Unterschied finden wir jedoch bei der Oberfläche und der Android-Version. Das Galaxy S9+ kommt mit Android 10.0 und der Samsung-eigenen Oberfläche »One UI 2«. Diese Oberfläche ist auch beim Galaxy S8, mit Android 9.0, im Einsatz. Das Galaxy S7 arbeitet mit Android 8.0 und der Samsung-eigenen Oberfläche »TouchWiz UI«. Daher entscheiden wir uns, die beiden Android-Geräte Galaxy S9+ und Galaxy S7 im Test zu nutzen.
7. Das erste Gerät von Huawei in der Aufstellung von Perfecto ist das Huawei P30 Pro mit Android 10 und der Huawei-eigenen Oberfläche »EMUI 10«.
8. Die finale Liste umfasst somit:
   a) iPhone 8 mit iOS 13.5
   b) iPhone X mit iOS 13.4
   c) Samsung Galaxy S9+ mit Android 10 und One UI 2
   d) Samsung Galaxy S7 mit Android 8 und TouchWiz UI
   e) Huawei P30 Pro mit Android 10 und EMUI 10

In der Liste sind Geräte von Herstellern enthalten, die gemeinsam in Deutschland einen Marktanteil von ca. 85 % haben.

Gleichzeitig sind ca. 51 % aller im Markt genutzter Betriebssystemversionen abgedeckt. Diese Zahl kann unter Nutzung des Dreisatzes berechnet werden, indem der Anteil jeder Version in Relation zum Gesamtanteil der jeweiligen Plattform gesetzt wird und anschließend die Ergebnisse addiert werden.

Zudem werden durch diese Geräte fünf verschiedene Displaygrößen und Pixeldichten sowie mehrere herstellereigene Erweiterungen berücksichtigt.

3 Tests mit Bezug zur mobilen Plattform

In diesem Kapitel diskutieren wir Tests mit Bezug auf die mobilen Geräte. Im ersten Teil konzentrieren wir uns dabei auf die potenziellen Auswirkungen, die die Hardware der Geräte auf die App haben kann. Im zweiten Teil werden die potenziellen Auswirkungen der Betriebssysteme betrachtet.

Dabei sagen wir nicht, dass alle von uns beispielhaft genannten Tests für jede App genutzt werden müssen. Die Erfahrung hat aber gezeigt, dass in den genannten Bereichen häufig Fehlerwirkungen beobachtet werden können. Daher ist es sinnvoll, zu überlegen, ob die genannten Tests auch für die eigene App Risiken reduzieren und Wert stiften können. Zudem sollen die aufgeführten Testideen als Inspiration dienen, um eigene Tests zu entwickeln.

Schlüsselbegriffe aus dem englischen Syllabus:
Koexistenz (co-existence), Kompatibilität (compatibility), Verbindungsfähigkeit (connectivity), browserübergreifende Kompatibilität (cross-browser compatibility), Interoperabilität (interoperability), System unter Test (system under test (SUT)), Testart (test type), Gebrauchstauglichkeit (usability)

Weitere Schlüsselbegriffe in diesem Kapitel:
Schnittstellen, Display

3.1 Testen der Kompatibilität mit der Gerätehardware

3.1.1 Testen von physikalischen Schnittstellen

Wie bereits in Kapitel 2 erläutert wurde, gibt es eine Vielzahl von unterschiedlichen Geräten. Einer der Hauptunterschiede zwischen den Geräten liegt in der verbauten Hardware. Mit der Hardware können sich auch die als Hardware realisierten Schnittstellen und Bedienelemente unterscheiden. Teilweise nutzen die Gerätehersteller physikalische Schnittstellen auch zur Differenzierung ihrer Geräte für unterschiedliche Marktsegmente. Beispielsweise waren Fingerabdrucksensoren vor wenigen Jahren noch den High-End-Modellen vorbehalten. Heute sind sie auch in

Mittelklassegeräten und sogar in Low-End-Geräten verbaut. Daran können wir auch erkennen, dass sich die verfügbaren Schnittstellen im Laufe der Zeit ändern. Wir sehen einen Trend zur Reduktion der physikalischen Schnittstellen, die durch softwarebasierte Schnittstellen ersetzt werden. In der frühen Phase der Nutzung von Mobilgeräten hatten sehr viele Geräte eine Hardwaretastatur, wie sie z.B. bei Blackberry-Geräten üblich war. Heute finden sich nur noch sehr wenige Geräte, die ein Hardware-Keyboard haben, wie z.B. das Fxtec Pro1 [URL: Pro1]. Stattdessen haben heute die meisten Geräte eine Softwaretastatur, die bei Bedarf auf dem Touchscreen eingeblendet wird. Doch die Tastatur ist nicht die einzige Schnittstelle, die abgeschafft wird.

Ein anderes Beispiel ist die Anschlussbuchse für Kopfhörer bzw. Freisprecheinrichtungen. Seit 2016 kommen immer mehr Geräte auf den Markt, die diese Anschlussmöglichkeit nicht mehr bieten. Stattdessen können Kopfhörer über den USB-C-Anschluss bzw. Lightning Port angeschlossen werden. Dabei kommt entsprechende Software zum Einsatz, die auf der Hardwareverbindung des Anschlusses aufbaut. Zudem ist es möglich, Kopfhörer über Funk anzuschließen. In der Regel wird für die Realisierung ebenfalls Software zur Übertragung der akustischen Signale über eine Bluetooth-Funkverbindung genutzt.

Neben den bereits genannten hardwarebasierten Schnittstellen kann es noch eine Vielzahl von weiteren Komponenten geben, wie z.B. Schalter zum Ein- und Ausschalten oder zur Lautstärkeregelung. Aber auch interne Lautsprecher und Mikrofone sowie Kameras gehören dazu. Nicht ganz so weit verbreitet, aber auch nicht wirklich exotisch, sind integrierte Radios. Eine relativ neue, hardwarebasierte Schnittstelle ist Radar, wie sie z.B. im Google Pixel 4 verbaut ist. Ob diese Schnittstelle breiteren Einsatz findet oder ein Exot bleibt, können wir zum derzeitigen Zeitpunkt nicht abschätzen.

Diese Vielfalt an möglichen Schnittstellen, die auch potenziell Einfluss auf die Funktionalität der App haben, sollte bei der Auswahl des Geräteportfolios für den Test berücksichtigt werden. Zudem sollte sie auch bei der Selektion der Tests für die App auf den jeweiligen Geräten Beachtung finden. So macht es wenig Sinn, Tests für Schnittstellen zu planen, die im jeweiligen Gerät nicht verbaut sind.

Bei der Planung der Tests für physikalische Schnittstellen sollte berücksichtigt werden, dass genutzte Schnittstellen erwartungsgemäß genutzt werden. Dabei sollte die Nutzererwartung der jeweiligen Plattform im Fokus stehen. Wenn Schnittstellen durch die App nicht wie vom Nutzer erwartet verwendet werden, kann dies zu einem schlechteren Nutzererlebnis führen oder der Grund dafür sein, warum gewisse Funktionen der App nicht benutzt werden. Nicht genutzte Funktionen sind dann folglich Verschwendung, da das Investment in die Entwicklung und den Test der Funktionen nichts zum durch den Nutzer wahrgenommenen Wert der App beiträgt.

Zusätzlich sollten wir Tests einplanen, mit denen wir prüfen, dass nicht genutzte Schnittstellen keinen Einfluss auf die App haben, wenn der Nutzer mit der Hardware interagiert. Beispielsweise sollte eine App, die keine akustischen Signale nutzt, nicht beeinflusst werden, wenn der User die Lautstärkeregelung bedient oder einen Kopfhörer anschließt. Andersherum gilt das natürlich auch. Die App darf nur Einfluss auf die Lautstärke nehmen, wenn sie in dem Moment selbst Audiosignale erzeugt.

Weiterhin sollten wir Tests einplanen, mit denen wir prüfen, wie sich die App verhält, wenn eine von der App genutzte Schnittstelle nicht verfügbar ist. Ein Beispiel für mögliche Auswirkungen einer solchen Situation findet sich im Praxisbeispiel 2–1.

3.1.2 Übung: Hardwareschnittstellen

Aufgrund der vielen möglichen Schnittstellen mit ihrem potenziellen Einfluss geben wir an dieser Stelle ein paar Beispiele für eventuell durchzuführende Tests zu Hardwareschnittstellen an. Diese sollen als Inspiration dienen, was machbar ist, sofern dadurch ein Mehrwert für das Projekt erzeugt wird oder Risiken reduziert werden.

Aufgabe

Plane und führe einen Test aus, der den Einfluss von ausgewählten Hardwareschnittstellen auf die App prüft.

Beispiellösung 1

Installiere eine App, die Musik abspielt, und führe die folgenden Schritte aus:

1. Starte die App und lass Musik laufen.
2. Prüfe, dass das Drücken des Bedienelements zum Erhöhen der Lautstärke dazu führt, dass die Musik lauter wird, während die App aktiv im Vordergrund Musik abspielt.
3. Prüfe, dass das Drücken des Bedienelements zur Reduzierung der Lautstärke dazu führt, dass die Musik leiser wird, während die App aktiv im Vordergrund Musik abspielt.
4. Wiederhole die Schritte 2 und 3, während die App im Hintergrund läuft, um Musik zu spielen.
5. Beende die App und erhöhe auf maximale Lautstärke. Anschließend starte die App erneut. Die Ausgabe der Musik sollte mit maximaler Lautstärke erfolgen.
6. Beende die App. Reduziere die Laustärke auf »0« und starte die App erneut. Die abgespielte Musik darf nicht mehr hörbar sein.

Beispiellösung 2

Installiere eine deutschsprachige App, die ein Formular für die Eingabe einer Adresse enthält, und führe die folgenden Schritte aus:

1. Starte die App und navigiere zum Formular für die Eingabe der Adresse.
2. Prüfe für jedes Adressfeld, dass die Eingabe mit der virtuellen Tastatur möglich ist. Achte dabei darauf, dass jeweils die passende virtuelle Tastatur angezeigt wird. So sollte für die PLZ das numerische Keyboard angezeigt werden. Zur Eingabe der E-Mail-Adresse das Keyboard mit @-Symbol, usw.
3. Schließe nun eine externe Tastatur über USB oder Bluetooth an und prüfe, dass alle Felder mithilfe der Tastatur gefüllt werden können. Bei angeschlossener externer Tastatur sollte die virtuelle Tastatur nicht eingeblendet werden.
4. Entferne die Tastatur und prüfe, dass für jedes Feld wieder die richtige virtuelle Tastatur angezeigt wird und diese genutzt werden kann, um die Felder zu füllen.
5. Schicke die App in den Hintergrund, schließe die externe Tastatur erneut an, hole anschließend die App wieder in den Vordergrund und prüfe, dass alle Felder mit der externen Tastatur gefüllt werden können.
6. Schicke die App in den Hintergrund, entferne die externe Tastatur. Hole anschließend die App wieder in den Vordergrund und prüfe, dass für jedes Feld die richtige virtuelle Tastatur angezeigt wird und diese genutzt werden kann, um die Felder zu füllen.
7. Beende die App, schließe erneut die externe Tastatur an und starte die App wieder.
8. Prüfe, dass alle Felder mit der externen Tastatur gefüllt werden können.
9. Entferne die externe Tastatur und prüfe, dass für jedes Feld die richtige virtuelle Tastatur angezeigt wird und diese genutzt werden kann, um das jeweilige Feld zu füllen.

3.1.3 Testen von unterschiedlichen Gerätebildschirmen

Eine sich bei vielen Geräten unterscheidende Hardware ist der Bildschirm. Der Größenunterschied und die Seitenverhältnisse der Bildschirme sind dabei ein wichtiges Unterscheidungsmerkmal. Abbildung 3–1 gibt einen Eindruck, wie vielfältig Bildschirmgrößen und Seitenverhältnisse sein können. Sie sind aber nicht die einzigen relevanten Merkmale.

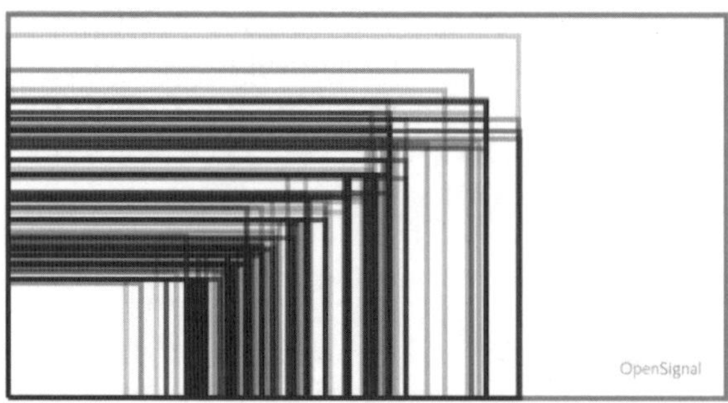

Abb. 3–1 *Vielfalt an Bildschirmen des Android-Marktes 2015 [OpenSignal 2015]*

Weitere Merkmale betreffen den sichtbaren Anzeigebereich und die Auflösung bzw. Bildschirmdichte. Die Dichte wird dabei normalerweise als PPI (Pixel per Inch) bzw. DPI (Dots per Inch) angegeben. PPI und DPI sind lediglich unterschiedliche Ausdrucksweisen der gleichen physikalischen Eigenschaft des Displays, nämlich wie viele Bildpunkte pro Fläche enthalten sind.

Wie in Abschnitt 2.3 beschrieben, haben die Größe, Seitenverhältnisse und Auflösung Einfluss auf die Darstellungsqualität der App. Da der Bildschirm die wichtigste Schnittstelle zwischen App und Anwender ist, empfehlen wir, auf einer möglichst großen Vielfalt von Geräten bzw. Bildschirmen zu testen, ob die App richtig dargestellt wird. Häufig zu beobachtende Fehlerwirkungen innerhalb der App sind bei diesen Tests:

- Falsche Skalierung von Anzeigeelementen, sodass diese zu groß, zu klein oder verzerrt dargestellt werden, wie bei der Übung zum Testen der unterschiedlichen Bildschirme zu sehen ist (vgl. Abb. 3–2). Neben dem schlechten visuellen Eindruck kann dies sogar die Benutzbarkeit beeinflussen. Elemente können dann nicht mehr sauber bedient werden, z.B. weil sie zu klein und eng beieinanderliegend dargestellt werden. Die eindeutige Identifikation für ein Antippen ist folglich kaum noch möglich (vgl. Praxisbeispiel 3–1).
- Unterschiedliche oder verzerrte Skalierung der Anzeigeelemente und zugehöriger Touchelemente. Neben der visuellen Wirkung können aber auch funktionale Auswirkungen festgestellt werden. So kann es vorkommen, dass Antippen oder andere Gesten asynchron zur visuellen Darstellung ausgeführt werden müssen.

Praxisbeispiel 3–1: Skalierungseffekte

In einem Projekt, in dem eine App für Patienten mit Morbus Crohn entwickelt wurde, hatten wir den Fall, dass unterschiedliche Darmbereiche über eine Minimap angesteuert werden konnten, um ein Video des entsprechenden Darmbereichs angezeigt zu bekommen. Patienten sollten so sehen können, was die Unterschiede zwischen einem gesunden und einem kranken Darm sind.

Im Test dieser App konnten wir feststellen, dass auf manchen Geräten in der Minimap neben den Darm getippt werden musste, um im Video an die entsprechende Stelle im Darm zu springen.

- Überlappung von Elementen, sodass manche Elemente nicht mehr oder nur teilweise nutzbar sind. Insbesondere wenn dabei für den Anwender wichtige Inhalte überlagert werden, kann dies problematisch sein. So kann es z.B. bei nebeneinanderliegenden Buttons passieren, dass der Text des ersten Buttons über den Rand des Buttons hinausläuft und sogar bis über den zweiten Button ragt. Durch die Überlagerung des Textes von Button eins und Button zwei ist der Text auf Button zwei nicht mehr lesbar.

- Falsche Auswahl von Bildern. Auch wenn Android vorsieht, dass Bilder für vier unterschiedliche Größenklassen bereitgestellt werden, kann es insbesondere bei sehr hochauflösenden Displays dazu kommen, dass die Bilder zu klein sind und damit nicht mehr zur Gestaltung der Oberfläche passen. In manchen Fällen können auch die Inhalte der Bilder nicht mehr gut erkannt werden.

3.1.4 Übung: Bildschirmgröße und Auflösung

Für die folgende Übung werden mehrere Geräte benötigt. Die Übung soll zeigen, wie Tests der App in Bezug auf die Bildschirmgröße und Auflösung gestaltet werden können. Sofern du nur ein Gerät hast, kannst du für Übungszwecke auch virtuelle Geräte nutzen (vgl. Abschnitt 5.3). Für Tests in Projekten solltest du jedoch echte Geräte verwenden, wir können das gar nicht oft genug betonen. Wie Auffälligkeiten oder gar Fehler aussehen können, ist in Abbildung 3–2 dargestellt.

Aufgabe

Plane und führe einen Test aus, der den Einfluss der Bildschirmgröße und Auflösung auf die App prüft.

Beispiellösung

1. Installiere eine App auf mehreren Geräten mit unterschiedlicher Bildschirmgröße und Auflösung.
2. Vergleiche jede Maske im Portrait-Format, auch als Hochformat bezeichnet, zwischen den unterschiedlichen Bildschirmen. Die App sollte auf allen Bildschirmen konsistent dargestellt werden.
3. Vergleiche jede Maske im Landscape-Format, auch als Querformat bezeichnet, zwischen den unterschiedlichen Bildschirmen. Die App sollte auf allen Bildschirmen konsistent dargestellt werden.

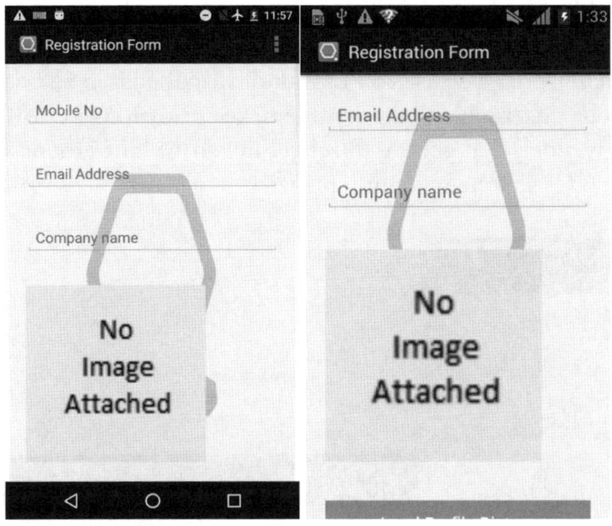

Abb. 3–2 *Eine App auf zwei Bildschirmen gleicher Größe, aber mit unterschiedlicher Auflösung*

3.1.5 Testen der Bildschirmorientierung

Wie bereits in der Übungsbeschreibung zu Abschnitt 3.1.4 aufgeführt, können Apps das Portrait-Format und das Landscape-Format unterstützen. Um die Anzeige entsprechend anzupassen, wird mithilfe von Informationen aus den Lagesensoren bestimmt, in welcher Ausrichtung das Gerät durch den Anwender genutzt wird.

Bei Apps, die beide Ausrichtungen unterstützen, sollten wir alle Bildschirmmasken in beiden Ausrichtungen testen. Mit diesen Tests stellen wir sicher, dass die App in beiden Ausrichtungen erwartungsgemäß dargestellt wird und benutzbar ist. Zudem sollten wir alle Bildschirmmasken dahingehend prüfen, dass ein Wechsel zwischen den Ausrichtungen ohne negative Auswirkungen möglich ist.

Apps mit nur einer unterstützten Ausrichtung sollten darauf getestet werden, dass dies für alle Bildschirmmasken korrekt umgesetzt wurde. Änderungen der Ausrichtung dürfen dann keine Auswirkungen haben.

Unabhängig davon, ob nur eine Ausrichtung oder beide Ausrichtungen unterstützt werden, müssen wir im Test darauf achten, mehrfach zwischen den Ausrichtungen zu wechseln. Es können Fehler auftreten, die erst nach mehrfachen Wechseln sichtbar werden. Zudem sollten die Tests berücksichtigen, dass manche Fehler nur auftreten, wenn noch keine Daten oder eben bereits Daten eingegeben wurden. Außerdem kann es Auswirkungen haben, wenn eine App direkt im Quer- oder Hochformat gestartet wird.

Typische Fehler in Bezug auf die Ausrichtung beinhalten, dass die Darstellung der App oder ein Teil der Inhalte fehlerhaft ist. Dies ist in Abbildung 3–3 gut zu erkennen. Zudem ist der Verlust von Ein- und Ausgabedaten zu beobachten. Eher selten, aber nicht auszuschließen, ist zudem, dass Sessions verloren gehen. Dies zwingt den Anwender, den gerade durchgeführten Ablauf erneut von Anfang an durchzuführen oder sich neu zu authentifizieren.

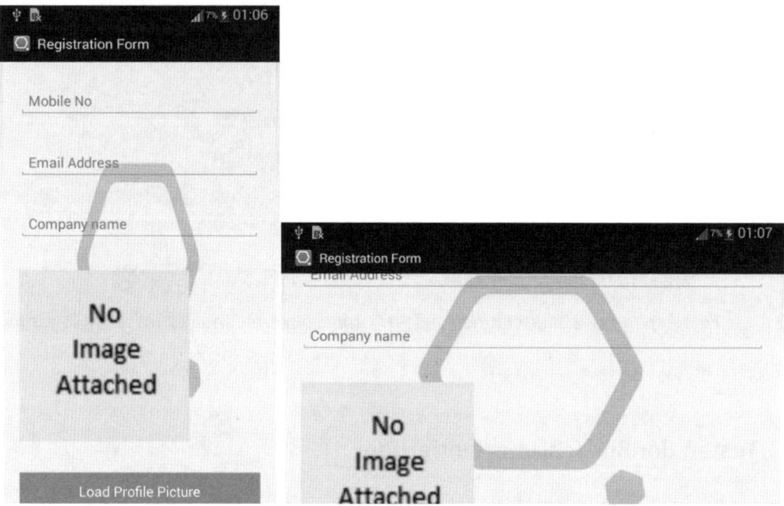

Abb. 3–3 *App im Portrait- und Landscape-Format auf einem Gerät. Im Portrait-Format sehen wir, dass das Logo im Hintergrund im Vergleich zum Logo in der Kopfzeile und im Landscape-Format verzerrt dargestellt wird.*

3.1.6 Übung: Bildschirmorientierung

Für diese Übung ist ein Gerät ausreichend. Es sollte aber eine App gewählt werden, die sowohl das Hoch- als auch das Querformat unterstützt. Zudem sollte die App auch Eingabeformulare enthalten.

Aufgabe

Prüfe in einer App, dass der Anwender die App in beiden Ausrichtungen nutzen kann und auch der mehrfache Wechsel zwischen den Ausrichtungen keine negativen Auswirkungen für den Nutzer hat.

Beispiellösung

1. Starte die App im Portrait-Format.
2. Prüfe, dass die erste Maske richtig dargestellt wird.
3. Wechsle die Ausrichtung des Gerätes auf das Landscape-Format und prüfe, dass die Maske richtig dargestellt wird.

4. Wechsle die Ausrichtung erneut in das Portrait-Format und prüfe, dass die Maske richtig dargestellt wird.
5. Wechsle mehrfach schnell zwischen den beiden Formaten. Nach mehreren Wechseln prüfe im Portrait-Format, dass die Maske richtig dargestellt wird.
6. Wechsle mehrfach schnell zwischen den beiden Formaten. Nach mehreren Wechseln prüfe im Landscape-Format, dass die Maske richtig dargestellt wird.
7. Schicke die App in den Hintergrund und wechsle mehrfach zwischen Portrait- und Landscape-Format.
8. Hole die App in den Vordergrund, während das Gerät im Portrait-Format ausgerichtet ist, und prüfe, dass die Maske richtig dargestellt wird.
9. Schicke die App in den Hintergrund und wechsle mehrfach zwischen Portrait- und Landscape-Format.
10. Hole die App in den Vordergrund, während das Gerät im Landscape-Format ausgerichtet ist, und prüfe, dass die Maske richtig dargestellt wird.
11. Wiederhole oben stehende Schritte für jede Maske der App. Sofern die Maske Eingabefelder enthält, sollten die Schritte ausgeführt werden, bevor und nachdem Daten eingegeben wurden. Zudem sollte das Formular auch abgeschickt werden, um sicherzustellen, dass es zu keinen Auswirkungen auf die Datenübertragung kommt.

3.1.7 Testen der Gerätetemperatur und deren Auswirkungen

Die Temperatur des Mobilgerätes wird durch diverse Faktoren beeinflusst. Zugleich kann die Temperatur des Gerätes auch vielfältige Auswirkungen haben. Daher sollten wir die Gerätetemperatur auch im Test berücksichtigen. Eine gradgenaue Messung der Temperatur ist dabei aus unserer Sicht nicht notwendig. Beim Test mit dem Gerät in der Hand ist die Erwärmung deutlich zu spüren.

Zu den Faktoren, die die Temperatur beeinflussen, gehört zum einen die Umgebungstemperatur. Gerade in den heißen Sommern der vergangenen Jahre konnten wir beobachten, dass sich Geräte teilweise vollständig abschalteten und auch temporär nicht mehr eingeschaltet werden konnten. Dies ist darauf zurückzuführen, dass die Geräte eine interne Schutzvorrichtung enthalten, die sie vor Hardwareschäden aufgrund Überhitzung schützen.

Ein weiterer Faktor, der die Gerätetemperatur beeinflusst, ist zum anderen der aktuelle Energieverbrauch. Hohe Netzwerkaktivität sowie die intensive Nutzung der verbauten Sensoren, wie z. B. GPS, oder hohe Prozessorlast verursachen einen entsprechend hohen Energieverbrauch. Die Helligkeit des Displays ist aufgrund des Energieverbrauchs für die benötigte Lichtmenge ebenfalls nicht zu vernachlässigen. Ein hoher Energieverbrauch erzeugt Wärme in den genutzten Bauteilen. Der Energieverbrauch kann dabei von Apps im Vordergrund oder auch Hintergrund beeinflusst werden. Eine weitere Wärmequelle ist das Laden des Akkus. Die gleichzeitige Benutzung von mehreren Musik-Apps beispielsweise, sei es zur Produktion von Musik oder zur Unterstützung beim Erlernen eines Instrumentes, führt relativ schnell zur Erwärmung eines iPads. Jede Musik-App für sich benötigt viele Ressourcen. Wenn dann mehrere Apps gleichzeitig den Prozessor und andere Hardware beanspruchen, führt das zu immenser Wärmebildung.

Neben der bereits oben aufgeführten Totalabschaltung können die Geräte auf vielfältige Weise auf hohe Temperaturen regieren. Dazu gehört u.a.:

- Reduzierung der Taktfrequenz der Prozessoren
- Reduzierung der Frequenz, mit der die Sensoren abgefragt werden
- Abschaltung ausgewählter Sensoren
- Reduzierung der Helligkeit des Displays
- Reduzierung des Zugriffs auf Hardware durch Apps
- Freigabe von Speicher

Diese Reaktionen können durch das Gerät eigenständig veranlasst werden, um den Energieverbrauch und damit die erzeugte Wärme zu reduzieren.

Daher sollten Testszenarien entworfen werden, bei denen sehr viel Wärme über einen langen Zeitraum produziert wird. So können wir sicherstellen, dass Maßnahmen des Gerätes zum Schutz gegen Überhitzung keine unerwarteten Auswirkungen auf die App haben. Beispielsweise kann schon die Reduzierung der Helligkeit des Displays negative Auswirkungen auf das Nutzererlebnis haben, da Differenzierungen über Farben nicht mehr eindeutig zu erkennen sind. Ein weiterer möglicher negativer Einfluss der hohen Temperatur auf das Nutzererleben ist schlicht und ergreifend, dass das Gerät nicht mehr problemlos in der Hand gehalten werden kann.

Ein mögliches Szenario zur Erzeugung von hohen Temperaturen ist, dass wir den Akku laden und gleichzeitig über Hintergrund-Apps hohe Netzwerk-, Speicher- und Prozessorlast erzeugen, während wir die App über einen langen Zeitraum permanent intensiv nutzen. Wie bereits beschrieben eignen sich Musik-Apps sehr gut, einen hohen Energieverbrauch zu erzwingen. Solche Apps sind zum Teil auch kostenlos in den Stores erhältlich. Somit ist es nicht notwendig, Budget zur Anschaffung solcher Apps einzuplanen.

3.1.8 Testen des Batterieladestands und Energieverbrauchs

Wir müssen im Test unbedingt auch den Ladestand des Akkus berücksichtigen. Geräte können auf einen niedrigen Ladestand ähnlich reagieren wie auf zu hohe Temperaturen. Der Zugriff auf Hardwarekomponenten kann eingeschränkt oder ganz abgeschaltet werden. Diese Maßnahmen können abhängig von der Konfiguration durch die Geräte bzw. durch das Energiemanagement der Geräte eigenständig initiiert werden. Auf diese Weise kann Energie gespart und die Kernfunktionalitäten über einen möglichst langen Zeitraum aufrechterhalten werden. Daher ist es sinnvoll, Tests mit niedrigem Ladestand des Akkus zu planen. Hierbei müssen wir auch darauf achten, wie die App auf genutzte Hardwarekomponenten reagiert, die durch das Energiemanagement ausgeschaltet werden. Wenn es dabei zu Wechselwirkungen kommt, z. B. weil das Energiemanagement GPS abschaltet, die App es aber wieder aktiviert, kann dies dazu führen, dass der Energieverbrauch vergrößert wird und der Akku sehr schnell vollständig entleert wird. Möchten wir diese Tests im Feld durchführen, sollten wir eine Powerbank oder alternative Lademöglichkeit dabeihaben, da wir unterwegs nicht oder nur schwer Energie nachladen können (vgl. Abschnitt 4.2.1). Dies erlaubt es uns, kurz bevor der Akku vollständig entleert ist, ein klein wenig Energie nachzuladen und weitere Tests mit niedrigem Batterieladestand durchzuführen.

Neben dem Ladestand des Akkus sollte auch der Energieverbrauch der App im Test betrachtet werden. Dies ist sehr wichtig, da die verfügbare Energie eine der am stärksten limitierten Ressourcen bei Mobilgeräten ist. Daher sind es die meisten Anwender auch gewohnt, ihr Smartphone jede Nacht zu laden. Trotzdem kennt fast jeder die Situation, dass dem Smartphone die Energie ausgeht. Dies ist insbesondere dann ärgerlich, wenn wir auf die Nutzung von Funktionen angewiesen sind, z. B. um mithilfe des Smartphones in einer fremden Stadt zu navigieren. Somit kann es negativen Einfluss auf den Erfolg der App haben, wenn Anwender feststellen, dass sie sehr energiehungrig ist. Leider ist die Messung des Energieverbrauchs nicht trivial. Zudem ist sie zeitaufwendig, da folgende Szenarien über einen längeren Zeitraum, z. B. mindestens 30–60 Minuten, berücksichtigt werden sollten:

- Energieverbrauch bei intensiver Nutzung
- Energieverbrauch bei geringer Nutzung
- Energieverbrauch mit der App im Hintergrund bei Nutzung des Gerätes
- Energieverbrauch mit der App im Hintergrund, wenn das Gerät nicht genutzt wird

Unter intensiver Nutzung ist dabei die permanente Nutzung der App zu verstehen, bei der ständig und ohne Unterbrechung mit der App interagiert wird. Unter geringer Nutzung verstehen wir die gelegentliche Interaktion mit der App, unterbrochen von Pausen, die mehrere Sekunden dauern.

Zudem ist es notwendig, entsprechende Werkzeuge zu nutzen. Wenn der Quellcode der App verfügbar ist, können die Werkzeuge der Plattformanbieter zum Einsatz kommen. Bei Android bzw. in Android Studio kann das Werkzeug »Profiler« genutzt werden [URL: Studio]. Bei iOS bzw. in Xcode finden sich ähnliche Möglichkeiten im Werkzeug »Instruments« [URL: Xcode] (vgl. Abschnitt 5.2).

Wenn der Quellcode nicht verfügbar ist und »Instruments« daher nicht eingesetzt werden kann, kann bei iOS die Statusanzeige des Akkus genutzt werden, die über die Einstellungen erreichbar ist (vgl. Abb. 3–4).

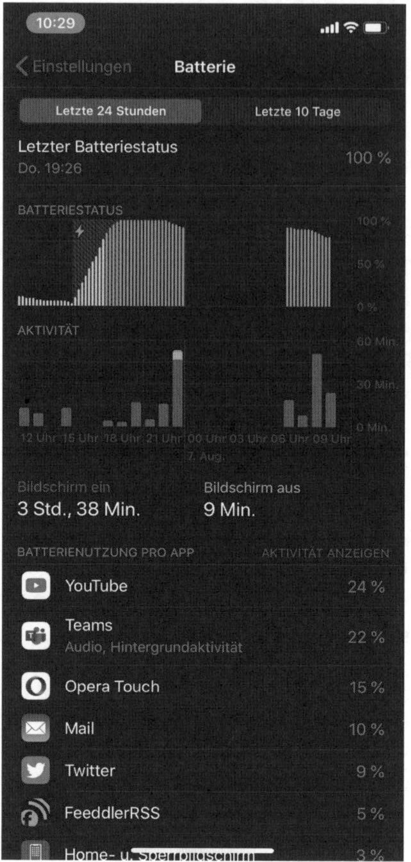

Abb. 3–4 *Anzeige zum Energieverbrauch in iOS*

Bei Android ist die vom System bereitgestellte Anzeige zum Batteriestatus weniger hilfreich. Daher sollte auf Apps von Drittanbietern zur Messung des Energieverbrauchs zurückgegriffen werden. Im Play Store finden wir eine sehr große Auswahl an Möglichkeiten, wenn wir nach »Powertutor« oder »Batterie Monitor« suchen. Aufgrund des großen Angebotes und des sich schnell ändernden Marktes möchten wir kein konkretes Produkt empfehlen. Stattdessen solltest du mit mehreren Werkzeugen experimentieren, um das Produkt zu finden, dass für deine Zwecke am besten geeignet ist.

3.1.9 Übung: Energieverbrauch

Die folgende Übung soll zeigen, wie wir einen Test bezüglich des Energieverbrauchs durchführen können. Bevor du die einzelnen Schritte aus der Beispiellösung durchführst, überlege dir zunächst selbst eine möglichst detaillierte Testvorgehensweise.

Aufgabe

Teste eine App auf ihren Energieverbrauch.

Beispiellösung

Folgender Ablauf ist lediglich als Beispiel zu sehen. Andere Abläufe sind ebenfalls möglich. Zudem kann es notwendig sein, die genannten Zeiten zu vergrößern, um ausreichend große Energiemengen zu verbrauchen, oder den Ablauf mehrfach zu wiederholen, um den Durchschnittswert sowie die Standardabweichung zu ermitteln:

1. Installiere deine bevorzugte App zur Messung des Energieverbrauchs.
2. Installiere die App, die getestet werden soll.
3. Öffne die App zur Messung des Energieverbrauchs. Dokumentiere Batteriestand und Uhrzeit.
4. Öffne die zu testende App. Nutze sie für 30 Minuten intensiv und beende anschließend die App.
5. Wechsle in die App zur Messung des Energieverbrauchs und dokumentiere Batteriestand und Uhrzeit.
6. Öffne die zu testende App erneut. Nutze sie für 30 Minuten mit geringer Nutzungsintensität und beende anschließend die App.
7. Wechsle in die App zur Messung des Energieverbrauchs und dokumentiere Batteriestand und Uhrzeit.
8. Starte die zu testende App erneut. Starte eine andere App, sodass die zu testende App in den Hintergrund verschoben wird. Nutze die andere App für 30 Minuten, bevor du beide Apps beendest.
9. Wechsle in die App zur Messung des Energieverbrauchs und dokumentiere Batteriestand und Uhrzeit. Im Idealfall kannst du deiner Mess-App entnehmen, welcher Anteil der verbrauchten Energie auf die zu testende App entfällt.
10. Starte die zu testende App erneut und schicke sie in den Hintergrund. Lass das Gerät 30 Minuten mit der zu testenden App im Hintergrund laufen, bevor du sie beendest.
11. Wechsle in die App zur Messung des Energieverbrauchs und dokumentiere Batteriestand und Uhrzeit.
12. Bewerte den Energieverbrauch. Wiederhole ggf. den gesamten Test mit einer ähnlichen App, um einen Vergleichswert zu haben.

3.1.10 Testen der Eingabesensoren der Geräte

In Smartphones ist eine Vielzahl von Sensoren verbaut. Diese Sensoren tragen wesentlich dazu bei, dass die Geräte als »Smart« bezeichnet werden. Die Geräte kennen beispielsweise die eigene Position anhand der Daten des GPS-Sensors und weiterer Positionsinformationen, wie z.B. der Standort des aktuell genutzten WLANs. Dies kann aber unter Umständen zu Fehlinformationen führen (vgl. Praxisbeispiel 3–2).

Praxisbeispiel 3–2: Weitere Ortsinformationen

Während eines Projekteinsatzes in Berlin ist der Kunde mit seinem Büro innerhalb der Stadtgrenze umgezogen. Dieser Umzug führte zu einer Fehlinterpretation des aktuellen Standorts durch die Geräte. Ursprünglich befand sich das Büro in der Nähe des Ostbahnhofs, nach dem Umzug in der Nähe des Stadtzentrums. Bei abgeschaltetem GPS war das Smartphone weiterhin der Meinung, es wäre in der Nähe des Ostbahnhofs, weil die Position des WLAN, in dem die Geräte angemeldet waren, weiterhin mit dem alten Standort assoziiert wurde.

Ein anderer häufig vorkommender Sensor ist der Lagesensor, der u.a. von den Geräten genutzt wird, um automatisch zwischen Portrait- und Landscape-Format zu wechseln, sofern der Nutzer die Orientierung des Gerätes ändert. Dieser Sensor wird zudem für viele andere Anwendungen genutzt, z.B. zum Steuern bei Rennspielen.

Neben den beiden genannten Sensoren kann eine Vielzahl von weiteren Sensoren verbaut sein. Beispiele sind:

- Beschleunigungssensoren
- Drucksensoren
- Helligkeitssensoren

Dabei gibt es kein fest definiertes Set an Sensoren, die in allen Geräten zu finden sind. Daher unterscheiden sich die verfügbaren Sensoren von Gerät zu Gerät. Manche der Sensoren können durch den Anwender deaktiviert werden, andere nicht. Daher sollten wir als Tester wissen, welche Sensoren in den genutzten Geräten verfügbar sind, welche davon durch den Nutzer deaktiviert werden können und wie die App die Daten der Sensoren nutzt. Dieses Wissen verwenden wir, um zu testen, ob die App die Daten der Sensoren erwartungsgemäß verarbeitet und wie die App reagiert, wenn Sensordaten nicht oder nur sporadisch bzw. schwankend zur Verfügung stehen. Zum Beispiel sollte in einer App, die auf Positionsdaten zugreift, geprüft werden, wie sie reagiert, wenn:

- GPS eingeschaltet ist,
- ausgeschaltet ist oder
- unterschiedliche GPS-Empfangsqualität vorliegt.

Zusätzlich sollte im Test berücksichtigt werden, ob die Nutzung anderer Positionsdaten aktiviert oder deaktiviert ist, und welchen Einfluss sich widersprechende GPS- und sonstige Positionsdaten auf die App haben.

Ein klassisches Beispiel, das auch im Syllabus aufgeführt ist, ist die Nutzung von Helligkeitssensoren. Als Helligkeitssensor wird häufig kein expliziter Sensor genutzt. Stattdessen dient die Kamera als Helligkeitssensor. Je nach Einstellung des Gerätes bildet die Information die Grundlage zur automatischen Anpassung der Helligkeit des Displays. Daher sollte geprüft werden, welchen Einfluss dies auf die App hat. Es ist zu prüfen, ob das User Interface bei unterschiedlicher Helligkeit und unterschiedlichen Bedingungen des Umgebungslichtes durch den Anwender sinnvoll genutzt werden kann (vgl. Praxisbeispiel 4–3).

Wie bereits von uns erwähnt, können manche Sensoren nicht ausgeschaltet werden. Folglich kann es auch sinnvoll sein, zu testen, wie die App reagiert, wenn diese Sensoren sehr intensiv Daten senden. Dazu kannst du das Gerät in der Hand halten und mit dem Arm um die eigene Schulter rotieren lassen. Alternativ können wir das Gerät auf einen Tisch legen und um die eigene Achse drehen lassen, ähnlich einem Kreisel. Dies führt dazu, dass sehr viele Bewegungssensoren sich ständig ändernde Daten bereitstellen. So können wir beobachten, ob diese Datenflut Einfluss auf das Verhalten der App hat. Dies gilt insbesondere für Apps, die Daten der Bewegungssensoren nutzen.

3.1.11 Testen der unterschiedlichen Eingabemethoden

Die häufigste genutzte Schnittstelle zur Eingabe von Daten ist der Touchscreen, den heutzutage die meisten Smartphones haben. Dieser wird sowohl zur direkten Eingabe, z.B. durch Antippen eines Buttons oder durch Nutzen von Gesten, als auch zur indirekten Eingabe, z.B. durch Tippen auf einer virtuellen, eingeblendeten Tastatur, benutzt. Aber auch andere Eingabemethoden sind weitverbreitet, beispielsweise die im vorangegangenen Abschnitt diskutierten Sensoren oder externe Hardware, wie z.B. Tastaturen, die per USB oder Bluetooth angeschlossen werden.

Im Test sollte somit geprüft werden, ob alle genutzten Eingabemethoden für die App zum erwarteten Ergebnis führen. Dies gilt insbesondere auch dann, wenn Eingabemethoden nicht verfügbar sind. Beispielsweise bieten viele Apps die Möglichkeit, auf die Kamera zuzugreifen, um Fotos aufzunehmen oder QR- bzw. Barcodes zu lesen. Wenn die Umsetzung in der App dabei so erfolgt ist, dass auf die rückwärtige Kamera zugegriffen wird, sollte von uns geprüft werden, wie die App reagiert, wenn das Gerät nur eine Frontkamera oder gar keine Kamera hat (vgl. Praxisbeispiel 2–1).

In Bezug auf externe Hardware zur Eingabe sollte geprüft werden, dass diese in der App richtig verwendet wird. Zum einen müssen wir die richtige Funktionsweise prüfen, wenn die zusätzliche Hardware beim Start der App bereits angeschlossen ist, zum anderen, wenn sie während der App-Nutzung hinzugefügt wird.

In Bezug auf Gesten und sonstige Interaktionen über den Touchscreen sollte geprüft werden, dass diese konsistent über alle Masken der Anwendung genutzt werden (vgl. Praxisbeispiel 3–3).

Praxisbeispiel 3–3: Konsistenz von Gesten

In einem Projekt wurde ein App entwickelt, die auf zwei Bildschirmmasken Inhalte als Listen darstellt. Im Test wurde festgestellt, dass in einer der Listen jedes enthaltene Element durch Wischen nach links gelöscht werden konnte. In der anderen Liste war dies nicht möglich. In dieser zweiten Liste konnten enthaltene Elemente nur durch langes Drücken auf das Element markiert werden. Daraufhin öffnete sich ein Menü, das u.a. den Eintrag »Löschen« enthielt. Dieser Eintrag musste angetippt werden, um das jeweilige Element zu löschen.

Eine inkonsistente Nutzung von gleichen Gesten, wie in Praxisbeispiel 3–3 beschrieben, kann auf Anwender sehr verwirrend wirken. Das kann zu schlechten Bewertungen und reduzierter Nutzung führen, da für den Nutzer nicht nachvollziehbar ist, welche Geste wo zu welchem Verhalten führt.

Typische Gesten sind:

- Kurzes Antippen (press/tap)
- Langes Antippen (long press/tap)
- Doppeltes Antippen (double press/tap)
- Antippen und ziehen (drag)
- Wischen und streichen (swipe)
- Mehrere Punkte gleichzeitig antippen (multi touch)
- Mehrere Wisch- und Streichbewegungen gleichzeitig (Pinch open/close)

Neben den aufgeführten Gesten gibt es weitere, insbesondere bei iOS-Geräten, die 3D-Touch oder Force Touch unterstützen.

Daher sollten wir als Tester wissen, welche Gesten durch welche Geräte unterstützt und welche Gesten in der zu testenden App genutzt werden. So kann sichergestellt werden, dass diese Gesten über alle Bildschirmmasken hinweg das gleiche Verhalten zeigen. Zudem sollten wir prüfen, ob die App weiterhin nutzbar ist, wenn Gesten auf einzelnen Geräten nicht verfügbar sind. In einem solchem Fall sollte die App uns alternative Bedienungsmöglichkeiten anbieten.

Ein besonderes Augenmerk sollte im Test auch auf die virtuellen Tastaturen gelegt werden. Streng genommen sind virtuelle Tastaturen zwar Software. Da sie jedoch alle auf der Interaktion des Nutzers mit dem Touchscreen basieren, wurde für den Syllabus entschieden, sie unter Hardware einzuordnen. Diese Entscheidung haben wir für dieses Buch übernommen.

Wichtig ist, dass abhängig von der Eingabe unterschiedliche Tastaturlayouts zum Einsatz kommen können. Beispielsweise sollte für rein numerische Eingaben auch nur ein numerisches Keyboard angezeigt werden. Wenn für eine rein numerische Eingabe ein alphanumerisches Keyboard angezeigt wird, ist die Bedienung für den Anwender weniger effizient, als wenn eine rein numerische Tastatur angezeigt wird. Die richtige Tastatur unterstützt den Anwender besser, die richtige Eingabe zu machen.

Hinzu kommt, dass Anwender eine Vielzahl von unterschiedlichen Tastaturen installieren können. Teilweise realisieren diese Keyboards sehr ungewöhnliche Layout- und Bedienkonzepte (vgl. Abb. 3–5).

Abb. 3–5 *Beispiele für Tastaturlayouts*

Ein bekanntes Beispiel für ein zusätzliches Keyboard ist das Swift-Keyboard. Dieses erlaubt dem Nutzer ganze Worte einzugeben, indem in einer durchgängigen Wischbewegung alle Buchstaben des Wortes verbunden werden. Die Vielzahl an verfügbaren virtuellen Tastaturen erfordert, dass wir in einem Projekt festlegen, welche Tastaturen unterstützt werden sollen. Diese Festlegung findet sich am besten in den Anforderungen für Eingaben in der App. Im Test sollte dann von uns geprüft werden, ob die Nutzung der App mit all diesen Tastaturen sinnvoll möglich ist. Wir empfehlen dabei, neben der Standardtastatur des Betriebssystems auch die Tastaturen von großen Geräteherstellern zu berücksichtigen, da diese normalerweise auf den Geräten dieser Hersteller als Default-Tastatur konfiguriert sind. Inwiefern weitverbreitete Tastaturen anderer Anbieter berücksichtigt werden, sollte auf Basis von Informationen über die eigenen Anwender entschieden werden.

3.1.12 Übung: Eingabemethoden

Für die folgende Übung empfehlen wir eine App zu nehmen, in der eine postalische Versandadresse eingetragen werden kann. Es kann aber auch jede andere App genutzt werden, die Eingabefelder in unterschiedlichen Formaten enthält.

Aufgabe

Teste in einer App, ob negative Auswirkungen durch unterschiedliche Eingabemethoden festzustellen sind.

Beispiellösung

1. Installiere eine App mit unterschiedlichen Eingabefeldern. Die folgenden Felder sollten enthalten sein:
   - Feld, das nur Zahlen enthalten darf, z.B. PLZ, sodass die rein numerische Tastatur geöffnet wird.
   - Feld, das Zahlen und Buchstaben enthalten darf, z.B. zur Eingabe des Straßennamens, sodass die normale Tastatur geöffnet wird.
   - Feld für eine E-Mail-Adresse, sodass die Tastatur inkl. @-Symbol geöffnet wird.

   Für den deutschen Sprachraum erfüllen Eingabeformulare für Adressen häufig diese Anforderungen.
2. Starte die App und gehe zu einer Eingabemaske, die alle im Schritt 1 aufgeführten Eingabefelder enthält.
3. Tippe in jedes Eingabefeld und prüfe, dass die richtige Tastatur geöffnet wird und Daten über die Tastatur eingegeben werden können.
4. Beende die App.
5. Installiere eine alternative Tastatur und konfiguriere diese als Standardtastatur.
6. Wiederhole die Schritte 2 und 3. Dabei sollte immer das entsprechende Layout der alternativen Tastatur aufgerufen werden.
7. Beende die App.

3.2 Testen in Bezug auf die mobile Betriebsplattform

3.2.1 Testen von typischen Unterbrechungen

Bei der Einordnung des Tests von typischen Unterbrechungen weichen wir vom Syllabus ab. Im Syllabus werden die typischen Unterbrechungen im Kapitel zum Test der Kompatibilität mit der Hardware geführt. Im Autorenteam des Syllabus wurde dies so per Abstimmung entschieden, da ein Teil der typischen Unterbrechungen auf Hardware basiert. Beispielsweise beruht eine Unterbrechung durch einen Sprachanruf auf dem GSM-Modul im Gerät. Wir haben uns aber entschieden, typische Unterbrechungen im vorliegenden Kapitel zum Testen in Bezug auf die mobile Betriebsplattform einzuordnen, da Unterbrechungen auch rein softwarebasiert sein können. In beiden Fällen, sowohl für hard- als auch softwarebasierte Unterbrechungen, spielt die Interaktion mit dem Betriebssystem eine wichtige Rolle.

Während der Nutzung einer App kommt es häufig zu Unterbrechungen, z.B. weil:

- ein Anruf eingeht,
- ein Alarm ausgelöst wird,
- der Anwender in eine andere App wechselt oder
- das Gerät in den Stand-by-Modus versetzt wird.

Der Stand-by-Modus kann explizit durch den Anwender ausgelöst werden, da sich der Anwender Aktivitäten außerhalb des Gerätes widmet und aktiv den Stand-by-Modus einschaltet. Oder aber das Gerät schaltet nach einer gewissen Zeit ohne Anwenderinteraktion automatisch in diesen Modus. Daher sollten wir im Test prüfen, dass durch Unterbrechungen keine negativen Auswirkungen auf die App entstehen, sofern sich der Anwender nach der Unterbrechung wieder der App widmet. Die App sollte trotz der Unterbrechung:

- ihren Status beibehalten,
- eingegebene Daten nicht verlieren,
- keine Darstellungsfehler aufweisen,
- keine sonstigen Auffälligkeiten zeigen und
- es dem Nutzer erlauben, an der Stelle weiterzumachen, an der die Unterbrechung aufgetreten ist.

Eine der genannten Fehlerwirkungen haben wir in einem Spiel entdeckt. Die Darstellung des Steins ist nach einer Unterbrechung fehlerhaft (vgl. Abb. 3–6).

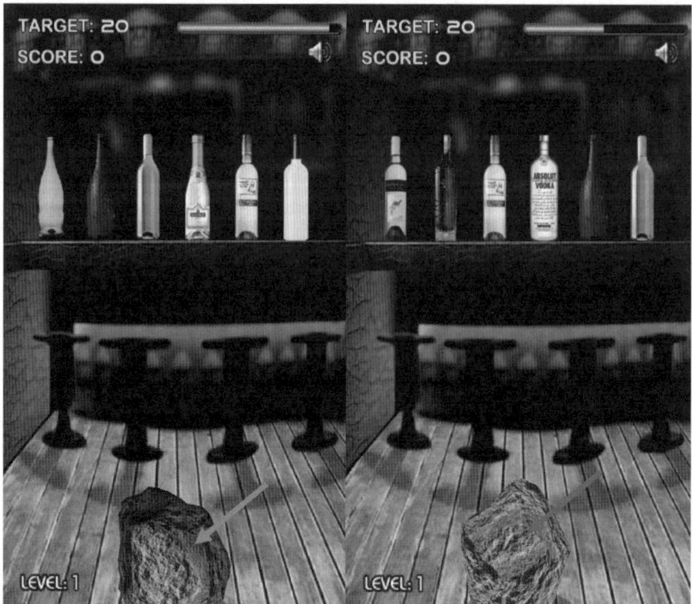

Abb. 3–6 *Vergleich Darstellung vor und nach einer Unterbrechung. Es gibt eine Auffälligkeit in der Darstellung des Steins.*

Manche Geräte verfügen über einen »Nicht-Stören-Modus«. Dieser verhindert, dass das Gerät den Anwender durch Meldungen oder Geräusche stört. Daher werden auch eingehende Nachrichten unterdrückt. Als Folge davon kann es passieren, dass beim Deaktivieren des Nicht-Stören-Modus viele Nachrichten gleichzeitig eingehen. Auch dieses Szenario sollte keine negativen Auswirkungen auf die Nutzung der App haben und ist von uns zu prüfen.

3.2.2 Übung: Unterbrechungen

Die multifunktionale Natur von Smartphones sowie das Nutzungsverhalten der Anwender führen dazu, dass das Gerät nie exklusiv für eine Anwendung zur Verfügung steht. Somit kann es bei jeder App jederzeit zu diversen Unterbrechungen kommen. Aus diesem Grund sollte in Projekten ein besonderes Augenmerk auf den Test zu Auswirkungen von Unterbrechungen gelegt werden. Die folgende Übung gibt nur einen kleinen Einblick in mögliche Testszenarien.

Aufgabe

Teste in einer App, ob Unterbrechungen zu negativen Auswirkungen für den Nutzer führen. Überlege dir zunächst selbst ein mögliches Testvorgehen, bevor du die die einzelnen Testschritte aus der Beispiellösung durchführst.

Beispiellösung

1. Installiere eine App.
2. Starte die App.
3. Nutze die App für einen kurzen Zeitraum. Sofern vorhanden, sollten Eingabefelder gefüllt werden.
4. Initiiere einen Anruf zum Gerät, auf dem die App läuft.
5. Nimm das Gespräch an.
6. Beende das Gespräch.
7. Prüfe, dass du nach dem Gespräch an der gleichen Stelle in der App aufsetzt, an der du den Anruf erhalten hast, und keine Auswirkungen auf die App festzustellen sind.
8. Nutze die App weiter, um sicherzustellen, dass keine Auswirkungen zu einem späteren Zeitpunkt im Nutzungsprozess festzustellen sind.
9. Wiederhole die Schritte 2–8, wobei du andere Unterbrechungen, wie z. B. den Stand-by-Modus, nutzt.

3.2.3 Testen von Benachrichtigungen

Je nachdem, wie das Gerät verwendet wird, werden dem Nutzer Benachrichtigungen durch das Betriebssystem angezeigt. Diese Benachrichtigungen können sowohl vom Betriebssystem selbst als auch von Apps ausgelöst werden. Abhängig von der Situation und der Art der Benachrichtigung kann es teilweise vorkommen, dass der Nutzer seine aktuelle Aktivität unterbrechen und sich zunächst um die Nachricht kümmern muss. Genauso kann es passieren, dass Benachrichtigungen durch das Betriebssystem unterdrückt werden, z. B. um den Stromverbrauch zu optimieren oder weil dies durch Einstellungen vom Anwender so festgelegt wurde. Im ersten Fall sind die Nachrichten vermeintlich so wichtig, dass ein Weiterarbeiten ohne Bestätigung nicht erlaubt wird, beispielsweise ist ohne Bestätigung kein Weiterarbeiten möglich, wenn der Nutzer ein iPhone per USB-Kabel an den PC anschließt. Im zweiten, umgekehrten Fall werden Nachrichten beispielsweise unterdrückt, wenn wir gerade eine GPS-Routing-App benutzen, die bereits sehr viel Strom und andere Hardwareressourcen verbraucht.

Im Test sollten wir die folgenden Punkte berücksichtigen:

- Die App kann im Vordergrund oder im Hintergrund laufen. Beide Fälle müssen in Bezug auf Nachrichten und im Zusammenhang mit einem schwachen Akku überprüft werden. Somit müssen wir allein für diesen Punkt vier unterschiedliche Ausgangssituationen berücksichtigen.
- Wenn die App nicht läuft, weder im Vordergrund noch im Hintergrund, sie also wirklich »aus« ist, da sie z. B. vom User oder System beendet oder nach Geräteneustart nicht erneut gestartet wurde, können bislang nicht verarbeitete server-

seitige Benachrichtigungen existieren. Diese müssen auf korrekten Empfang und fehlerfreie Verarbeitung nach dem Neustart der App geprüft werden.

- Manche Benachrichtigungen ermöglichen dem Nutzer direkt Interaktionen mit der von uns zu testenden App, ohne die App selbst zu öffnen. Hier müssen wir prüfen, ob durchgeführte Benutzerinteraktionen von der App richtig ausgeführt und im Falle einer Antwortnachricht richtig abgespeichert wurden.
- Sind in der Benachrichtigung Deeplinks für die App enthalten, die dann auch geklickt werden, sollte die App beim Startvorgang auch direkt den Zielpunkt des Deeplinks aufrufen und nicht wie gewohnt zunächst den Startbildschirm anzeigen und auf Nutzerinteraktionen warten.

Neben diesen im Syllabus genannten Punkten empfehlen wir außerdem Tests zu Nachrichten, die dem Nutzer so wichtig erscheinen, dass er die aktuellen Arbeiten in der App nicht mehr fortsetzt. Die Eingaben und die Auswirkungen auf den aktuellen Status der App bzw. Session müssen geprüft werden. Die Probleme sind dabei die gleichen wie in Abschnitt 3.2.1 skizziert.

3.2.4 Übung: Benachrichtigungen

Viele Apps nutzen Benachrichtigungen. Sie sind ein wichtiges Instrument, um dem Anwender zu kommunizieren, dass sich etwas geändert hat. Daher sollten wir im Test sicherstellen, dass Benachrichtigungen richtig behandelt werden.

Aufgabe

Teste für eine App, ob Benachrichtigungen erwartungsgemäß empfangen und angezeigt werden.

Beispiellösung

1. Installiere ein App, für die du selbst Benachrichtigungen initiieren kannst (z.B. eine E-Mail-App, die E-Mail-Apps der Plattformanbieter sind jedoch nicht geeignet).
2. Starte die App und halte sie im Vordergrund.
3. Veranlasse den Versand einer Benachrichtigung (z.B. indem du dir selbst eine E-Mail schickst).
4. Prüfe, dass du zeitnah eine Benachrichtigung erhältst.
5. Prüfe, dass beim Antippen der Benachrichtigung die App in eine zur Benachrichtigung passende Ansicht wechselt (z.B. in die Anzeige der neuen Mail).
6. Schicke die App in den Hintergrund.
7. Löse erneut den Versand einer Benachrichtigung aus.
8. Prüfe, dass du zeitnah eine Benachrichtigung erhältst.
9. Prüfe, dass beim Antippen der Benachrichtigung die App in den Vordergrund geholt wird und die Anzeige zur Benachrichtigung passt (z.B. in die Anzeige der neuen E-Mail).

10. Beende die App.
11. Löse erneut den Versand einer Benachrichtigung aus.
12. Prüfe, dass keine Benachrichtigung angezeigt wird.
13. Starte die App nach einer angemessenen Wartezeit (z.B. am nächsten Tag).
14. Die Benachrichtigung sollte nun eingehen.
15. Wiederhole die Schritte 2–14 bei einem Batterieladestand kleiner 10%.

3.2.5 Testen von Links für den Schnellzugriff

Schnellzugriffsverknüpfungen sind App-Kurzbefehle in Android und Force Touch bzw. 3D-Touch in iOS. Beide Varianten werden vom jeweiligen Betriebssystem zur Verfügung gestellt und können von Apps genutzt werden. Die Funktionen führen dann eine Teilmenge der eigentlichen Anwendungsfunktionen aus, ohne die App zu starten oder in der App auf eine andere Maske (Screen) zu wechseln. Diese Schnellzugriffe funktionieren meist nur auf den neueren oder hochwertigen Geräten. Sie werden in der Regel nicht auf allen Smartphones zur Verfügung gestellt.

Das hat Auswirkungen auf unsere Testplanung, Testspezifikationen und Testautomatisierungsskripte. Wir müssen berücksichtigen, auf welchem Gerät die Tests durchgeführt werden. Falls es ein Gerät mit einer solchen Funktionalität ist, müssen entsprechende zusätzliche Testschritte ausgeführt werden. Wir müssen folglich Varianten des Tests entwerfen, um sicherzustellen, dass die App vollständig mit und ohne Unterstützung der Schnellzugriffslinks funktioniert und benutzbar ist.

Zusätzlich müssen wir, ähnlich wie bei den Benachrichtigungen, testen, ob Nutzerinteraktionen anschließend in der App richtig ausgeführt und/oder abgespeichert worden sind.

3.2.6 Testen der Benutzereinstellungen innerhalb des Betriebssystems

Die Betriebssysteme stellen eine Vielzahl von Einstellungsmöglichkeiten bereit. Diese kann der Anwender u.a. nutzen, um das System an seine persönlichen Bedürfnisse anzupassen. Diese Einstellungen können Auswirkungen auf die App haben. Insbesondere müssen wir Betriebssystemeinstellungen testen, wenn es sich um Einstellungen zur Barrierefreiheit handelt. Ist das Gerät stumm geschaltet, darf unsere App keine Töne wiedergeben. Verwendet der Nutzer eine zusätzlich installierte Tastatur, sollte dies keine Auswirkungen auf unsere App haben. Verhält sich die App nicht so, wie vom Nutzer erwartet, wird das Nutzungserlebnis getrübt. Das wiederum hat Auswirkungen auf den Erfolg der App.

Wir empfehlen die folgenden Testbedingungen zu beachten, die der Nutzer durch sein Verhalten beeinflussen kann. Die meisten davon sind uns auch im Laufe der Zeit in einigen Projekten begegnet. Benutzer ändern gerne folgende Einstellungen:

- Ton
- Helligkeit
- Netzwerk
- Stromverbrauchsverhalten durch Einschalten des Stromsparmodus
- Datum oder Uhrzeit
- Zeitzone
- Spracheinstellungen
- Schriftart (Font)
- Benachrichtigungsfunktion

Zu allen Änderungen müssen wir prüfen, ob sich unsere App entsprechend verhält oder dem Nutzer zumindest Warnungen oder verständliche Fehlermeldungen ausgibt (vgl. Praxisbeispiel 3–4).

Außerdem müssen wir an dieser Stelle die Barrierefreiheit beachten. Beispielsweise könnten Blinde sich die Inhalte vorlesen lassen und die App per Sprachbefehl steuern. Unserer Beobachtung nach wird dieses Thema bei den meisten App-Entwicklungen häufig hintangestellt. Schließlich bedeutet dies meist einen Mehraufwand in der Entwicklung und natürlich auch im Test der App. Nichtsdestotrotz sollten wir Tester immer wieder das Thema Barrierefreiheit auf die Agenda für Teambesprechungen oder Ähnliches setzen, um der Wichtigkeit gerecht zu werden.

Praxisbeispiel 3–4: Gerätespezifische Einstellungen

In einem Projekt, in dem eine mobile Webanwendung für Versteigerungen entwickelt wurde, hatten wir den Fall, dass der Endzeitpunkt der Versteigerung vom Server übertragen wurde. Die Prüfung, ob dieser Endzeitpunkt erreicht war, erfolgte aber anhand der Uhrzeit auf dem Gerät.

Wenn wir die Uhrzeit des Gerätes um wenige Minuten in die Zukunft verschoben haben, führte dies dazu, dass bei Erreichen des Endzeitpunktes dem Nutzer angezeigt wurde, dass sein Gebot das höchste war und er daher die Versteigerung gewonnen habe. Damit kam gleichzeitig der rechtsgültige Kaufvertrag zustande.

Aufgrund der Verschiebung der Uhrzeit auf dem Gerät war die Versteigerung auf dem Server aber noch nicht beendet. Somit konnten andere Anwender weiterhin höhere Gebote abgeben und daher der Nutzer von anderen Anwendern überboten werden, obwohl er die Mitteilung bekommen hatte, dass er der Höchstbietende war. Insbesondere bei Versteigerungen von Privatpersonen, bei denen ein Rücktritt vom Kaufvertrag ausgeschlossen war, führte dies zu rechtlichen Problemen. Schließlich konnten zwei Personen einen erfolgreichen Abschluss des Kaufvertrags nachweisen, obwohl nur ein Artikel zum Verkauf stand.

3.2.7 Übung: Benutzereinstellungen

Eine Vielzahl von Apps versendet Benachrichtigungen. Beim Empfang von Benachrichtigungen erhält der Anwender einen akustischen Hinweis, indem der Standardbenachrichtigungston abgespielt wird. Da es jedoch Zeiten geben kann, in denen es der Anwender nicht wünscht, dass das Gerät Töne abspielt, kann der Nicht-Stören-Modus auf dem Gerät aktiviert werden.

Aufgabe

Teste eine App auf die Berücksichtigung des Nicht-Stören-Modus beim Empfang von Benachrichtigungen.

Beispiellösung

1. Installiere ein App, für die du selbst Benachrichtigungen auslösen kannst (z.B. eine E-Mail-App).
2. Starte die App und löse den Empfang einer Benachrichtigung aus (z.B. indem du dir selbst eine Mail schreibst).
3. Prüfe, ob beim Empfang der Benachrichtigung der Standardbenachrichtigungston abgespielt wird.
4. Aktiviere den Nicht-Stören-Modus und kehre in die App zurück.
5. Löse erneut den Empfang einer Benachrichtigung aus.
6. Prüfe, dass beim Empfang der Benachrichtigung kein Ton abgespielt wird.
7. Beende die App und deaktiviere den Nicht-Stören-Modus.
8. Starte die App erneut und löse abermals eine Benachrichtigung aus.
9. Prüfe, dass beim Empfang der Benachrichtigung der Standardbenachrichtigungston erneut abgespielt wird.
10. Schicke die App in den Hintergrund.
11. Gehe in die Einstellungen und aktiviere die zeitgesteuerte Aktivierung des Nicht-Stören-Modus.
12. Löse eine Benachrichtigung aus, nachdem der Zeitpunkt für die Aktivierung des Nicht-Stören-Modus erreicht wurde, und prüfe, dass der Standardbenachrichtigungston nicht abgespielt wird.

3.2.8 Testen der Zugriffsberechtigungen für Gerätefunktionen

Dieses Kapitel wird im ISTQB®-MAT-Syllabus beim Test der Hardwarekompatibilität aufgeführt, da sich ein Teil der Berechtigungen auf die Nutzung von Hardwarekomponenten bezieht. Die Zugriffsberechtigungen beschränken sich jedoch nicht nur auf Hardwarekomponenten. Auch Softwarefunktionalitäten, wie z.B. Zugriff auf Kontakte oder Bilder, sind hier eingeschlossen. Wir haben uns deswegen entschieden, den Test der Zugriffsberechtigungen in diesem Abschnitt zu diskutieren.

Abhängig vom Betriebssystem bzw. der Betriebssystemversion müssen Berechtigungen bereits bei der Installation erteilt werden oder können auch zur Laufzeit erteilt und entzogen werden. Im Test müssen wir daher prüfen, ob die App abhängig von den getätigten Einstellungen für die Berechtigungen erwartungsgemäß funktioniert. Beispielsweise kann die Installation vollständig verweigert werden, wenn nicht alle angeforderten Rechte erteilt werden. Genauso wäre es möglich, dass die App installiert werden kann, aber nur einen reduzierten Funktionsumfang zur Verfügung stellt.

Insbesondere wenn Rechte zur Laufzeit hinzugefügt oder entfernt werden können, müssen wir prüfen, dass die App benötigte Berechtigungen anfordert und erwartungsgemäß reagiert, wenn die Rechte erteilt sowie verweigert werden. So kann z.B. bei Verweigerung des Zugriffs auf GPS dem Anwender eine alternative Möglichkeit zur Standorteingabe gegeben werden, um die standortbezogenen Funktionalitäten verfügbar zu machen. Falls auch die alternative Möglichkeit nicht genutzt wird, sollte die App trotzdem nutzbar sein, wenn auch mit reduziertem Funktionsumfang. Sofern Rechte angefordert und erteilt werden, sollte es nicht vorkommen, dass die Nutzung der neu berechtigten Funktionalitäten einen Neustart der App erfordert. Keine Erteilung oder Verweigerung eines Rechtes sollte zu unerwartetem Verhalten der App führen.

Nicht vernachlässigt werden sollte in diesem Zusammenhang auch, wie die Berechtigungen für den Anwender dokumentiert sind. Der Anwender sollte nachvollziehen können, welche Berechtigungen für welche Funktionalität benötigt werden. Anhand dieser Information kann er dann entscheiden, ob er die Berechtigung erteilen will oder nicht (vgl. Abb. 3–7).

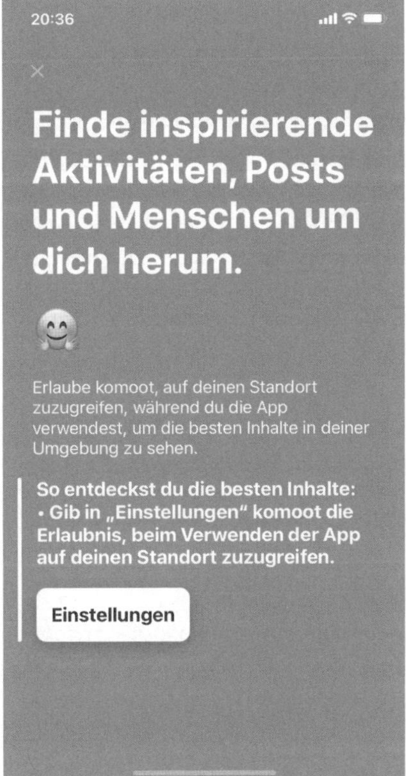

Abb. 3–7 *Gute Umsetzung der Anforderung von GPS-Rechten in der App Komoot [Komoot]*

Generell empfehlen wir, dass eine App so wenig Berechtigungen wie möglich anfordern sollte. Für benötigte Berechtigungen muss dem Anwender und somit auch uns Testern klar sein, wozu diese genutzt werden.

3.2.9 Übung: Berechtigungen

Die unterschiedlichen Geräte, Plattformen und ihre jeweiligen Versionen unterschieden sich teilweise sehr stark in den verfügbaren Berechtigungen und wann diese erteilt oder entzogen werden können. Daher ist die Beispiellösung relativ abstrakt formuliert. Wir können dir nur empfehlen, entsprechend Zeit zu investieren, dich mit den von dir genutzten Geräten und Plattformen vertraut zu machen und die Beispiellösung in verschiedensten Variationen auszuprobieren.

Aufgabe

Teste in einer App, ob die Erteilung oder Entziehung von Berechtigungen zu den erwarteten Ergebnissen führt.

Beispiellösung

1. Installiere eine App, die Berechtigungen anfordert (z.B. zur Nutzung des GPS-Sensors), ohne die Berechtigungen zu erteilen.
2. Prüfe, ob nachvollziehbar ist, wozu die jeweiligen Berechtigungen benötigt werden.
3. Starte die App und prüfe, welche Funktionen verfügbar sind und welche Reaktion die App zeigt, wenn Funktionen genutzt werden, die durch verweigerte Berechtigungen beeinflusst werden (z.B. zur Anzeige des eigenen Standortes in einer Navigations-App).
4. Wenn die App die Erteilung der Berechtigungen anfragt, erteile sie nicht. Wenn Nutzungsalternativen geboten werden, prüfe, dass diese zum erwarteten Verhalten führen (z.B. sollte die Eingabe des eigenen Standortes als Adresse oder als Koordinaten zur Anzeige des Standortes führen).
5. Beende die App.
6. Erteile die Berechtigungen, während die App nicht aktiv ist.
7. Starte die App und prüfe, ob die Funktionen, die die erteilten Berechtigungen nutzen, verfügbar sind (z.B. sollte die Anzeige des eigenen Standortes nun möglich sein, ohne dass die App nach Berechtigungen oder manueller Standorteingabe fragt).
8. Beende die App.
9. Entziehe Berechtigungen.
10. Starte die App erneut und prüfe, welcher Einfluss auf das Verhalten der App vorliegt (z.B. sollte die App wieder nach den Berechtigungen fragen bzw. die manuelle Standorteingabe aktivieren).
11. Erteile Berechtigungen zur Laufzeit und prüfe, dass die Erteilung zum gewünschten Effekt führt.

3.2.10 Testen der verschiedenen Arten von Apps

In Abschnitt 2.2.2 haben wir die verschiedenen Arten von mobilen Apps vorgestellt. Dabei werden auch wichtige Charakteristika und Unterschiede besprochen. Diese haben entsprechend Auswirkungen auf den Test der jeweiligen App. Somit sollten wir als Tester wissen, welche Art von App wir testen. Nur so können wir Tests planen und durchführen, die die Besonderheiten der jeweiligen Art berücksichtigen.

Bei nativen Apps sollten die Gerätekompatibilität und die Nutzung von Funktionen der Geräte, auf die über das Betriebssystem zugegriffen wird, von besonderer Bedeutung sein. Wir sollten im Test mit einer großen Bandbreite von Geräten arbeiten. Dies erlaubt es, sicherzustellen, dass die App auf vielen unterschiedlichen Geräten und Betriebssystemversionen durch die Anwender genutzt werden kann. Zudem führt es dazu, dass möglichst wenig Anwender aufgrund ihrer Geräte von der Nutzung ausgeschlossen werden. Die Auswahl der genutzten Geräte sollte dabei insbesondere die Geräte und Betriebssystemversionen berücksichtigen, die bei den Nutzern überwiegend verbreitet sind. Zudem sollte sichergestellt werden, dass das gesamte Spektrum an Geräten mit einbezogen wird. Auch wenn bekannt ist, dass die Nutzer in erster Linie aktuelle High-End-Geräte nutzen, solltest du als Tester dafür sorgen, dass das im Test genutzte Geräteportfolio auch ausreichend Geräte aus dem Mid-Range- und Low-End-Bereich beinhaltet. Diese müssen dann im Test adäquat berücksichtigt werden. Um die Wirtschaftlichkeit des Testes dabei nicht zu vernachlässigen, empfehlen wir, nicht alle Testfälle auf jedem Gerät auszuführen. Stattdessen solltest du für jedes Gerät eine explizite Auswahl treffen, welche Tests auf dem jeweiligen Gerät sinnvoll sind. Dazu ist es gut zu wissen, welche Betriebssystemfunktionen bzw. APIs durch die App genutzt werden und welche Änderungen diese Funktionen bzw. APIs mit der jeweiligen Betriebssystemversion erfahren haben.

Bei hybriden Apps ist die Interaktion mit Gerätefunktionen ebenfalls von großer Bedeutung, insbesondere bei Funktionen, die sich zwischen den unterschiedlichen unterstützten Plattformen stark unterscheiden. Zudem sollte die Performanz der App betrachtet werden. Aufgrund der Abstraktionsschicht besteht das Risiko, dass die Leistung schlechter ist, vor allem im Vergleich mit nativen Apps. Im Test sollte daher sichergestellt werden, dass die Leistung keinen negativen Einfluss auf die Nutzbarkeit der App hat. Für die Nutzbarkeit spielt aber nicht nur die Leistungsfähigkeit eine Rolle. Das Erscheinungsbild bzw. das Look & Feel im Vergleich zu dem, was der Anwender für seine Plattform erwartet, ist ebenfalls von großer Bedeutung. Dies haben wir bereits in Abschnitt 2.3 anhand eines Beispiels aus unserem Projektalltag gezeigt (vgl. Praxisbeispiel 2–12).

Bei Web-Apps ist das Look & Feel und die Nutzbarkeit ebenfalls von Bedeutung, auch wenn die Nutzererwartung in Bezug auf die Übereinstimmung mit dem gewohnten Verhalten der Plattform geringer ist als bei nativen oder hybriden Apps. Eine größere Rolle für Web-Apps spielt die Kompatibilität der App mit unterschiedlichen mobilen Browsern. Auch wenn viele Nutzer nur den Default-Browser ihres Systems nutzen, ist es trotzdem sinnvoll, neben Chrome, Safari und dem Samsung-Browser auch weitere Browser, wie z.B. Opera und Firefox, im Test zu berücksichtigen. Zudem sollten die Browser auch in unterschiedlichen Versionen berücksichtigt werden. So können wir das Risiko von Fehlern bei Nutzern, die ihr Gerät nicht aktualisieren oder vom Hersteller keine aktualisierten Versionen des Default-Browsers bekommen, reduzieren. Die Browser unterscheiden sich dabei nicht nur in der HTML-Rendering-Engine, die für die grafische Aufbereitung des HTML-Codes der Web-App verantwortlich ist. Sie können sich auch in der JavaScript-Engine unterscheiden, die für die Ausführung der interaktiven Elemente verantwortlich ist. Neben der visuellen und funktionalen Korrektheit ist auch die Performanz von Bedeutung, insbesondere bei niedriger Bandbreite der Verbindung. Im Rahmen der funktionalen Korrektheit sollte auch darauf geachtet werden, dass der Zugriff auf Betriebssystemfunktionen in allen Browsern zum erwarteten Ergebnis führt. Neben dem Zugriff auf Sensoren, wie z.B. GPS zur Positionsbestimmung, sollte u.a. auch geprüft werden, dass für jedes Eingabefeld die passende Tastatur geöffnet wird. Zudem sollte eine Datumsauswahl über die für den Anwender bekannten Mechanismen der Plattform möglich sein.

3.2.11 Testen der Interoperabilität auf verschiedenen Betriebssystemen und Betriebssystemversionen

Wie in den vorangehenden Kapiteln mehrfach von uns angesprochen, unterscheiden sich nicht nur die Plattformen voneinander. Auch innerhalb einer Plattform gibt es Unterschiede zwischen den Versionen. Dies ist damit zu erklären, dass mit jeder neuen Version neue Funktionen hinzugefügt und alte Funktionen geändert, ersetzt oder entfernt werden. Dabei kann keine pauschale Aussage getroffen werden, wie umfangreich die Änderungen einer neuen Version sind. Welche Änderungen in einer Version enthalten sind, lässt sich den Release Notes der Hersteller entnehmen. Da diese häufig sehr technisch sind, empfehlen wir, gemeinsam mit der Entwicklung festzulegen, wo Auswirkungen der Unterschiede zu erwarten sind. Außerdem lohnt es sich für uns Tester, die Shows der Hersteller für die neuen Geräte oder die Neuerungen in den Betriebssystemen im Internet zu verfolgen. Häufig gibt es Zusammenschnitte mit den wichtigsten Punkten. Auf diese Art und Weise können wir sehr einfach neue Testfälle entwerfen, die die Neuerungen berücksichtigen. Wir meinen, dass diese Shows und das beschriebene Vorgehen einen wirklichen Mehrwert darstellen. Sofern noch nicht geschehen, schau dir eine der nächsten Shows an und probiere dieses Vorgehen einmal aus.

Weitere Quellen für Unterschiede sind die von den Geräteherstellern hinzugefügten Erweiterungen, wie z.B. Samsung One UI oder HTC Sense. Diese Herstellererweiterungen können das Aussehen und Verhalten unterschiedlicher Betriebssystemversionen verändern. Zusätzlich kommen die Erweiterungen selbst noch in unterschiedlichen Versionen zum Einsatz.

Die meisten Anbieter von Apps unterstützen nicht nur eine Betriebssystemversion auf einem Gerät, sondern mehrere Versionen des Betriebssystems auf diversen Geräten. Häufig wird eine App sogar für mehrere Plattformen angeboten. Die meisten Anbieter unterstützen derzeit zumindest Android und iOS.

Diese Vielfalt erfordert Interoperabilitätstests. So können wir sicherstellen, dass die App kompatibel zu den unterstützten Plattformen in den jeweils unterstützten Versionen ist und das von den Anwendern erwartete Verhalten und Aussehen zeigt. So sollte z.B. eine für Android 10 entwickelte App auch über die mit dieser Version neu eingeführten Gesten zu bedienen sein. Zudem sollten aus der Plattform bzw. der Version hervorgehende Einschränkungen keinen negativen Einfluss auf die App haben.

Um festlegen zu können, was jeweils zu testen ist, sollten wir als Tester wissen, welche Geräte mit welcher Betriebssystemversion und ggf. Version der Herstellererweiterung für den Test ausgewählt wurden und wie sich diese Versionen unterscheiden. Zudem sollten wir Tester wissen, wie sich das Verhalten der App in Abhängigkeit der Version des Betriebssystems ändern soll, wenn Funktionalitäten des Betriebssystems genutzt werden, die nicht in allen unterstützten Versionen verfügbar sind.

Sofern mehrere Plattformen unterstützt werden, solltest du als Tester mit der Entwicklung klären, ob die Apps unabhängig sind oder, zumindest teilweise, den gleichen Code nutzen, z.B. weil dieser Code mit einem plattformübergreifenden Framework erstellt wurde. Sofern der gleiche Code auf mehreren Plattformen zum Einsatz kommt, kann es ausreichen, die Tests zu Funktionalität über die Plattformen zu verteilen und dafür einen stärkeren Fokus auf die Integration in die jeweilige Plattform zu legen. Wenn der Code nicht geteilt, sondern für jede Plattform unabhängig erstellt wird, ist die gesamte Funktionalität ebenfalls unabhängig zu testen. Somit ist es erforderlich, dass alle funktionalen Tests auf allen Plattformen durchgeführt werden.

3.2.12 Testen der Koexistenz mit anderen Apps auf dem Gerät

Apps existieren nicht in Isolation. Sie werden auf Geräten installiert, auf denen eine Vielzahl anderer Apps genutzt wird. Teilweise interagieren sie sogar mit diesen anderen Apps. Typische Beispiele hierfür sind der Zugriff auf gespeicherte Kontakte und Bilder oder auch die Möglichkeit, den Versand einer E-Mail oder einen Eintrag in einem sozialen Netzwerk aus der App heraus zu initiieren (vgl. Abb. 3–8).

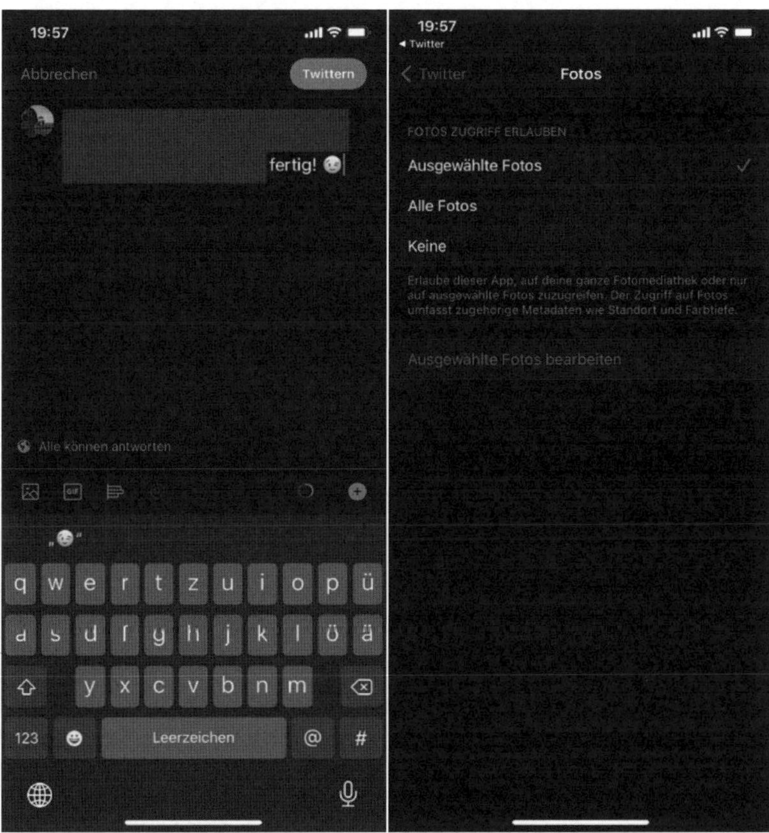

Abb. 3–8 *Foto einem Twitter-Tweet hinzufügen*

Für den Test dieser Interaktionen ist es besonders wichtig, zu prüfen, dass Datenübertragungen vollständig und korrekt erfolgen. Zudem sollte im Test auch geprüft werden, dass kein negativer Einfluss auf die in einer anderen App gespeicherten Daten vorliegt. Es wäre verheerend, wenn z.B. durch den Zugriff der App auf die Kontakte die Inhalte der Kontakte unerwartet geändert oder gelöscht werden.

Aus der Koexistenz mit anderen Apps entsteht auch ein gewisses Konfliktpotenzial zwischen den Applikationen. Insbesondere dann, wenn mehrere Apps auf die gleichen Systemressourcen zugreifen. So sollte z.B. für Apps, die Töne ausgeben, geprüft werden, wie diese reagieren, wenn während der Nutzung der App durch eine andere App Musik abgespielt wird.

Aufgrund der Vielzahl von Apps und weil ständig neue Apps veröffentlicht werden, ist es praktisch unmöglich, alle potenziellen Interaktionen und Konflikte im Test zu berücksichtigen. Eine Betrachtung, wo Interaktionen und Konflikte auftreten können, ist trotzdem empfehlenswert, um darauf aufbauend eine Risikoabschätzung treffen zu können. Diese Risikoabschätzung dient als Grundlage, um festzulegen, welche Risiken durch Tests reduziert werden sollen und welche nicht weiter berücksichtigt werden. Bei einer solchen Risikoabschätzung sollte die Zielgruppe nicht vernachlässigt werden. Apps, die in der Zielgruppe häufig genutzt werden, sind deutlich wichtiger als Apps, die in der Zielgruppe nicht genutzt werden (vgl. Praxisbeispiel 3–5)!

Praxisbeispiel 3–5: Koexistenz mit anderen Apps

In einer Android-App für einen Online-Marktplatz war die Möglichkeit integriert, ein Angebot per E-Mail zu verschicken. Dazu wurde die Standard-E-Mail-App des Gerätes aufgerufen. Zudem wurde das Angebot als Inhalt für die Mail übergeben. Diese Interaktion wurde als potenzielles Risiko identifiziert. Daher wurde festgelegt, dass im Test geprüft wird, dass die Funktionalität für die Gmail-App, die Samsung-E-Mail-App sowie die Apps von drei großen deutschen E-Mail-Anbietern vollständig und richtig umgesetzt ist.

Nach der Veröffentlichung kam über den Anwendersupport die Meldung, dass laut Nutzerbeschwerde bei Aufruf der Funktion die initiierte Mail keinen Inhalt habe. Da wir im Test das erwartete Verhalten beobachtet hatten und das Problem mit der veröffentlichten Version und den ursprünglich definierten sowie diversen weiteren Mail-Apps nicht reproduzieren konnten, wurde beim Nutzer angefragt, welche E-Mail-App er nutze. Dabei stellte sich heraus, dass der Nutzer eine kommerzielle E-Mail-App eines Drittanbieters nutzte.

Auf Grundlage der vorliegenden Informationen entschied das Produktmanagement, dass dem Nutzer mitgeteilt werden solle, dass der Aufruf der E-Mail-App mit den Apps der Plattformanbieter sowie mit diversen E-Mail-Apps von anderen Anbietern funktioniert und sein Problem an der von ihm genutzten E-Mail-App liege. Die Behebung seines Problems kann somit nur durch den Hersteller seiner E-Mail-App erfolgen.

4 Übliche Testarten und der Testprozess für mobile Apps

In diesem Kapitel zeigen wir, wie das bereits vorhandene Wissen über den Softwaretest aus der bisherigen Erfahrung und aus Schulungen für das Testen von mobilen Apps eingesetzt werden kann. Insbesondere diskutieren wir Unterschiede im Testvorgehen, wenn es um die üblichen Testarten wie Performanztests oder Internationalisierungstests geht.

Viele der hier aufgeführten Testarten sind nicht neu. Sie müssen im mobilen Kontext aber neu oder zumindest anders gedacht werden.

In unseren Projekten wenden wir auch Testmethoden wie die Äquivalenzklassenbildung oder die Grenzwertanalyse an. Diese können im mobilen Kontext genauso eingesetzt werden wie in anderen Projekten auch. Daher gehen wir nicht weiter auf diese ein. Möchtest du das Thema weiter vertiefen, empfehlen wir dir den Certified Tester Foundation Level Syllabus (CTFL) sowie das Buch »Basiswissen Softwaretest« von Andreas Spillner und Tilo Linz [Spillner & Linz 2019].

Außerdem beleuchten wir in diesem Kapitel das sehr wichtige Thema »Exploratives Testen«, das beim Mobile App Testing sehr effektiv und effizient eingesetzt werden kann.

Zu guter Letzt werfen wir einen Blick auf das mobile Testkonzept und den dazugehörigen Testprozess.

Schlüsselbegriffe aus dem englischen Syllabus:

Abbruch (abnormal end), Barrierefreiheit (accessibility), exploratives Testen (exploratory testing), Feldtests (field testing), Heuristik (heuristic), Installierbarkeit (installability), Performanz (performance), Effektivität (efficiency), Performanztests (performance testing), Post-Release-Testen (post-release testing), IT-Sicherheitstests (security testing), sitzungsbasiertes Testen (session-based test management), Stresstests (stress testing), Teststufe (test level), Testprozess (test process), Testpyramide (test pyramid), Tour (tour), Gebrauchstauglichkeitslabor (usability lab), Gebrauchstauglichkeitstests (usability testing), Codeeinschleusung (code injection)

Weitere Schlüsselbegriffe in diesem Kapitel:

keine

4.1 Häufig verwendete Testarten im Mobile App Testing

4.1.1 Installationstests

Für den Nutzer ist es selbstverständlich, dass eine App aus den Stores ohne Wenn und Aber installierbar ist. Sollte hierbei ein Fehler auftreten oder die Installation zu lange dauern, ist das Kind bereits in den Brunnen gefallen. Für den Nutzer zählt die Zeit ab dem »Klick« auf »Installieren«. Er betrachtet die Auswahl der App, eine eventuelle Zahlung im Store, den Download und die Installation als Gesamtprozess. Wir müssen bei unseren Installationstests deswegen auch mit »langsameren« Verbindungen testen. Wenn die Installation länger dauert, als es der Anwender erwartet, kann dies dazu führen, dass alle kleinen unangenehmen Auffälligkeiten für den Nutzer nun wie echte Fehler wirken:

»Erst dauert es Ewigkeiten und nun auch noch dieser Rechtschreibfehler hier.«

Folglich sind Tests für die Installation, für die Aktualisierung und auch für die Deinstallation sehr bedeutend.

Es müssen nicht nur die Vorgehensweise über die Stores, sondern auch andere Bezugswege berücksichtigt werden. Meistens werden Apps per Funkübermittlung (OTA – Over the Air), also WLAN oder das Mobilfunknetz, in selteneren Fällen auch per Datenkabel installiert. Daher sollten diese unterschiedlichen Installationswege auch im Test berücksichtigt werden. Zudem können wir die Installation aus den Stores nur eingeschränkt simulieren. Wenn mehrere Installationswege im Test zur erfolgreichen Installation der App geführt haben, steigt die Wahrscheinlichkeit, dass die Installation unabhängig vom Installationsweg ist. Somit wird auch das Risiko reduziert, dass die Installation aus den Stores zu Fehlern führt.

In den folgenden Abschnitten werden weitverbreitete und wichtige Installationswege vorgestellt.

Über Stores

Die meisten Apps werden aus dem Google Play Store oder aus dem Apple App Store heraus installiert oder aktualisiert. Darüber hinaus gibt es weitere Stores von Anbietern wie Amazon oder den Herstellern der Telefone. So hat beispielsweise Samsung ebenfalls einen Store. Abbildung 4–1 zeigt exemplarisch auf, wie aus dem Store installiert oder aktualisiert wird.

Zunächst sind auf dem linken Smartphone die Apps A, B und C installiert. Auf dem rechten sind die Apps A, B, C, D installiert. Auf dem ersten Smartphone wird ggf. nach geleisteter Zahlung die gewünschte App D völlig neu installiert, auf dem anderen Smartphone wird, ebenfalls nach möglicher geleisteter Zahlung, »nur« eine Aktualisierung durchgeführt. Auf dem ersten Smartphone ist jetzt die App D installiert. Auf dem zweiten Smartphone ist die App D nach D' aktualisiert worden (vgl. Abb. 4–1).

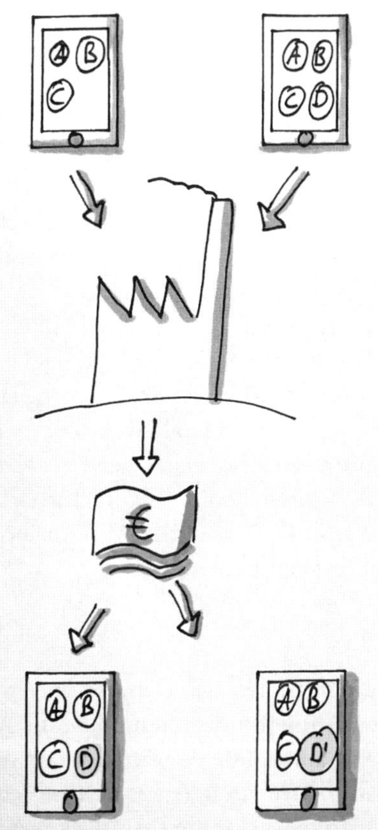

Abb. 4–1 *Schematische Darstellung des Installationsprozesses für Apps aus einem Store*

Für uns Tester ist es wichtig, zu wissen, dass unter Umständen Kosten anfallen, sofern wir einen echten Installationstest aus den Stores durchführen.

Wir empfehlen dringendst, nach jedem Release eine Installation aus den entsprechenden Stores vorzunehmen (vgl. Abschnitt 4.2.3). Es kommt leider immer wieder vor, dass intern alles funktioniert und bei der Installation aus dem jeweiligen Store dann doch Probleme auftreten.

Über firmeninternen Store

Handelt es sich um eine Unternehmens-App, kann die Installation auch über Dienste wie das App Center erfolgen. Manche Firmen haben auch ein MDM (Mobile Device Management), mithilfe dessen Apps installiert werden können.

Für das MDM gilt es, herauszufinden, wie innerhalb des Systems der Download und die Installation erfolgen. Manche MDMs benutzen hier die Funktionalitäten der jeweiligen Stores. Je nachdem, wie die Apps installiert werden, müssen dafür entsprechend Tests eingeplant werden.

Per Sideloading

Bei entsprechender Vorbereitung können auf den Geräten und den darauf installierten Betriebssystemen per Sideloading Apps installiert werden. Für Android muss in den Einstellungen die Installation aus anderen Quellen als dem Play Store erlaubt werden. Bei iOS-Geräten muss das Installationspaket entsprechend signiert sein.

Das Installationspaket der App wird entweder durch einen direkten Download im Dateisystem auf dem Gerät abgelegt und von dort aus installiert oder wir müssen auf dem Gerät einen Link aufrufen, der auf den Speicherort des Installationspakets verweist. Weiterhin gibt es die Möglichkeit, das Installationspaket mit einem anderen Gerät auf einer SD-Karte abzulegen. Sofern wir dann diese SD-Karte in das Gerät einsetzen, können wir das Installationspaket dort ausführen, wodurch die App auf dem Gerät installiert wird.

Diese Art der Installation wird normalerweise recht selten vom Endverbraucher genutzt, da sie einen zusätzlichen Aufwand für den Nutzer darstellt. Dennoch sollten wir für diese Installations- oder Aktualisierungsmöglichkeit zumindest für Android ein paar Tests einplanen.

Mit Desktop-Applikationen

Mithilfe von Desktop-Applikationen wie iTunes von Apple oder einem Android App Installer von diversen Anbietern können ebenfalls Apps auf den Smartphones installiert werden. Dazu müssen die Geräte mit dem Rechner verbunden werden, auf denen die Installationswerkzeuge laufen. Die Verbindung kann dabei per USB-Kabel oder WLAN erfolgen. Um die Installation mithilfe dieser Werkzeuge durchzuführen, müssen wir die Installationspakete zuerst herunterladen und deren Ablageort im Werkzeug bekannt machen.

Der Vorteil ist, dass diese Art der Installation auf dem Gerät ohne Internetverbindung funktioniert.

Neben den oben genannten Werkzeugen werden häufig auch ADB (Android Debug Bridge) [URL: ADB] für Android (vgl. Abb. 5–8) und Xcode [URL: Xcode] für iOS verwendet. Gerade für uns Tester ist diese Art der Installation zusätzlich von immenser Bedeutung, wenn es darum geht, die App schnell auf vielen verschiedenen Geräten zu installieren und anschließend zu testen. Diese Tests sind einzuplanen, da manche Nutzer diese Art der Installation verwenden und dies durch den Hersteller nicht unterbunden werden kann. Häufig nutzen auch Testautomatisierungswerkzeuge diese Art der Installation. Entweder installieren sie auf diese Art und Weise die zuvor instrumentierte App oder aber sie verwenden diese Art der Installation, um vor dem Start der Ausführung der automatisierten Tests die aktuelle Version der App auf dem Gerät bereitzustellen (vgl. Abschnitt 6.4).

Empfohlene Installationstests

Wir empfehlen Folgendes in den Tests zu berücksichtigen:

- **Tests zur initialen Installation**
  Wir installieren die App, ohne dass diese zuvor auf dem Gerät installiert wurde. Falls die App bereits installiert ist oder war, müssen wir das Gerät zuvor zurücksetzen. Dieser Installationstest sollte mindestens einmal vom internen und mindestens einmal vom externen Speicher aus durchgeführt werden, sofern z.B. ein SD-Kartenslot vorhanden ist.
- **Tests zur Aktualisierung**
  Auf dem Gerät muss eine alte Version der App installiert sein. Diese wird auf die neue Version aktualisiert. Anschließend müssen wir prüfen, ob die neue App ordnungsgemäß installiert wurde. Sollten während der Aktualisierung Fragen zu den bereits vorhandenen Daten angezeigt werden, müssen die möglichen Antworten und das dazugehörige Verhalten ebenfalls geprüft werden. Nutzer sind sehr schnell verärgert, sollten beispielsweise ihre Fotos aus dem letzten Urlaub durch eine Aktualisierung verloren gehen!
  In der Regel sind Updates kostenlos. Sofern bei der zu prüfenden App bei einem Update eine Zahlung fällig sein sollte, ist dies entsprechend zu prüfen.
- **Tests zur Deinstallation**
  Bei den Deinstallationstests müssen wir nach der Deinstallation überprüfen, ob die zu der App gehörenden Daten ebenfalls gelöscht wurden. Sofern Daten in der Cloud erhalten bleiben sollen, ist das ebenfalls zu prüfen.

Abb. 4–2 *Rückmeldung aus Deinstallation, dass lokale Daten gelöscht werden.*

Außerdem ermöglichen manche Apps dem Nutzer Daten zu erhalten. Hier ist folglich zu prüfen, ob die Daten nach der Deinstallation auf dem Gerät vorhanden sind oder ob die Daten versehentlich gelöscht wurden (vgl. Abb. 4–2). Sofern Daten auf einem externen Speicher, wie z.B. einer SD-Karte, abgelegt worden sind, ist von uns zu prüfen, ob die Deinstallation die korrekte Verhaltensweise in Bezug auf die Daten auf diesem Speicher zeigt.

- **Tests zur erneuten Installation**
  Wie oben beschrieben, wird der Nutzer bei manchen Deinstallationsvorgängen gefragt, ob die zur App gehörenden Daten gelöscht werden sollen. Dies kann bejaht oder verneint werden. Bei erneuter Installation muss überprüft werden, ob die zuvor getroffene Wahl des Nutzers nun entsprechende Auswirkungen hat. Sofern der Nutzer die Daten übernehmen möchte, müssen sie nach der Installation in der App zur Verfügung stehen. Möchte der Nutzer die vorhandenen Daten nicht in der App übernehmen, dürfen sie in der App nicht vorhanden sein, sind aber nach wie vor im Dateisystem einsehbar.

  Sofern die App gekauft werden muss, ist an dieser Stelle zu prüfen, ob eine erneute Zahlung fällig ist. Je nach Vorgabe muss zur Zahlung aufgefordert oder eben nicht aufgefordert werden (vgl. Abb. 4–1).

- **Unterbrechung des Installationsvorgangs und anschließende Wiederaufnahme**
  Ein Installations-, Update- oder auch Deinstallationsvorgang kann durch unterschiedliche Vorkommnisse unterbrochen werden, z.B. durch:

  - Anrufe
  - Schlechtes Netz bzw. Verbindungsabbrüche
  - Abbruch durch den Benutzer
  - Gerät fährt herunter, weil der Akku leer ist

  Nach der Unterbrechung muss gewährleistet sein, dass der Installationsvorgang fortgesetzt werden kann.

- **Berechtigungen**
  In der Regel fordern Apps bei der Installation Berechtigungen für die Nutzung von Geräteressourcen ein, z.B. zur Nutzung der Kamera oder zum Zugriff auf das Adressbuch. Hier geht es um Vertrauen, und zwar um das Vertrauen der Nutzer in die App. Sollte dieses Vertrauen missbraucht werden, hat das häufig schwerwiegende Folgen, z.B. in Form von schlechten Bewertungen in den Stores.

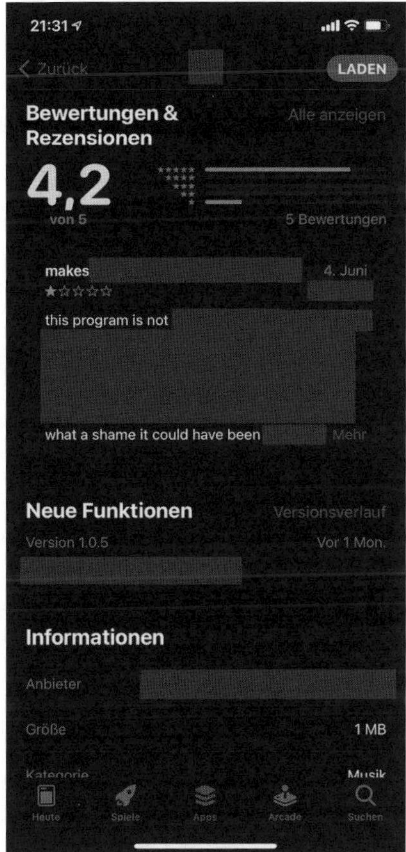

Abb. 4–3 *App-Store-Bewertung. Eine schlechte App-Store-Bewertung macht unter Umständen viel aus.*

Aus unserer Sicht ist deswegen der Umgang mit diesen Berechtigungen immens wichtig. Leider gibt es viele Apps, die Berechtigungen einfordern, bei denen nicht nachvollziehbar ist, warum dies geschieht. Wir können uns noch sehr gut an die ersten Taschenlampen-Apps auf den Smartphones erinnern, die den Blitz der Kamera als Taschenlampe genutzt haben. Viele von diesen Taschenlampen haben auf das Adressbuch zugegriffen. Ob das wissentlich oder unwissentlich, z. B. durch die Verwendung nicht genauer untersuchter Bibliotheken oder durch das Kopieren von Sourcecode aus anderen Entwicklungsprojekten, in die App eingebaut wurde, ist für den Nutzer irrelevant. Wenn Berechtigungen eingefordert werden, die nicht nachvollziehbar sind, kann das Vertrauen der Nutzer stark geschädigt werden. Daher sollte im Test geprüft werden, welche Berechtigungen eingefordert werden und ob der Nutzer einfach an die Informationen kommt, warum die App die Berechtigungen braucht.

Zusätzlich müssen wir prüfen, welche Auswirkungen auf die App entstehen, wenn angeforderte Berechtigungen durch den Nutzer nicht erteilt werden. So kann es z. B. vorkommen, dass trotzdem auf verweigerte Ressourcen zugegriffen wird. Außerdem müssen die Meldungen an den Nutzer untersucht werden. Dem Nutzer muss verständlich kommuniziert werden, welche Auswirkung die Verweigerung der Berechtigung hat. Sollte ein Nutzer einer Fotobearbeitungs-App die Berechtigung »Zugriff auf Fotos« verweigern, funktioniert die App nicht. Nun muss eine entsprechende Nachricht an den Benutzer gesendet werden.

- **Jailbreaking/Rooting**
  Manche Apps erfordern mehr Rechte als von den Plattformherstellern vorgesehen. Daher erhöhen manche Anwender ihre Berechtigungsstufe, sodass es dem Root-User auf Unices bzw. dem Administrator unter Windows entspricht. Die notwendige Prozedur dazu nennen wir unter iOS »Jailbreak« und unter Android »Rooting«. Allerdings werden Gerät und Betriebssystem nach einem Jailbreak bzw. Rooting außerhalb der Herstellerspezifikation betrieben. Dies hat rechtliche Auswirkungen, wie z.B. das Erlöschen der Garantie. Auch haben wir noch keinen Softwarehersteller kennengelernt, der für seine App Support bietet, wenn diese auf einem solchen Gerät läuft. Teilweise wird dann sogar der Zugriff auf das Backend unterbunden. Daher können wir nur davon abraten, eine App zu entwickeln, die Rooting oder Jailbreaking erfordert. Auch müssen wir davon abraten, auf solchen Geräten zu testen.

4.1.2 Security Tests

Security Tests, auch IT-Sicherheitstests genannt, sind eines der wichtigsten Themen in fast jedem Projekt, vor allem dann, wenn das Projekt auf irgendeine Weise auf das Netz zugreift oder sensitive Daten verarbeitet. Heutzutage ist jede neue Technik irgendwie mit dem Netz verbunden. Natürlich geht im Bereich Mobile so gut wie gar nichts ohne das Internet. Dementsprechend gehören zu jedem Projekt mit mobilen Geräten auch anständige Security Tests.

Hinweis: Im Folgenden verwenden wir den Begriff »*Sicherheit*« und »*Security*« synonym zum englischen Begriff »*Security*«.

In den meisten unserer Projekte werden die Security Tests allerdings »extra« behandelt – soll heißen, dass vorwiegend besonders geschultes Personal für diese Tests eingesetzt wird. Häufig werden solche Tests auch gezielt extern an sonst mit dem Projekt nicht verbundene Firmen vergeben. Teilweise finden diese Security Tests sogar im Verborgenen statt, d.h., ohne dass das App-Team vorab informiert wird. In beiden Fällen wird das App-Team nach dem Angriff aufgeklärt, welche Sicherheitslücken identifiziert wurden. Dadurch wird eine Behebung der Ursachen für die Sicherheitslücken ermöglicht.

Ein solches Vorgehen ist sinnvoll, da Security ein sehr anspruchsvolles Spezialistenthema ist. Allerdings bedeutet dies nicht, dass nicht auch normale Tester bzw. Mobile Tester das Thema Security bei ihrer Arbeit berücksichtigen sollten.

Der ISTQB® behandelt das Thema in einem seiner Advanced-Level-Lehrpläne, unabhängig vom Thema Mobile oder anderen Testthemen. Der dpunkt.verlag hat in seinem Programm zum einen das Buch »Mobile Hacking« von Michael Spreitzenbarth [Spreitzenbarth 2017] und zum anderen das Buch »Basiswissen Sicherheitstests« von Frank Simon, Jürgen Grossmann, Christian Alexander Graf, Jürgen Mottok und Martin A. Schneider [Simon et al. 2019], die wir an dieser Stelle empfehlen möchten. Eine weitere gute Informationsquelle ist der OWASP Mobile Security Testing Guide des »Open Web Application Security Project« [URL: OWASP MSTG].

Da wir das Thema aber nicht gänzlich ausschließen möchten, erläutern wir im Folgenden die unserer Meinung nach wichtigsten Punkte zum Thema Security und Mobile App Testing, die jeder testaffine Projektbeteiligte kennen sollte.

Mögliche Sicherheitsprobleme

Wie in Abbildung 2–5 gezeigt, stehen Security-Probleme für den Nutzer nicht an erster Stelle in Bezug darauf, welche Fehler oder Auffälligkeiten sie bemerken. Unserer Auffassung nach liegt das aber nicht am Thema Security an sich, sondern eher daran, dass der Nutzer Probleme mit der Security normalerweise nicht bemerkt. Erst wenn die eigenen Daten missbraucht wurden, werden die Nutzer sauer und äußern dann auch sehr schnell ihren Unmut in den Bewertungen der Stores. Dass Security für die meisten Benutzer einen gewissen Stellenwert hat, ergibt sich für uns schon aus der Tatsache, dass regelmäßig IT-Security-Vorkommnisse in allgemeinen Nachrichten auftauchen. Übrigens agiert häufig auch das obere Management ähnlich. Security und vor allem auch Security Tests, die einiges kosten, sind erst einmal nicht so wichtig. Treten später allerdings Fehler diesbezüglich auf oder landet das eigene Projekt aufgrund der Sicherheitsprobleme in den Schlagzeilen, wird das Thema Security auf einmal wichtig und es kann zu Vorwürfen kommen, warum das Problem nicht bereits im Test identifiziert und behoben wurde.

Die Vielfalt an möglichen Sicherheitsproblemen ist zu groß, als dass im Rahmen dieses Buches alle Möglichkeiten aufgeführt werden können. Aus Sicht eines Endanwenders ist in der Nutzung seines Mobilgerätes jedoch die Sicherheit der eigenen Daten von besonderer Bedeutung. In Bezug auf die Sicherheit der von der App gespeicherten und verarbeiteten Daten sind drei Hauptbereiche zu berücksichtigen:

1. Auf dem Gerät gespeicherte sensible Daten werden nicht genug abgesichert.
2. Die sensiblen Daten werden von der App bei der Übertragung im Netz nicht ausreichend gesichert bzw. verschlüsselt.
3. Die sensiblen Daten werden auf den zu der App gehörenden Servern oder Cloud-Diensten nicht ausreichend gesichert bzw. verschlüsselt.

In unserer Funktion als Tester, Testmanager oder in ähnlichen Rollen sollten wir solche Gefahren in unseren Projekten kommunizieren, sodass ein risikogerechter Umgang mit den Daten geplant und getestet werden kann.

Zu berücksichtigende Arten von Tests im Security Test

Die Ursachen für Sicherheitsprobleme sind sehr vielfältig. Daher ist Security, wie bereits oben geschrieben, ein Spezialistenthema. Um zu verhindern, dass diese teuren Spezialisten ihre Zeit mit einfach zu identifizierenden und weitverbreiteten Sicherheitsproblemen verschwenden, sollten auch normale Tester bereits auf die Sicherheit der Anwendung achten.

Wichtige Punkte, auf die geachtet werden sollte, werden nachfolgend erläutert.

- **Testeingaben für Codeeinschleusung und Pufferüberlauf**
  Bei dieser Art von Angriff werden Eingabefelder genutzt, um potenziell schädliche Eingaben, z.B. in Form von JavaScript oder SQL-Statements, in die App oder das Backend einzuschleusen. Wir sprechen dabei auch von »Injection Attacks«. Ziel ist dabei, dass die Eingaben ausgeführt werden und das vom Angreifer gewünschte Ergebnis produzieren, obwohl dies vom Hersteller der Anwendung nicht vorgesehen ist. Wir haben in unserem Werkzeugkoffer meistens ein paar vorbereitete »Eingaben«, die wir in eine App eingeben können, um Code einzuschleusen. Falls für ein Projekt nichts im Werkzeugkoffer vorhanden ist, erstellen wir diese. Allerdings achten wir darauf, dass wir dabei nicht zu viel kaputt machen, sofern die Entwickler keine oder unzureichende Maßnahmen gegen Codeeinschleusung in die App eingebaut haben. Beispielsweise ist es ausreichend, wenn unser eingeschleustes SQL-Statement Informationen über die genutzten Tabellen preisgibt. Wir müssen nicht gleich die gesamte Datenbank löschen. Daher sollten wir beim Erstellen der potenziell schädlichen Eingaben darauf achten, dass sie geeignet sind, Probleme aufzudecken, aber nicht den maximal möglichen Schaden verursachen. Wir empfehlen jedem Tester, sich eine Liste mit potenziell schädlichen Eingaben für die in seinem Projekt genutzten Technologien und Sprachen aufzubauen und zu nutzen.

  In der Regel ist es sinnvoll, diese potenziell schädlichen Eingaben nicht nur über das Benutzerinterface einzugeben, sondern zusätzlich auch direkt an das Backend zu schicken, um sicherzustellen, dass sowohl die App als auch das Backend gegen Codeeinschleusung geschützt sind.

  Heutzutage werden solche Angriffspunkte häufig bereits durch spezielle Werkzeuge innerhalb der Entwicklungsumgebungen abgefangen. Trotzdem entstehen auch heute noch viele Anwendungen, die über die Einschleusung von Befehlen angreifbar sind.

- **Verschlüsselung der übertragenen Daten**
  Die Verschlüsselung von übertragenen Daten durch die App ist notwendig, da Internetverkehr nicht grundsätzlich verschlüsselt ist. Somit kann jeder, der Zugriff auf den Datenverkehr bekommt, die übertragenen Daten im Klartext lesen, sofern durch die App keine Datenverschlüsselung umgesetzt wird. Das Mitlesen oder sogar Manipulieren von übertragenen Daten ist mithilfe von speziellen Werkzeugen wie Network-Sniffern, z. B. Wireshark [URL: Wireshark], oder Proxies, z. B. ZAP [URL: OWASP ZAP], möglich. Angriffe auf die Verschlüsselung an sich sollten dabei den Spezialisten vorbehalten bleiben. Die Prüfung, ob die Datenübertragung der App überhaupt verschlüsselt ist, kann jedoch sehr einfach bereits im normalen Test erfolgen. Hierzu ist es lediglich notwendig, im WLAN einen Proxy zu betreiben, der das Mitlesen des Netzwerkverkehrs unterstützt. Dieser Proxy wird in der WLAN-Konfiguration des mobilen Gerätes eingetragen. Anschließend wird der gesamte WLAN-Verkehr des Gerätes, und somit auch der Apps, die auf diesem Gerät laufen, über den Proxy gelenkt. Im Proxy kann nun geprüft werden, ob die Daten im Klartext oder verschlüsselt übertragen werden.

Verschlüsselung lokal gespeicherter Daten

Sensible Daten sollten auch lokal verschlüsselt gespeichert werden. Dies ist notwendig, um sicherzustellen, dass die Daten auch bei unberechtigtem Zugriff auf das Dateisystem geschützt sind. Ein solcher Zugriff kann z. B. erfolgen, wenn das Gerät verloren oder gestohlen wurde. Angriffe auf die Verschlüsselung selbst sollten wie auch bei der Datenübertragung den Spezialisten vorbehalten bleiben. Im Dateisystem zu prüfen, dass sensible Daten nicht als Klartext lesbar sind, kann jedoch bereits im normalen Test erledigt werden. Hierzu prüfen wir mit einem Dateimanager im Dateisystem, dass die Daten nicht im Klartext gelesen werden können. Um diese Aufgabe effizient durchzuführen, sollte mit den Entwicklern abgestimmt werden, wo welche Daten gespeichert werden.

- **Temporäre Daten**
  Während mit einer App gearbeitet wird, entstehen nicht nur im temporären Speicher, sondern auch im Dateisystem temporäre Daten. Diese Daten sollten nach Beendigung der App oder nach einem Abbruch der Benutzung durch den Benutzer oder das Betriebssystem gelöscht werden. Zurückgebliebene Daten sind grundsätzlich ärgerlich, da sie unnötig Platz verbrauchen. Sie sind aber auch ein Sicherheitsrisiko, sofern es sich um sensible Daten handelt, die für die Nutzung entschlüsselt wurden.

  Ähnlich wie bei den lokal gespeicherten Daten kann die Prüfung im Dateisystem z. B. mithilfe eines Dateimanagers durchgeführt werden.

- **Untersuchen der Passwortfelder**
  Heutige Entwicklungsumgebungen sorgen meist dafür, dass Passworteingaben per Default maskiert dargestellt werden. Diese Maskierung soll sicherstellen, dass eingegebene Passwörter nicht im Klartext angezeigt und damit leicht ausgespäht werden können. Im Test sollten wir jedoch prüfen, dass dies wirklich der Fall ist. Sofern in der App oder im Backend Passwortregeln vorgesehen sind, sollte im Test geprüft werden, dass diese Regeln richtig in der App implementiert sind. Weiterhin sollten Fehlermeldungen bei der Eingabe von falschen Daten keine Hinweise geben, ob der Username oder das Passwort falsch waren. Wenn z.B. ein Angreifer einen Usernamen nicht genau kennt, aber richtig geraten hat, würde eine Fehlermeldung, die aussagt, dass das Passwort falsch war, dem Angreifer bestätigen, dass er einen gültigen Usernamen hat. Diese Information wiederum erlaubt es, das verbundene Userkonto gezielt anzugreifen.
- **OWASP**
  OWASP [URL: OWASP] ist generell ein sehr guter Anlaufpunkt, wenn es um die Sicherheit von Anwendungen geht. Dies gilt auch jenseits von Webanwendungen. OWASP stellt u.a. Listen mit den zehn häufigsten Sicherheitsproblemen in Anwendungen für verschiedene Plattformen bereit. Für mobile Apps z.B. die Top 10 Mobile Risks [URL: OWASP Top 10]. Diese Top-10-Liste können wir im Test als Checkliste nutzen, um zu prüfen, ob die aufgeführten Sicherheitsprobleme in unserer App zu finden sind. OWASP erleichtert uns dies, indem zu jedem Eintrag der Liste eine ausführliche Darstellung des Problems, seiner Folgen und was dagegen gemacht werden kann, bereitgestellt wird.

4.1.3 Performanztests

Wie Security Tests gehören Performanztests mit zu den wichtigsten Tests im Mobile-Bereich. Das hängt, genauso wie bei den Security Tests, mit den Nutzern und deren Verhalten zusammen. Sobald ein Nutzer das Gefühl bekommt, zu lange warten zu müssen, oder aus anderen Apps an ähnlicher Stelle eine schnellere Verarbeitung gewohnt ist, beginnt er, die App kritisch zu betrachten. Vielleicht tauscht er sie sogar bald gegen eine andere App aus. Verschärft wird das Problem für mobile Apps, da Nutzer auf Mobilgeräten tendenziell weniger Geduld haben als bei Desktop-Anwendungen.

Die Performanz ist neben Usability eine der wichtigsten Erfolgsfaktoren für die App. Die Performanz sollte daher mithilfe von Performanztests bewertet werden. Im Performanztest wird die App alleine und im Zusammenspiel mit dem kompletten angeschlossenen »System« bewertet. Die Performanz wird also für die App alleine sowie inklusive der Antwortzeiten des Backends, von Cloud-Diensten oder gar von angeschlossenen Wearables beurteilt. Diese doppelte Betrachtung ist notwendig, da in der produktiven Nutzung die Netzwerke nicht kontrollierbar sind, aber Einfluss auf die Performanz haben. Somit sollten wir mit Tests sicherstellen, dass die Netzwerkperformanz keinen oder nur geringen negativen Einfluss auf das Nutzererleben hat (vgl. Praxisbeispiel 2–7).

Performanztests sind ähnlich wie Security Tests ein Spezialthema. Abgesehen von der Bedeutung sind sie nicht mobilspezifisch. Diesem Umstand trägt auch das ISTQB® mit dem »Foundation Level Specialist Syllabus Performance Testing« Rechnung [URL: ISTQB Performance Testing; GTB-Lehrplan 2019a]. Auch in den Mobile-App-Projekten, in denen wir bislang unterwegs waren, spielten die Performanztests meist eine besondere Rolle. Häufig wurden sie von gut ausgebildeten Spezialisten durchgeführt.

Wichtig bei der Beurteilung der Performanz von mobilen Apps ist, dass reale Anwendungsszenarien und typische Abläufe betrachtet werden. Werden Performanzmessungen mit synthetischen oder nicht häufig genutzten Abläufen durchgeführt, entsteht das Risiko, dass im Test eine gute Performanz gemessen wird, der Anwender in der Nutzung aber schlechte Performanz erlebt.

Praxisbeispiel 4–1: Auswahl von Testfällen für Performanztests

Bei unserer Onlinebanking-App (vgl. Praxisbeispiel 2–3) haben wir die User Stories »Login«, »Überweisung durchführen« und »Ausloggen« gemessen. Dies sind zentrale Anwendungsfälle, die bei einer Onlinebanking-App immer wieder vorkommen. Bei solchen Messungen bieten sich auch immer Vergleiche mit anderen Apps an. In diesem Fall wurde ein Vergleich mit anderen Onlinebanking-Apps durchgeführt. Die anderen Apps haben wir einfach in den jeweiligen Stores heruntergeladen. Viele der Onlinebanking-Apps bieten Demoaccounts zum Kennenlernen der App.

Wie bereits beschrieben spielt das Nutzungserlebnis eine große Rolle. Also müssen wir neben der gemessenen Performanz auch die vom Nutzer wahrgenommene Performanz untersuchen. Dafür braucht es jedoch keine vordefinierten, ausführlichen Testszenarien. In der Regel reicht es, wenn in explorativen Testsessions oder mithilfe von Touren (vgl. Abschnitt 4.3) die erlebte Performanz berücksichtigt wird und Auffälligkeiten berichtet werden. Zudem sollten alle Tester angewiesen werden, auch bei der Ausführung von spezifizierten Testfällen immer auf die Performanz zu achten und Auffälligkeiten zu melden. Auffälligkeiten sind es dann, wenn wir als Tester das Gefühl haben: »Das dauert zu lange.«

Haben die Entwickler Wartezeiten durch unterhaltsame Animationen überbrückt, fühlt sich das für uns anders an, als wenn einfach gar nichts passiert, aber dennoch gewartet werden muss. Wenn der Nutzer in Wartezeiten gut unterhalten wird, kann dies positiven Einfluss auf das Nutzererlebnis haben. Wartezeiten, in denen nichts passiert, können hingegen das Nutzererlebnis negativ beeinflussen.

4.1.4 Lasttests

Lasttests bewerten das Verhalten einer App unter steigender Last, jedoch innerhalb der spezifizierten Lastgrenzen. Das heißt, dass die Auslastung des Systems langsam bis zur Belastungsgrenze erhöht wird, um zu prüfen, welche Auswirkungen auf die App festgestellt werden können. Er ist somit zwischen dem Performanz- und Stresstest einzuordnen.

Auch wenn es möglich ist, Lasttests auf mobilen Geräten durchzuführen, wird dies in der Projektpraxis selten getan und wir beschränken uns auf Performanz- und Stresstests.

Für das Backend spielen Lasttests jedoch eine wichtige Rolle, da die Möglichkeit besteht, dass die App viral geht, und in sehr kurzer Zeit die Anzahl der Anwender stark steigt. In einer solchen Situation möchten wir nicht, dass die neuen Anwender die App nicht nutzen können, weil das Backend überlastet ist. Der Lasttest für das Backend einer mobilen App ist dabei nahezu identisch wie ein Lasttest für das Backend einer Webanwendung. Einziger Unterschied sind die verwendeten Nutzungsprofile. Tendenziell ist bei mobilen Apps damit zu rechnen, dass die Anzahl der Nutzersessions höher ist, die einzelnen Sessions aber kürzer sind als bei klassischen Webanwendungen. Dies ist jedoch lediglich eine Tendenz. Daher sollte die Auswahl der in Lasttests verwendeten Nutzungsprofile immer den Kontext der App berücksichtigen.

4.1.5 Stresstests

Für Stresstests gilt im Prinzip das Gleiche wie für die Performanztests. Der wesentliche Unterschied ist im Folgenden beschrieben.

Stresstests unterscheiden sich von Performanz- und Lasttests darin, dass die Anwendung jenseits der erwarteten, zulässigen Last betrieben wird. Performanz- und Lasttests hingegen betrachten die Anwendung bei einer Last innerhalb der zulässigen und erwarteten Grenzen.

Für mobile Apps sollte sowohl das Backend als auch die App selbst betrachtet werden. Der Stresstest des Backends ist dabei nicht mobilspezifisch. Daher möchten wir an dieser Stelle nur auf den »ISTQB® Syllabus Performance Testing« [URL: ISTQB Performance Testing; GTB-Lehrplan 2019a] verweisen und uns hier auf die Stresstests konzentrieren, die die mobile App an sich untersuchen und im Rahmen des normalen Tests durchgeführt werden können. Die Einbindung von Spezialisten ist somit in der Regel nicht notwendig.

Bei Stresstests liegt der Fokus auf dem Verhalten der App, wenn sie unter Überlast oder bei überlasteten Ressourcen genutzt wird. Dafür schauen wir auf die folgenden Punkte:

- Die CPU-Auslastung
- Die Auslastung des Arbeitsspeichers
- Die Auslastung des Festspeichers
- Den Energieverbrauch des Akkus
- Die Datenübertragung, also die Bandbreite des Netzes
- Viele Benutzerinteraktionen gleichzeitig

Typische Auffälligkeiten sind:

- Abstürze mit Beenden der App
- App regiert nicht mehr und wirkt eingefroren
- Verlust der Verbindung zum Backend bzw. Abbruch von Sessions
- Auffälligkeiten in der Darstellung des User Interface

Die App bzw. das Mobilgerät zu stressen, kann eine Herausforderung sein. Am einfachsten gelingt dies, wenn wir dafür sorgen, dass die Hardwareressourcen des Gerätes, wie CPU und Speicher, ausgelastet werden. Dieses Ziel können wir erreichen, indem wir auf dem Gerät im Hintergrund rechen- und speicherintensive Anwendungen ausführen, während wir die App testen. Zum Beispiel kannst du ein oder mehrere Musikstücke abspielen, gleichzeitig große Dateien per Netzwerk transferieren und das Gerät bewegen, sodass die Sensoren Signale geben, während die App im Vordergrund von dir getestet wird. Alternativ ist es möglich, dass das Team eine kleine App entwickelt, die viele Berechnungen durchführt, um Speicher und CPU auszulasten. Diese App wird dann im Hintergrund ausgeführt, während die zu testende App im Vordergrund läuft. Beides haben wir so auch in unseren Projekten erlebt bzw. selbst gemacht.

In Android gibt es eine sehr einfache Möglichkeit, Apps durch sehr schnelle zufällige Benutzereingaben zu stressen. Dabei handelt es sich um das Werkzeug Monkey [URL: Monkey]. Das Werkzeug wird über ADB mithilfe der Shell auf dem Gerät ausgeführt. Es schickt und protokolliert sehr schnell einen zufallsgenerierten Strom von Benutzerevents an das Gerät bzw. an eine optional im Aufruf übergebene App.

Praxisbeispiel 4–2: Der Aufruf von Monkey

Beispiel für einen Aufruf von Monkey:

```
adb shell monkey -p your.package.name -v 5000
```

-p	bedeutet, dass die App mit dem anschließend aufgeführten Paketnamen Ziel der Events sein soll
-v	steht für verbose und bedeutet, dass vollständig alle Informationen ausgegeben werden sollen
5000	Anzahl auszuführender Events

Das Werkzeug läuft, bis die beim Aufruf definierte Anzahl Events ausgeführt wurden oder die App abstürzt. Für den Fall des Absturzes erlauben die protokollierten Events sowie der zugehörige Stacktrace die Rückverfolgung, welche Kette von Events zum Absturz geführt hat. Daher ist es im Falle eines Absturzes oder bei sonstigen beobachteten Auffälligkeiten sehr wichtig, den Entwicklern das Protokoll und den Stacktrace zur Analyse zur Verfügung zu stellen. Ohne die in diesen beiden Datenquellen enthaltenen Informationen haben die Entwickler keine Chance zur Analyse und damit auch keine Chance, die Ursache der Auffälligkeit zu identifizieren und zu beheben.

Wenn du ein Gerät bzw. die App beobachtest, während Monkey läuft, sieht es aus, als würde ein unsichtbarer Benutzer rasend schnell und völlig unkoordiniert auf dem Display und den Buttons des Gerätes herumklicken.

Wir nutzen Monkey in unseren Projekten sowohl am Anfang der Testphase als auch am Ende, kurz vor der Veröffentlichung. Dabei hat es sich für uns als effektiver erwiesen, mehrere kurze Durchläufe, anstatt einen langen Durchlauf auszuführen. Es ist besser, fünf Durchläufe mit jeweils 10.000 zufälligen Events zu haben, anstatt einen Durchlauf mit 50.000 Events. Insbesondere bei der Nutzung am Anfang der Testphase führt häufig schon der erste Aufruf mit 10.000 Events zum Absturz der App.

Die Anzahl der Events mag sich sehr hoch anhören. Da die Events aber wirklich sehr schnell ausgelöst werden, um die App zu stressen, läuft ein Aufruf mit 10.000 Events nur wenige Minuten.

Unter iOS ist uns leider kein vergleichbares Werkzeug bekannt. Wir haben lediglich von Kollegen gehört, dass in ihren Projekten die Teams teilweise selbst ein vergleichbares Werkzeug programmiert haben.

4.1.6 Benutzbarkeitstests

Benutzbarkeitstests (oder auch Usability Tests bzw. Gebrauchstauglichkeitstests) gehören unserer Meinung nach zu den wichtigsten Tests auf mobilen Geräten. Die Benutzbarkeit ist maßgeblich für das Nutzungserlebnis verantwortlich und somit ein entscheidender Erfolgsfaktor für Apps. Die Analyse von Perfecto Mobile (vgl. Abb. 2–5) untermauert unsere Meinung und stellt sowohl Usability als auch Performanz ins Verhältnis zu anderen Qualitätsmerkmalen.

Es hat sich bewährt, dass das Look & Feel der jeweiligen Plattformen berücksichtigt wird (vgl. Praxisbeispiel 2–13). Wird das Look & Feel nicht berücksichtigt, hat dies negative Auswirkungen auf das Nutzererleben.

Nehmen wir an, wir würden ein vollständiges neues Bedienkonzept mit einer schönen neuen Oberfläche mit dem Menü unten links, blauem Hintergrund und anderer Bedienung ohne »OK-Buttons« designen. Das Ganze könnte sogar in sich stimmiger und »besser« sein als das aktuelle Look & Feel der Plattformen. Die Endnutzer würden sich dennoch wahrscheinlich nicht darauf einlassen und die

App nach wenigen Minuten, vielleicht sogar Sekunden, deinstallieren oder zumindest ihre Verärgerung kommunizieren und die App schlecht bewerten.

Das Nutzungserlebnis bzw. die UX (User Experience) der App muss die Erwartungen der Nutzer von der ersten Sekunde an erfüllen.

Das Look & Feel der Plattformen verändert sich von Zeit zu Zeit. Neue Plattformversionen können neue Bedienkonzepte oder Layout- und Designkonzepte umsetzen. Wir als Tester sollten uns daher immer mit den Neuerungen der Plattformen auseinandersetzen. Wie bereits erwähnt haben manche unserer Kollegen, und auch wir selbst, die ein oder andere WWDC (Worldwide Developers Conference) [URL: Apple Events] oder das Pendant, die Google I/O [URL: Google I/O], live verfolgt, um über Änderungen informiert zu sein.

Unsere bevorzugten Ansätze für den Test der Benutzbarkeit stammen fast alle aus dem Umfeld des explorativen Testens. Es gibt entsprechende Testtouren (vgl. Abschnitt 4.3.4), wie z.B. die Supermodell-Tour. Weiterhin gibt es viele Heuristiken (vgl. Abschnitt 4.3.3), die uns Hilfestellung geben können, die Benutzerbarkeit einer App zu bewerten. Außerdem ist es sehr hilfreich, Personas zu benutzen (vgl. Abschnitt 4.3.1).

Neben dieser Art von Tests können auch klassische Benutzbarkeitstests unterstützt durch Spezialisten in einem entsprechenden Usability-Labor, durchgeführt werden. Hier werden die Probanden u.a. mit vielen Kameras beobachtet und sie müssen einige Fragebögen vor und nach der Nutzung ausfüllen. Mit den aus den Beobachtungen und Fragebögen gewonnenen Informationen werden dann Rückschlüsse auf die Gebrauchstauglichkeit gezogen (vgl. Praxisbeispiel 4–3).

Praxisbeispiel 4–3: Test von Apps zur Verbesserung des Nutzererlebnisses

In diesem Projekt haben wir eine App getestet, die dem Arzt automatisiert Röntgenbilder des Patienten direkt nach der Aufnahme auf dem iPad zur Verfügung gestellt hat. In der App kann das Bild vergrößert und verkleinert werden. Außerdem konnten Bildeinstellungen wie Kontrast, Sättigung u.Ä. geändert werden.

Die Probanden haben mehrfach auf den Fragebögen angegeben, dass die Lichtverhältnisse im Raum einen enormen Einfluss auf die Qualität der Darstellung hatten. Eine genauere Untersuchung ergab, dass abhängig von der Beleuchtung des Raums, in dem der Arzt die App nutzt, sogar Fehleinschätzungen zu den Inhalten der Bilder möglich gewesen wären.

Auch wenn solche Benutzbarkeitstests in entsprechend ausgestatteten Laboren relativ teuer sind, kann es abhängig vom Kontext der App sehr sinnvoll und wichtig sein, solche Tests durchzuführen.

Bei Benutzbarkeitstests ist es wichtig, wie wir mit den Ergebnissen umgehen. Meist handelt es sich nicht um richtige Fehler, sondern um Befunde zur Benutzbarkeit. Diese Befunde müssen den Stakeholdern, dem Product Owner oder auch dem Team erklärt werden können. Unserer Erfahrung nach wird solchen Befunden häufig zunächst auch nicht besonders viel Aufmerksamkeit geschenkt, erst wenn Kommentare im Store zu diesem Thema zu finden sind, wird genauer hingesehen. Wir Tester sollten immer wieder darauf bestehen, dass das Nutzererlebnis gut sein muss und kritisch für den Erfolg der App ist!

Die folgenden Punkte tragen zu einem guten Nutzererlebnis bei:

- Die App muss selbsterklärend und intuitiv zu bedienen sein.
- Die App sollte Möglichkeiten für Benutzerfehler so weit als möglich vermeiden. Sollte es doch zu Fehlern durch den Benutzer kommen, sollte die App dies entsprechend kommunizieren und den Benutzer bei der korrekten Bedienung unterstützen.
- Die App muss in der Verwendung in sich konsistent sein:
  - Alle Bestätigungsbuttons haben das gleiche Bild oder den gleichen Text.
  - Das Menü ist immer an der gleichen Stelle (meist oben in der App).
  - Gesten werden einheitlich genutzt.
  - Etc.
- Alle oder zumindest die meisten Designrichtlinien der jeweiligen Plattformen werden eingehalten. Die State-of-the-Art-Bedienung wird berücksichtigt.
- Alle benötigten Informationen sind auf den verschieden großen Displays für den Nutzer entweder direkt sichtbar oder die Nutzerführung sorgt dafür, dass die Informationen für ihn zugänglich sind.

Genau wie die Performanz hat das ISTQB® auch die Benutzbarkeit für so wichtig empfunden, dass es hierfür den »ISTQB® Syllabus Usability Testing« gibt [URL: ISTQB Usability Testing; GTB-Lehrplan 2017]. Außerdem gibt es einen Beitrag von Nils zum Thema im Conference Journal 2018 der Software Quality Days in Wien [Software Quality Lab 2018].

4.1.7 Barrierefreiheitstests

Streng genommen handelt es sich bei Barrierefreiheit um ein Untermerkmal des Qualitätskriteriums Benutzbarkeit. Beispielsweise wird Barrierefreiheit in der Norm ISO 25010 [URL: ISO 25010] als Untermerkmal von Benutzbarkeit definiert (vgl. Abb. 4–4).

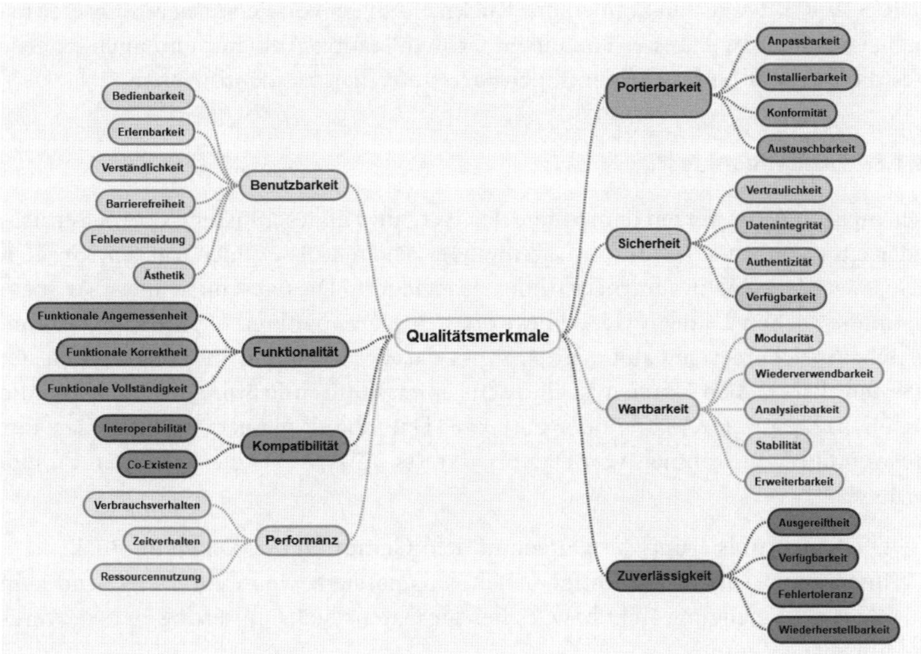

Abb. 4–4 *Qualitätsmerkmale nach ISO 25010*

Da Tests zur Barrierefreiheit gerade in der heutigen Zeit immer wichtiger werden, wird ihnen im MAT-Syllabus und auch hier ein eigener Abschnitt gewidmet.

Tests zur Barrierefreiheit werden z.B. regelmäßig in Ausschreibungen von Behörden gefordert. Aber auch von Unternehmen, die ein großes Publikum haben, werden solche Tests immer häufiger durchgeführt.

Wenn wir uns jetzt noch klarmachen, dass in vielen Projekten auch »Mobile First« gilt, wird schnell klar, dass wir auf den mobilen Geräten Barrierefreiheitstests durchführen müssen. Bei diesen Tests geht es darum, festzustellen, ob ein Benutzer mit Behinderungen einzelne Komponenten des Systems oder das System als Ganzes benutzen kann. Wir können unsere zu untersuchende App abhängig vom Projektkontext als Komponente oder als ganzes System betrachten. In jedem Fall sollten wir auf Barrierefreiheit testen. Je nach Plattform können zu diesem Bereich unterschiedliche Einstellungen vorgenommen werden. Die Darstellungsgröße von Texten kann beispielsweise beeinflusst werden, sodass auch Personen mit eingeschränkter Sehkraft die Inhalte lesen können. Im Test müssen wir untersuchen, wie sich unsere App mit solchen geänderten Einstellungen verhält.

Außerdem gibt es sowohl von Google als auch von Apple Richtlinien zur Barrierefreiheit für ihre jeweiligen Plattformen [URL: Google Barrierefreiheit; URL: Apple Accessibility] . Das *W3C*-Konsortium hat zusätzlich für das mobile Web einen Leitfaden zur Barrierefreiheit veröffentlicht, der als Checkliste dienen kann

[URL: W3C]. Weiterhin können uns Rückmeldungen von Personen aus unserer firmeneigenen Crowd, Tester von einem Crowd-Testing-Anbieter und auch externe Testdienstleister helfen, Fehler in der Barrierefreiheit zu identifizieren.

4.1.8 Datenbanktests

Die meisten Apps nutzen heutzutage das Netz und angeschlossene Cloud-Services oder ein eigenes Backend, um Daten zu verarbeiten. Aber auch auf den Geräten selbst werden Daten verarbeitet oder gespeichert. Dies geschieht meist in sogenannten flachen Dateien (Flat Files) oder in Datenbanken. Unabhängig davon, welche Speicherart gewählt wurde, muss das Ergebnis der Speicherung getestet werden. Bei flachen Dateien ist dies sehr einfach durch Prüfung der Dateiinhalte möglich. Wenn eine lokale oder entfernte Datenbank genutzt wird, ist der Test aufwendiger. Im Rahmen von Datenbanktests müssen wir die folgenden Punkte prüfen:

- **Die Synchronisierung der Daten auf dem Gerät und den Daten im Backend**
  Insbesondere ist hier zu untersuchen, was passiert, wenn vorübergehend kein Netz zur Verfügung steht bzw. es bei der Datensynchronisierung zu Netzwerkabbrüchen kommt.
- **Die typischen Datenkonflikte während des Hochladens**
  Bei unserer Onlinebanking-App könnten beispielsweise der Sachbearbeiter in der Bank und der Nutzer in der App gleichzeitig die Adresse ändern. Der Bankmitarbeiter schreibt »Strasse« mit »ss« und der Nutzer schreibt Straße mit »ß«. Beide bekommen eine Meldung, dass korrekt gespeichert wurde. Da beide Eingaben zeitgleich erfolgen, ist aber unklar, was in der Datenbank abgespeichert worden ist. Solche Inkonsistenzen werden Datenkonflikte genannt.
- **Die Sicherheit**
  Wir prüfen, ob die Daten sicher übertragen und sicher abgelegt werden. Die Daten können dabei lokal oder entfernt gespeichert werden!
- **Die Vertraulichkeit**
  Wir prüfen, ob es Einschränkungen bei der Datennutzung gibt und Nutzer eventuell unberechtigten Zugriff auf Daten haben.
- **Die CRUD-Funktionalität**
  Die vier grundlegenden Operationen Create (Daten anlegen), Read (Daten lesen), Update (Daten aktualisieren) und Delete (Daten löschen) werden geprüft.
- **Die Suche**
  Sofern es Suchfunktionen in der App gibt, müssen diese ebenfalls untersucht werden.
- **Die Datenintegration von Drittanbieter-Apps**
  Nach unserer Erfahrung sollten diese Tests bei jeder Testdurchführung ausgeführt werden, da Drittanbieter unter Umständen ihre Schnittstellen seit dem

letzten Test geändert haben können. Es lohnt sich also, diese Tests in die Regressionstestsuite mit aufzunehmen, um sicherzustellen, dass die eigene App weiterhin gut integriert ist. Es kann sich hier z.B. um den Zugriff auf das Adressbuch, auf Fotos, Videos oder auch auf Mails handeln.

- **Die Performanz für die Verarbeitung oder Speicherung der Daten**
  Dies wird häufig auch über den eigentlichen Performanztest abgedeckt.

4.1.9 Globalisierungs- und Lokalisierungstests

Globalisierungs- und Lokalisierungstests sind häufig sehr umfangreich und komplex. Daher wollen wir hier nur einen kleinen Einblick geben. Dabei konzentrieren wir uns auf die Aspekte, die aus unserer Sicht von besonderer Bedeutung für das Mobile App Testing sind.

In unserem privaten App-Gebrauch finden sich Apps, die einsprachig sind, entweder Deutsch oder Englisch. Neben diesen einsprachigen Apps gibt es auch solche, bei denen die Sprache innerhalb der App geändert werden kann. Bei den meisten mehrsprachigen Apps erfolgt die Umstellung jedoch über die Spracheinstellung des Betriebssystems. Stellen wir das Betriebssystem auf Englisch, werden auch die Apps in Englisch dargestellt, da es für die meisten Apps eine englische Version gibt. Der umgekehrte Fall ist im privaten Bereich deutlich häufiger anzutreffen. Trotz der eingestellten Systemsprache »Deutsch« sind viele Apps in Englisch.

Was bedeutet das nun für den Test? Nun zunächst einmal müssen wir als Tester herausfinden, ob und wie eine Lokalisierung geplant ist. Falls eine geplant ist, sollten wir Internationalisierungstests (I18N-Tests) durchführen. Wichtig sind dabei vor allem Formate für Datumsangaben, Zahlen und Währungen sowie Adressformate, zudem natürlich auch einzelne Worte und Texte, die in der App angezeigt werden. Unser Ziel beim Test ist, sicherzustellen, dass in der App keine hart codierten Zeichenketten enthalten sind. Alle Zeichenketten sollten durch Variablen, auch Platzhalter genannt, ersetzt werden, sodass bei der Lokalisierung die Variablen durch sprachspezifische Inhalte ausgetauscht werden können.

Lokalisierungstests (L10N-Tests) umfassen u.a. die Validierungen der Übersetzungen. Dabei ist auch auf die Länge der Wörter bzw. Texte zu achten. Viele Wörter sind beispielsweise im Französischen oder im Deutschen deutlich länger als im Englischen [URL: W3C Internationalisierung]. Auf kleinen Geräten können durch die Übersetzung länger gewordene Zeichenketten zu Problemen führen. Texte passen nicht mehr vollständig in das vorgesehene Feld und laufen daher über die Feldgrenzen hinaus oder werden unvollständig angezeigt. Auch Übersetzungen von Begriffen auf Buttons reichen so manches Mal über die Buttongrenzen hinaus.

Zudem können auch Bilder oder bestimmte Abläufe eine Rolle spielen. Manche Bilder sind nur in bestimmten Regionen verständlich, andere enthalten Text. Manche Abläufe funktionieren nur in bestimmten Ländern bzw. in bestimmten Kulturkreisen. Daher ist auch der kulturelle Kontext des Zielmarktes zu berücksichtigen.

Ein häufig vorkommendes Beispiel ist die Reihenfolge der Elemente eines Datums: JAHR – MONAT – TAG oder TAG – MONAT – JAHR.

Das Datumsformat sollte dem im jeweiligen Zielmarkt gebräuchlichen Format entsprechen.

Abb. 4–5 *Internet-Meme zu Datumsformaten [URL: Meme]*

4.2 Zusätzliche Teststufen und weitere geeignete Testmethoden für mobile Apps

Wir haben im vorangegangenen Abschnitt gezeigt, welche Besonderheiten beim Test von mobilen Apps zu beachten sind und wie wir Begriffe wie Performanztests, Datenbanktests oder Lokalisierungstests im Kontext »Mobile« interpretieren sollten.

Neben den bereits bekannten Testmethoden und Teststufen nach ISTQB® empfehlen wir für den Test mobiler Anwendungen die folgenden drei weiteren Teststufen, die für sich alleine stehend auch als Testmethoden betitelt werden können.

4.2.1 Feldtests

Feldtests gehören unserer Meinung nach mit zu den wichtigsten Testaktivitäten im mobilen Umfeld. Der Nutzer wird die Apps unterwegs nutzen, sei es in der U-Bahn oder im Straßencafé. Er wird die App im Freien oder auch in geschlossenen Räumen mit schlechtem Empfang nutzen. Er wird die App bei gutem oder bei schlechtem Wetter, im Sommer und im Winter verwenden und er wird sie mit einem Finger, das Smartphone in einer Hand haltend, oder mit einer angeschlossenen Bluetooth-Tastatur, das Smartphone vor sich liegend, bedienen. Kurzum: In der Realität werden die Apps auf die verschiedensten Weisen benutzt, die wir nur zum Teil oder manchmal auch gar nicht im Testlabor nachstellen können (vgl. Abb. 2–10).

Hier kommt der Feldtest ins Spiel. Wir nehmen das oder die Smartphones und benutzen die zu untersuchende App »im Feld« so, wie sie auch durch echte Nutzer benutzt werden wird.

So können wir sicherstellen, dass wir verschiedene Netze (WLAN, LTE, UMTS etc.) und deren unterschiedliche Bandbreite für den Test verwenden. Außerdem können wir an Orten mit schlechter Datenrate oder sogar in einem Funkloch mit der zu testenden App arbeiten. Handovers (das Smartphone wechselt die Funkzelle) lassen sich nur sehr schwer und mit sehr großem finanziellem Aufwand im Testlabor nachstellen. Wenn wir eine größere Strecke beispielsweise mit der Bahn oder dem Auto zurücklegen, finden automatisch mehrere Handovers statt, sodass der Test des App-Verhaltens beim Handover kein Problem ist.

Nach unserer Erfahrung funktioniert ein solcher Feldtest am besten in Kombination mit explorativen Tests (vgl. Abschnitt 4.3).

Hat das Team bereits Erfahrungen mit explorativen Tests, kann auf übliche Hilfsmittel wie Testtouren, Checklisten o. Ä. zurückgegriffen werden. Wenn keine Erfahrungen mit explorativen Tests im Team vorhanden sind, können auch User Stories zum Einsatz kommen, um reale Anwendungsfälle abzubilden. Die Nutzung von synthetischen Testszenarien im Feldtest können wir nicht empfehlen, da diese das Risiko beinhalten, dass Probleme der realen Anwendung nicht identifiziert werden. In jedem Fall sollten vorher Durchführungsszenarien überlegt werden, die der Realität nahekommen.

Im Folgenden möchten wir zwei Beispiele aufzeigen:

1. Für eine App für die Skipiste, die Schneehöhen im Skigebiet oder auch das Wetter anzeigt, bietet sich ein Feldtest in der Natur, am besten in einem Skigebiet, an.
2. Für eine Onlinebanking-App bietet sich eine Nutzung z. B. in der U-Bahn an. Dazu fahren wir mit der U-Bahn und versuchen uns von unterwegs aus einzuloggen, den Kontostand abzufragen und eine Überweisung durchzuführen.

Um Feldtests erfolgreich durchführen zu können, müssen wir uns vorher Zeit nehmen und den Feldtest vernünftig planen. Zur Planung gehört u.a.:

- Geräte auswählen
- Geräte vorbereiten
- Gegebenenfalls Mobilfunkkarte einsetzen und Funktion überprüfen
- App(s) vorab auf fast allen Geräten installieren
- Akkus aufladen
- Route auswählen (U-Bahn, Straßenbahn, Bus, Auto, Waldspaziergang u.v.m.)
- Tageszeit bestimmen
- Wetterabhängig planen (Regen, Sonne, Kälte, Sommer, Winter wegen der Handschuhe u.v.m.)

Die Planung von Feldtests sollte sehr früh gestartet werden, da viele Hürden vorhanden sein können. Beispielsweise ist der Versicherungsschutz zu klären, wenn die Tester unterwegs sind und nicht im Testlabor sitzen. Auch die Zustimmung des Betriebsrates oder ähnlicher Organe kann notwendig sein. Zudem wird Budget benötigt, um z.B. Tickets für den öffentlichen Nahverkehr zu kaufen.

Gerade bei großen Organisationen ist es üblich, dass die Testumgebung abgeschirmt ist. In diesem Fall muss geklärt werden, wie mit den Geräten über das öffentliche Internet auf das Backend in der Testumgebung zugegriffen werden kann. Auch die reproduzierbare Dokumentation von gefundenen Auffälligkeiten und wie auf die Testfälle oder Chartas (vgl. Abschnitt 4.3.5) zugegriffen werden kann, ist vorab festzulegen.

Die Ausführung der Feldtests sollte jedoch spät in der Testphase geplant werden. So kann verhindert werden, dass Feldtests viele Auffälligkeiten offenlegen, die auch im Labor gefunden werden könnten. Die späte Ausführung erlaubt somit die Konzentration auf komplexe Probleme, die Anwender bei der realen Nutzung beeinträchtigen.

Feldtests gehören zu den wichtigsten Testaktivitäten im mobilen Umfeld, da sie Tests unter realen Nutzungsbedingungen ermöglichen. Die Testdurchführung ist dabei nicht trivial. Mit einer guten Planung und Wiederverwendung von bereits Vorhandenem, wie Anwenderszenarien oder Chartas, ist ein Feldtest aber sehr effizient und kostengünstig durchführbar. In unseren Projekten konnten mit Feldtests viele kritische Fehler gefunden werden, die sonst echte Anwender getroffen hätten.

4.2.2 Testen der Store-Richtlinien

Bevor eine App in den Stores zum Download bereitgestellt wird, untersuchen die Store-Anbieter die App. Früher wussten wir als Tester gar nicht so genau, was die einzelnen Anbieter untersucht haben. Auf jeden Fall ging und geht es den Anbietern um Qualität, Designrichtlinien und ähnliche Punkte. Damit unsere App also diese letzte Hürde nimmt, untersuchen wir die App auf die Einhaltung der Richtlinien der Anbieter. Dafür bieten sich Checklistentests an.

Die Checklisten sollten unserer Meinung nach die folgenden Punkte beinhalten:

- Für jedes Betriebssystem bzw. jede Betriebssystemversion die jeweiligen Designrichtlinien für die Benutzungsoberfläche
- Richtlinien für die Verwendung der von den Plattformanbietern bereitgestellten Bibliotheken und APIs
- Eventuell Barrierefreiheitsrichtlinien
- Richtlinien zur Security (z.B. OWASP, vgl. Abschnitt 4.1.2)

Der eigentliche Zulassungsprozess kann durch sorgfältige Vorbereitung und Ausführung des Tests normalerweise verkürzt werden. Trotz aller Sorgfalt kann es aber passieren, dass eine Neueinreichung der App nötig wird, weil die Store-Betreiber Verletzungen der Vorgaben feststellen. Beides sollte in der Test- und Projektplanung beachtet werden. Zudem muss berücksichtigt werden, dass die Prüfung durch die Store-Betreiber mehrere Tage bis Wochen dauern kann. Außer einer guten Vorbereitung haben wir keine Möglichkeit, die Dauer zu beeinflussen.

Tests auf die Einhaltung der Store-Richtlinien müssen dabei nicht nur für das initiale Release geplant werden. Auch beim Aktualisieren einer App, die bereits im Store verfügbar ist, sollten diese Tests geplant und ausgeführt werden.

4.2.3 Post-Release-Tests

Fast nichts ist schlimmer als ein unzufriedener Nutzer, dessen Unzufriedenheit auf dem Downloadprozess, der Installation, dem Update oder der ersten Nutzung direkt nach der Installation bzw. dem Update aus dem jeweiligen Store fußt. Häufig sind es genau diese Nutzer, die dann, unserer Meinung nach zu Recht, eine schlechte Bewertung im jeweiligen Store hinterlassen. Diese Bewertung hat Auswirkungen auf andere Nutzer und deren Meinung zu unserer App.

Aus diesem Grund empfehlen wir unbedingt auch Installations- bzw. Updatetests durchzuführen – und zwar direkt aus dem jeweiligen Store, nachdem die App dort veröffentlicht wurde. Gegebenenfalls ist hierfür auch das Budget einzuplanen sowie Zahlungswege bereitzustellen, die genutzt werden können, um die App in den Stores zu kaufen.

Wir können nicht empfehlen, sich allein auf die Installation mithilfe der Entwicklungsplattformen oder weiterer Werkzeuge wie Testflight [URL: Testflight] oder Ähnlichem zu verlassen.

4.3 Warum erfahrungsbasiertes Testen gerade in mobilen Projekten so wertvoll ist

Nach unserer Erfahrung ist es sinnvoll, beim Test von mobilen Apps viele manuelle Tests durchzuführen, um der Komplexität der Gerätevielfalt und deren Funktionen sowie der Bedeutung des Nutzererlebnisses gerecht zu werden. Das haben wir genauer in Abschnitt 4.4.2 beschrieben. Die darin enthaltene umgedrehte Testpyramide von Daniel Knott aus dem Buch »Mobile App Testing« [Knott 2016] zeigt in die gleiche Richtung. Manuelle Tests sind häufig sehr aufwendig und somit teuer, was bei der Projektplanung entsprechend berücksichtigt werden sollte.

Trotz »Mobile First« wird das Mobile App Testing in manchen Projekten eher stiefmütterlich behandelt und leider ans Ende gestellt – alles ist fertig und dann darf auch der Test auf den mobilen Geräten beginnen. Zudem treffen wir immer wieder auf die Aussage, dass die mobile App einen geringeren Funktionsumfang hat als die entsprechende Desktop- oder Webanwendung und daher auch der Testumfang geringer sei. Dies können wir so nicht bestätigen.

Um in einem solchen Fall die Kosten möglichst gering zu halten und effiziente Tests mit guten und aussagekräftigen Ergebnissen ohne viel Planung und spezifizierte Testfälle durchzuführen, können wir erfahrungsbasierte Tests nutzen. Aber auch in Projekten, in denen der Test einen sehr hohen Stellenwert hat, sind erfahrungsbasierte Tests sehr hilfreich. Die gesamte Vielfalt an Punkten, die eine App beeinflussen und in den vorangehenden Kapiteln vorgestellt wurden, über vordefinierte Testfälle abzudecken, würde zu extrem vielen Testfällen führen, und damit dazu, dass der Aufwand zur Erstellung und Wartung der Testfälle den Aufwand für den eigentlichen Test überschreitet.

Sehr bekannte Methoden des erfahrungsbasierten Testens sind Eselsbrücken (Mnemonics) und das explorative Testen. Darüber hinausgehend diskutieren wir Heuristiken und erklären Personas. Außerdem zeigen wir, dass sich all diese Methoden u.a. auch sehr gut für Benutzbarkeitstests und den Feldtest eignen.

Bei all diesen Methoden geht es nicht darum, einfach unkoordiniert darauf los zu testen, sondern darum, mithilfe eines methodischen Vorgehens Fehler zu finden und die durchgeführten Tests wiederholbar bzw. dokumentierbar zu machen.

4.3.1 Personas

Wir setzen in unseren Projekten sehr häufig Personas ein. Personas sind fiktive Personen, die archetypisch für eine bestimmte Zielgruppe stehen Eine Persona ist eine möglichst genau definierte künstliche Person (vgl. Tab. 4–1).

Information	Profil
Name	Christine Maier
Geschlecht	weiblich
Alter	39
Familienstand	geschieden
Monatliches Einkommen	4.532 €
Bildungshintergrund	Master in Science in Angewandter Informatik
Wohnort	Einbeck
Häufig genutzte Apps	Twitter, Xing, WhatsApp, diverse System-Apps wie Mail, Kalender etc., Komoot und Teams
Persönliche Merkmale	Technisch sehr versiert und aufgeschlossen, neugierig, freundlich, intelligent, geht gerne aus

Tab. 4–1 *Vereinfachtes Beispiel für eine Persona*

Haben wir mehrere solche Personas, können wir diese einsetzen und die Tests (erfahrungsbasiert oder auch mit Spezifikation) aus Sicht dieser Personas durchführen. Ähnlich wie ein Schauspieler versuchen wir die Rolle einzunehmen, um aus der Perspektive dieser Person zu testen. Je genauer die Persona beschrieben ist, desto leichter fällt es uns, diese Rolle auszufüllen. Für die praktische Nutzung im Projekt sollten Personas daher ausführlicher definiert werden als in oben stehendem Beispiel. Bei der Nutzung von Personas fallen immer wieder Fehler auf, die ohne den Perspektivwechsel nicht erkannt worden wären.

4.3.2 Eselsbrücken

Eselsbrücken oder auch Merkhilfen helfen uns, an bestimmte Tests zu denken oder bestimmte Tests auf eine bestimmte Art und Weise oder in einer bestimmten Reihenfolge durchzuführen. Im Web gibt es unzählige Eselsbrücken (im Englischen »Mnemonics«) zum Themenbereich Test. Teilweise sind diese sogar auf den Kontext Mobile App Testing angepasst oder explizit für den Test mobiler Apps entworfen worden.

Die Eselsbrücken bestehen meist aus einem oder mehreren echten Worten, wobei jeder Buchstabe für eine Testtechnik, eine Testmethode oder einen Testschwerpunkt steht, den wir auf die zu testende App anwenden können. Dabei werden meist englischen Begriffe verwendet und die Buchstaben stehen jeweils für ein englisches Wort.

Im Folgenden listen wir einige Beispiele für solche Eselsbrücken und die Bedeutung der Buchstaben auf. Die erste Eselsbrücke SFiDPOT stammt von Karen N. Johnson [URL: SFiDPOT], die wiederum die sehr bekannte Eselsbrücke SFDPOT von James Bach[URL: Bach2020][1] für das Mobile Testing adaptiert hat.

- SFiDPOT (von Karen N. Johnson)
    - **Structure** (Strukturen)
      Alle Elemente auf der Oberfläche und deren Aufrufreihenfolge untersuchen.
    - **Function** (Funktionen)
      Die gewünschten Funktionen sind verfügbar und arbeiten gemäß den Anforderungen.
    - **Input** (Eingaben)
      Alle möglichen Eingaben über Tastatur, mithilfe von Sensoren oder mit der Kamera, sind verfügbar und werden wie erwartet verarbeitet.
    - **Data** (Daten)
      Die Daten werden im Festspeicher, auf SD-Speicherkarte oder im Backend gespeichert, sind lesbar, änderbar, erweiterbar und können gelöscht werden, wie in den Anforderungen beschrieben.
    - **Platform** (Plattform)
      Alle spezifischen Betriebssystemfunktionen sind abhängig von den Geräteeinstellungen verfügbar. Außerdem ist genug Speicher zum Herunterladen der App vorhanden.
    - **Operations** (Operationen)
      Alle Standardaktivitäten, wie z.B. das Wechseln zwischen Mobilfunknetzen und WLAN, sind vorhanden und können durchgeführt werden.
    - **Time** (Zeit)
      Die Anzeige von Zeitzonen, Uhrzeit und Datumsangaben und die damit zusammenhängenden Funktionalitäten sind vorhanden.

Die nächste Eselsbrücke, die wir vorstellen wollen, ist I SLICED UP FUN von Jonathan Kohl [URL: Test Mobile Apps]. Sie hilft dabei, sich sehr gut auf die wichtigen Dinge im Mobile App Testing zu fokussieren und wurde speziell für den Test von mobilen Apps entwickelt.

1. **Hinweis:** Die URL in [Bach 2020] führt zum HTSM »Heuristic test strategy model« und nicht direkt zu SFDPOT. SFDPOT beschreibt die »product elements« innerhalb des HTSM.

- I SLICED UP FUN
  - **Inputs** (Eingaben)
    Alle Eingaben in der App werden angenommen und verarbeitet.
  - **Store** (Hersteller-Stores)
    Die Checkliste für den Upload zu den Stores ist im Test berücksichtigt worden.
  - **Location** (Standort)
    Zum einen sind hier I18N- und auch L10N-Tests adressiert. Zusätzlich aber auch Tests, die sich auf den Standort des Nutzers beziehen, sowie auch das App-Verhalten, wenn sich der Standort des Nutzers dynamisch ändert.
  - **Interactions and Interrupts** (Aktionen und Unterbrechungen)
    Aktionen durch den Nutzer innerhalb sowie außerhalb der App und Unterbrechungen durch z.B. Benachrichtigungen wirken auf den eigentlichen Anwendungsfall.
  - **Communication** (Kommunikation)
    Wir untersuchen die Kommunikationen mit dem Backend oder auf dem Smartphone selbst. Bei Audio-Apps gibt es z.B. sogenanntes Inter App Audio [URL: The Garageband Guide]. Aber natürlich kommunizieren auf eine gewisse Art und Weise auch andere Apps untereinander, wenn beispielsweise das Foto aus der Kamera-App heraus mit einer anderen App bearbeitet wird.
  - **Ergonomics** (Ergonomie)
    Wir untersuchen die Ergonomie, ggf. auch in Bezug auf Barrierefreiheit.
  - **Data** (Daten)
    Wir untersuchen den Datenfluss oder auch die Speicherung und Ablage der Daten.
  - **Usability** (Gebrauchstauglichkeit)
    Benutzbarkeitstests werden durchgeführt, ggf. auch in Bezug auf Barrierefreiheit.
  - **Plattform** (Plattform)
    Hier untersuchen wir die Plattformspezifika oder aber führen Browsertests durch.
  - **Function** (Funktion)
    Funktionale Tests müssen wir auch im Mobile App Testing beachten.
  - **User Scenarios** (Nutzerszenarien)
    Test der App unter Verwendung der Abläufe, von denen erwartet wird, dass auch echte Nutzer die App auf diese Weise nutzen.
  - **Network** (Netzwerk)
    Wir untersuchen Handover zwischen GSM-Zellen und zwischen GSM und WLAN. Zudem auch Tests in Bezug auf die Datenübertragung.

Die letzte von uns vorgestellte Eselsbrücke »MOBILE APP TESTING« [Knott 2018] ist die mit Sicherheit am einfachsten merkbare. Daniel Knott hat diese Eselsbrücke vor ein paar Jahren entwickelt. Für ihn hat sie die sehr bewährte »I SLICED UP FUN« ersetzt. Eine umfassende Erklärung zu den einzelnen Punkten können auf der Seite von Ministry of Testing nachgelesen werden. Wir haben wie oben zu jedem Buchstaben der Eselsbrücke eine kurze, beispielhafte Erklärung aufgeführt. Je nach Projekt kann es sinnvoll sein, die Eselsbrücken den eigenen Bedürfnissen anzupassen. Bitte beachte dabei auch die Originalquelle und nutze nicht nur unsere verkürzte Darstellung.

Hinweis: Diese Eselsbrücke ist nicht Bestandteil des Syllabus.

- MOBILE APP TESTING
  - **Mobile Device** (mobiles Gerät)
    Wir testen nicht nur auf Emulatoren und Simulatoren, sondern auch auf dem echten Gerät. Die Auswahl führen wir nach bestimmten Maßstäben durch und orientieren uns dabei an der Zielgruppe.
  - **Orientation** (Orientierung)
    Wechsel der Orientierung (Landscape <> Portrait) hat keine Auswirkungen auf die Funktionalitäten der App und alles wird richtig dargestellt.
  - **Browsers** (Mobile Browser)
    Haben wir es mit einer Web-App zu tun, müssen wir verschiedene Browser im Test nutzen. Bei hybriden Apps müssen wir darauf achten, welcher Browser als Systembrowser zum Einsatz kommt, da dieser auch zur Darstellung der HTML-Inhalte in hybriden Apps genutzt wird.
  - **Interrupts** (Unterbrechungen)
    Aktionen durch den Nutzer innerhalb sowie außerhalb der App und Unterbrechungen seitens des Systems, z.B. durch Benachrichtigungen, wirken auf den eigentlichen Anwendungsfall.
  - **Look** (Aussehen)
    Die App sieht gut aus und findet in ihrer Zielgruppe Zuspruch. Sofern vorhanden, entspricht sie auch dem Corporate Design der Herstellerfirma. Zudem werden die Designvorgaben der Plattformanbieter berücksichtigt.
  - **Energy Consumption** (Energieverbrauch)
    Wir untersuchen den Energieverbrauch der App bei aktiver Nutzung im Vordergrund und passiver Nutzung im Hintergrund.
  - **Automation** (Testautomatisierung)
    Wir untersuchen, welche Teile der App sinnvoll automatisiert getestet werden können.
  - **Performance** (Performanz)
    Wir prüfen die Leistungsfähigkeit, den Ressourcenverbrauch und das Zeitverhalten der App.

- **Personas aka Users** (Personas im Sinne von archetypischem Nutzer, wie in Abschnitt 4.3.1 beschrieben)
  Wir benutzen für die Tests bestimmte Personas und prüfen, wie gut die App auf diese bestimmten Nutzer abgestimmt ist.
- **Time & Date** (Datum und Zeit)
  Die Anzeige von Zeitzonen, Uhrzeit und Datumsangaben und die damit zusammenhängenden Funktionalitäten sind vorhanden.
- **Ergonomics** (Ergonomie)
  Die Ergonomie ist in Ordnung (Teil der Benutzbarkeitstests).
- **Security** (Sicherheit)
  Wir testen die Sicherheit der App.
- **Tracking** (Verfolgung)
  Wir prüfen, ob Tracking nötig ist, den Datenschutzbestimmungen im Zielland entspricht und wie die Zielgruppe mit diesem Tracking umgeht.
- **Inputs** (Eingaben)
  Alle Eingaben in der App werden angenommen und verarbeitet. Plausibilisierungen von Eingaben sind richtig umgesetzt.
- **Network** (Netzwerk)
  Wir untersuchen Handover zwischen GSM-Zellen und zwischen GSM und WLAN. Zudem auch Tests in Bezug auf die Datenübertragung.
- **Guidelines** (Plattformrichtlinien sowie sonstige verpflichtende Vorgaben wie gesetzliche Regelungen)
  Alle spezifischen Betriebssystemfunktionen sind abhängig von den Geräteeinstellungen verfügbar und werden erwartungsgemäß genutzt. Zudem werden rechtliche Vorgaben sowie weitere verpflichtende Vorgaben, wie z. B. Branchenstandards, eingehalten.

4.3.3 Heuristiken

Im Zusammenhang mit dem explorativen Testen, Testtouren oder dem Begriff erfahrungsbasiertes Testen fällt auch immer wieder der Begriff Heuristiken. Generell ist jedes Mnemonic, also jede Eselsbrücke, auch eine Heuristik. Aber nicht jede Heuristik ist als Mnemonic verfügbar.

Generell sind Heuristiken grobe und einfache, aber fehlbare Anleitungen, wie ein Ziel erreicht werden kann. Sie bieten somit Hilfestellung zur Erreichung des Ziels, lassen dabei aber genug Freiraum, um etwas über das Problem zu lernen, und erlauben es daher, den Lösungsweg anhand des Gelernten anzupassen. Im Kontext Softwaretest helfen sie somit, Fehler in der Applikation zu identifizieren, ohne einen exakten Weg vorzugeben, wie diese Fehler gefunden werden können.

Es finden sich sehr viele Beispiele für Heuristiken zu einer Vielzahl von Testaktivitäten im Internet. Im Zusammenhang mit der Benutzbarkeit und den dazugehörigen Tests hat Jakob Nielsen in einem Artikel ein paar sehr gute Heuristiken veröffentlicht [URL: Usability Heuristics]. Exemplarisch möchten wir an dieser Stelle, die im Artikel an achter Stelle genannte Heuristik herausgreifen:

> Ästhetik und minimalistisches Design (Aesthetic and minimalist design): Dialoge oder Nachrichten sollen kurz gehalten und irrelevante Information für den Nutzer müssen vermieden werden.

Gerade im mobilen Bereich erachten wir diese Heuristik als besonders wertvoll.

4.3.4 Testtouren für mobile Apps

Wir benutzen sehr häufig Testtouren in explorativen Tests. Testtouren sind gut einzusetzen, einfach zu verstehen und sehr effizient. In Verbindung mit dem Session Based Testing (vgl. Abschnitt 4.3.5) haben sie in vielen von unseren Projekten einen wertvollen Beitrag geleistet. Insbesondere in kritischen Phasen, wenn nur wenig Zeit zum Testen verfügbar war oder die weiteren Tester wenig Erfahrungen im explorativen Testen hatten. Sie helfen dabei, die App aus einem bestimmten Blickwinkel zu betrachten und sich auf bestimmte Aspekte zu konzentrieren. Außerdem helfen sie immer dann, wenn einzelne Testbeteiligte noch nicht so viel mit der App zu tun hatten oder zum Beispiel die fachlichen Hintergründe nicht kennen. Mithilfe von Testtouren können neue Kollegen im Team die App zunächst einmal erkunden und bestimmte Funktionen oder Bereiche der App kennenlernen und ausprobieren. Auch für Feldtests oder Crowd Testing können Testtouren gut eingesetzt werden. Es gibt fast für alles eine entsprechende Testtour. Egal, vor welcher Herausforderung das Projekt im Test steht, meistens findet sich im Web dafür eine passende Testtour.

Im Folgendem sind einige Beispiele für Testtouren mit Bezug zum Mobile App Testing aufgeführt. Die ersten Touren basieren alle auf der Idee »Städtereise durch einen Touristen«. Dabei führt die Tour, die Stadtbesichtigung, durch bestimmte Stadtteile mit bestimmten Sehenswürdigkeiten:

- **Tour der historischen Altstadt**
  Wir beschäftigen uns mit dem Legacy-Code der App: Welche Funktionalitäten stammen aus früheren Releases? Welche Bereiche im Backend stammen vielleicht sogar noch aus der Zeit vor der App?
- **Tour durch das Geschäftsviertel**
  Wir untersuchen die Geschäftslogik der App.
- **Rush-Hour-Tour**
  Vergleichbar wie im Berufsverkehr morgens und abends Lastspitzen entstehen, haben manche Apps einen oder mehrere Spitzen in Bezug auf die gleichzeitig auf das Backend zugreifenden Nutzer. Zu diesen Zeiten untersuchen wir die Performanz der App und schauen uns das Backend genauer an.

- **Tour durch das Touristenviertel**
  Die Teile der App, die von neuen Nutzern benutzt werden, sowie die Teile der App mit Glamour, Spaß und Action.
- **Tour durch das Hotelviertel**
  Hier untersuchen wir Nachtläufe. In unserem Praxisbeispiel der Onlinebanking-App würde das die Nachtläufe im Backend der Bank betreffen. Dazu gehören zum Beispiel die tagsüber geschriebenen Briefe, die nun verarbeitet und verschickt werden.

  Im Zusammenhang mit dem Mobile App Testing hat das Hotelviertel eine weitere, gänzlich andere Analogie. Wir untersuchen die Teile der App, die im Schlafmodus aktiv sind bzw. dann aktiv sind, wenn die App im Hintergrund läuft.

Die Beispiele zeigen auf, wie mächtig solche Touren sein können. Mit dem sehr einfachen Beispiel der Touristenmetapher lassen sich viele wichtige Aspekte der App untersuchen und alle Beteiligten verstehen sehr schnell, um was es bei der jeweiligen Tour geht. Weitere Beispiele für Testtouren für das Mobile App Testing sind:

- **Supermodell-Tour**
  Wir untersuchen das Aussehen der App und achten dabei auch auf bestimmte Vorgaben durch die Stores (analog zu einem Modell-Wettbewerb der Modeindustrie). Wie ist das äußere Erscheinungsbild? Wir nutzen diese Tour häufig, damit neue Kollegen im Team die App kennenlernen können.
- **Die Sehenswürdigkeiten-Tour**
  Hierbei untersuchen wir die wichtigsten Funktionen der App oder die Kernfunktionalität.
- **Sabotage-Tour**
  Wir untersuchen die App auf ihre Robustheit hin. Dabei versuchen wir so viele Stellen kaputt zu machen wie nur irgendwie geht.
- **Feature-Tour**
  Wir untersuchen die einzelnen Features der App. Dabei achten wir nicht auf das Aussehen. Hier geht es nur um die Features an sich. Eine Abwandlung der Feature-Tour könnte auch sein, sich nur die neuen Features der kommenden Releases anzusehen.
- **Szenario-Tour**
  Wir untersuchen den gesamten Bedienungsablauf in der App in Kombination mit Nutzungsszenarien. Diese Szenarien können aus dem Requirements Engineering stammen. Sind keine Szenarien vorhanden, können an dieser Stelle auch Anwendungsfälle genutzt werden.
- **Netz-Tour**
  Wir untersuchen die App in Bezug auf die verwendeten Verbindungen (WLAN, GSM) oder den Wechsel von einem zum nächsten Netz. Auch ein Wechsel zwischen einzelnen Zellen innerhalb eines Netzes sollte hier berücksichtigt werden.

- **Standort-Tour**
  Wir untersuchen die Sprache, das Datumsformat, die verwendeten Zahlen und sonstige sprach- bzw. regionalspezifische Inhalte. Zudem auch die automatischen Änderungen in der App durch einen örtlichen Wechsel.
- **Licht-Tour**
  Wir untersuchen die Darstellung innerhalb der App bei unterschiedlichen Lichtverhältnissen wie Dunkelheit, im Freien bei Sonnenschein oder bei Kunstlicht wie im Büro.
- **Batterie-Tour**
  Wir untersuchen die App bei schwachem Akku (Stromsparmodus) oder auch beim automatischen Ausschalten des Gerätes aufgrund von einem leeren Akku. Wir stellen uns u.a. die folgende Frage: Was passiert dann mit den Daten, die in der App gerade verwendet wurden?

Der Lehrplan listet weitere Testtouren auf und bezieht sich dabei auf das Buch »Tap into mobile application testing« von Jonathan Kohl [Kohl 2017; URL: Mobile Testing Book], das bereits bei den Eselsbrücken referenziert wird. Die folgenden Touren werden vorgeschlagen:

- **Gesten-Tour**
  Verwendung aller Gesten (wo immer möglich)
- **Ausrichtungs-Tour**
  Änderung der Ausrichtung in jeder Maske
- **Sinneswandel-Tour**
  Zurück-Button oder Zurück-Gesten
- **Bewegungs-Tour**
  Verschiedene Bewegungen mit dem Gerät ausführen, die die Sensorik des Gerätes beeinflussen
- **Standort-Tour**
  Sich umherbewegen bzw. zwischen Standorten wechseln
- **Verbindungsfähigkeiten-Tour**
  Die Verbindungsmethoden
- **Vergleichs-Tour**
  Vergleich mit anderen Gerätetypen oder Apps
- **Konsistenz-Tour**
  Überprüfung der Konsistenz von Bildschirmmasken bzw. grafischer Benutzungsoberfläche (GUI)

4.3.5 Session Based Testing (SBT)

Das Session Based Testing (SBT), so manches Mal hören wir auch den deutschen Begriff »Sitzungsbasiertes Testen«, ist eine einfache Möglichkeit, explorative und andere erfahrungsbasierte Tests zu planen und zu managen. Daher kommt es in erster Linie bei erfahrungsbasierten Testmethoden zur Anwendung. Das »M« steht für Management. Vollständig ausgesprochen heißt der Begriff: »Session Based Test Management«. Im Projektalltag wird jedoch meist der Begriff »Session Based Testing« verwendet. Grundlage dabei ist, dass für jede Session ein fester Zeitrahmen (Timebox) definiert wird, in dem der Fokus auf einem bestimmten Testziel liegt. Beispielsweise könnten wir ein Mnemonic wie »MOBILE APP TESTING« nutzen und für jeden Buchstaben eine Session von 30 Minuten planen. Die erste Session von 30 Minuten fokussiert somit auf den Test der Kompatibilität mit Geräten. In einer solchen Session würden wir die App auf möglichst vielen unterschiedlichen Geräten installieren und prüfen, ob es bei der Nutzung zu Auffälligkeiten kommt.

Die zweite Session von 30 Minuten konzentriert sich auf die Orientierung. In dieser Session würden wir auf jeder Maske mehrfach zwischen Portrait- und Landscape-Format wechseln, um Auffälligkeiten in Bezug zur Geräteorientierung zu finden. Auf diese Weise würden wir mit den weiteren Sessions fortfahren.

Wichtig ist, dass vor Beginn einer Session alle vorbereitenden Arbeiten abgeschlossen sind, sodass sich der Tester innerhalb der Session auf die Testausführung konzentrieren kann. Häufig handhaben wir es sogar so, dass wir uns während der Session nur Notizen machen und gefundene Fehler erst im Nachgang als reproduzierbares Szenario dokumentieren. Nach der Session gibt es meist ein Debriefing, in dem die gefundenen Auffälligkeiten bzw. die gefundenen Fehler besprochen werden. Außerdem benutzen wir ein solches Debriefing häufig für die Entscheidung, welche explorativen Tests in definierte Tests mit Spezifikation und eine eventuell nachgelagerte Automatisierung überführt werden sollen. Abbildung 4–6 zeigt den Prozess des SBTM.

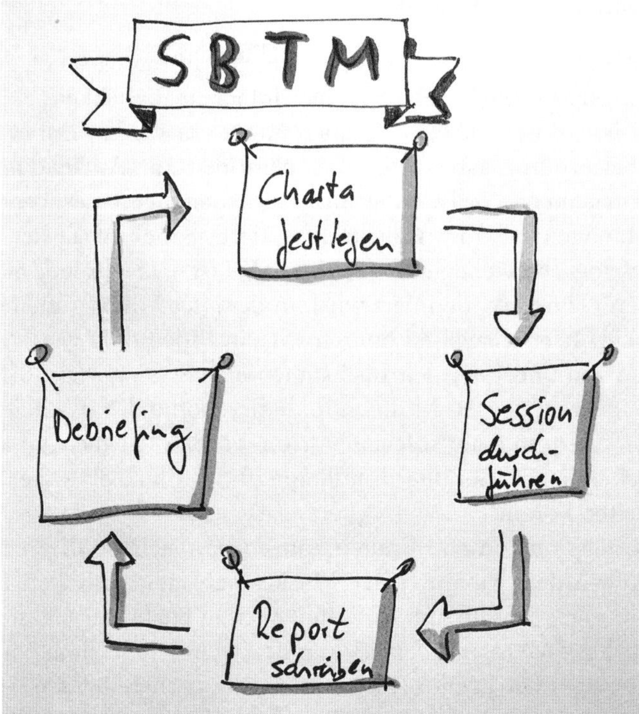

Abb. 4–6 *Prozess des Session Base Test Management*

Um im Debriefing keine wichtigen Punkte zu vergessen, halten wir uns in unseren Projekten meist an die Eselsbrücke »PROOF« und stellen die folgenden Fragen:

- **Past** (Vergangenheit)
  Was geschah während der Session?
- **Results** (Ergebnisse)
  Welche Ergebnisse gibt es?
- **Outlook** (Ausblick)
  Was könnten wir in Zukunft mehr oder anders machen?
- **Obstacles** (Hindernisse)
  Welche Hindernisse gab es während der Session?
- **Feelings** (Gefühl)
  Wie habe ich mich in der Session gefühlt?

Für die eigentliche Testdurchführung benutzen wir Chartas. Eine Charta enthält vor allem die Testidee bzw. das Testziel, meist in einer Testmission beschrieben. Tabelle 4–2 enthält beispielhaft eine generische Charta. Eine ausgefüllte Testcharta für das Praxisbeispiel Noten-App (vgl. Praxisbeispiel 2–5) findet sich in der Lösung zur Übung am Ende des Kapitels.

Testmission	Beschreibung der Testidee oder des Testziels
Akteur	Vorgesehener Nutzer der App
Referenz	Spezifikationen, Manual, Hilfeseiten
Priorität	Aufgrund zugehöriger Story oder Risiken
Vorbedingungen	Voraussetzungen zu Beginn der Testdurchführung
Daten	Jegliche zur Durchführung benötigten Daten
Aktivitäten	Ideenliste zu den Tätigkeiten und Tests (Positiv- und Negativtests)
Orakel-Notizen	Hilfen für die Bewertung der Ergebnisse, z.B. eine zweite App der Konkurrenz, die das Gleiche tut
Variationen	Variationen der Testidee

Tab. 4–2 *Beispiel Testcharta*

In unseren Projekten sammeln wir diese Chartas, sodass wir in zukünftigen Sessions diese Charta erneut benutzen können. Im Laufe der Zeit sammeln sich somit viele verschiedene Testideen an, die immer wieder genutzt werden können. In großen Projekten speichern wir solche Chartas in Dokumentationswerkzeugen oder legen sie in Verzeichnissen ab, auf die alle Projektbeteiligten Zugriff haben. Je nach Projekt befüllen wir weitere Felder im Dokumentationswerkzeug mit Daten über die Dauer der Sessions, die Anzahl der Durchführungen bestimmter Chartas, der Anzahl gefundener Auffälligkeiten oder/und Fehler und vieles mehr. Mit diesen Daten lassen sich später dann auch Statistiken erstellen, die für das Projekt sehr wertvoll sein können. Außerdem können sie für Organisationen wie die FDA (Food and Drug Administration) aus den USA oder den deutschen TÜV als Nachweis benutzt werden, bestimmte Tests durchgeführt zu haben.

Weitere Informationen zu erfahrungsbasierten Testmethoden sind im Buch »Explore It! – Wie Softwareentwickler und Tester mit explorativem Testen Risiken reduzieren und Fehler aufdecken« von Elisabeth Hendrickson [Hendrickson 2014] beschrieben.

4.4 Der mobile Testprozess

Der mobile Testprozess unterscheidet sich kaum vom »normalen« Testprozess. Alle Hauptaktivitäten, wie wir sie aus dem ISTQB® CTFL kennen, sind auch Bestandteil des mobilen Testprozesses. Aus unserer Sicht ist das Testen von mobilen Applikationen allerdings etwas Besonderes. Daher möchten wir auf diese Besonderheiten in Bezug auf den Testprozess eingehen.

Häufig sind mobile Projekte agil unterwegs und allein der Begriff Testprozess kann problematisch sein. Viele der in Tabelle 4–3 aufgeführten Aktivitäten beschreiben wir an anderer Stelle im Buch ausführlich und verzichten hier auf detaillierte Erklärungen.

Hauptaktivität im Testprozess	Besonderheiten Mobile App Testing
Testplanung	■ Geräte für die Tests auswählen ■ Emulatoren und Simulatoren als Teil der Testumgebung verwenden ■ Besondere Herausforderungen, wie Gerätevielfalt, In-App-Käufe und anderes beachten ■ Testarten für die zu testende App auswählen, die speziell für das Mobile App Testing ausgelegt sind ■ Weitere Teststufen und dafür notwendige Regularien und Ressourcen berücksichtigen, z.B. Versicherungsschutz beim Feldtest
Testanalyse und Entwurf	■ Tests für das Store-Review ■ Feldtests ■ Gerätekompatibilitätstests ■ Benutzbarkeitstests ■ Weitere Testarten, die speziell für das Mobile App Testing ausgelegt sind ■ Post-Release-Tests
Testrealisierung und Testausführung	■ Feldtests ■ Post-Release-Tests ■ Erfahrungsbasierte Tests ■ Test auf Einhaltung der Plattformrichtlinien sowie Vorgaben der Stores
Testbericht	■ Berücksichtigung der genutzten Geräte und Betriebssystemversionen

Tab. 4–3 *Auswirkungen des Mobile App Testing auf Testaktivitäten*

4.4.1 Das mobile Testkonzept

Wie schon beim mobilen Testprozess werden wir auch in diesem Abschnitt zum mobilen Testkonzept lediglich auf die mobilen Spezifika eingehen.

Nach unserer Erfahrung gibt es in den meisten Firmen eine globale Teststrategie, ein unternehmensweites Testhandbuch und ein projektspezifisches Testkonzept. In manchen Firmen gibt es in diesen Dokumenten auch Bereiche, die auf Mobile App Testing abzielen. Abbildung 4–7 zeigt den Zusammenhang zwischen den genannten Dokumenten.

Abb. 4–7 *Zusammenhang zwischen Teststrategie, Testhandbuch und Testkonzept*

Wir müssen also folglich nur die Besonderheiten des Mobile App Testing an entsprechender Stelle in den genannten Dokumenten einfügen oder aber ein kurzes »mobiles Testkonzept« erstellen, das als zusätzliches Dokument neben den anderen gilt. Sollten überhaupt keine Testvorgehensweisen dokumentiert sein, sollten wir in unserem Projekt zumindest ein mobiles Testkonzept erstellen und darin die wesentlichen Punkte in Bezug auf Mobile und unser Projekt festhalten. Die folgenden Spezifika müssen im mobilen Kontext beachtet werden:

Entwickler und Tester arbeiten zusammen

Mobile App Testing umfasst Aktivitäten, die von Entwicklern und Testern durchgeführt werden müssen. Wir Tester decken Fehlerwirkungen auf. Die Behebung der Fehlerursache erfolgt durch die Entwickler. Weitere Aktivitäten der Entwickler können z.B. das Unit Testing sein. Die Tester führen z.B. GUI-Tests durch.

Die Testtiefe

Je Teststufe (vgl. Abb. 4–8), also für Komponententests, Integrationstests, Systemtests, Feldtests, Store-Zulassungstests, Benutzerabnahmetests und Post-Release-Tests, muss die Testtiefe bestimmt werden.

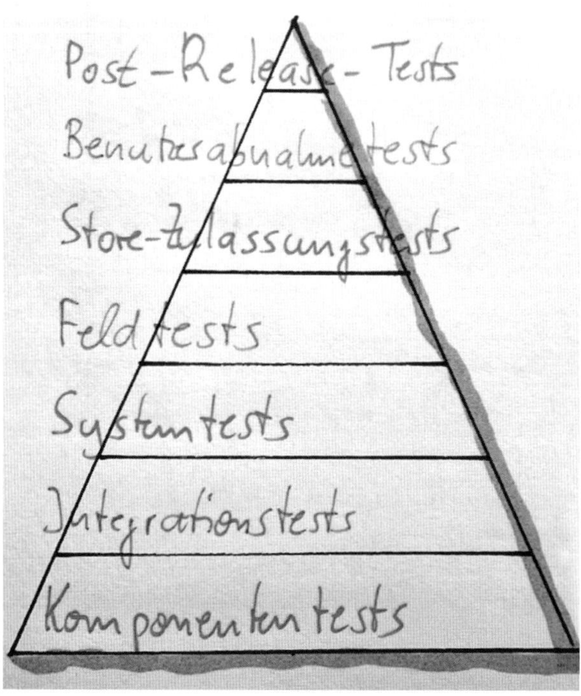

Abb. 4–8 *Testpyramide mit zusätzlichen mobilspezifischen Teststufen*

Die Testtiefe ist dabei abhängig von der Architektur, der Komplexität der App und der Zielgruppe. Ferner spielt die Qualitätspolitik des App-Herstellers eine wichtige Rolle. Wir zeigen in Tabelle 4–4 beispielhaft die Testtiefe für den Regressionstest anhand der Praxisbeispiele 2–3 und 2–4 zu einer Onlinebanking-App auf.

Teststufe	Testtiefe
Komponententests	Die Entwicklungsabteilung führt mit den Entwicklungsumgebungen und den dazugehörigen Tools Unit Tests durch. Es darf nur gemergt werden, sofern alle Unit Tests fehlerfrei sind. Die Tests finden auf Simulatoren, Emulatoren und ggf. auf echten Geräten statt.
Integrationstests	Die Entwicklungsabteilung führt mit den Entwicklungsumgebungen und den dazugehörigen Tools Integrationstests durch. Es darf nur gemergt werden, sofern alle Integrationstests fehlerfrei sind. Die Tests finden auf Simulatoren, Emulatoren und ggf. auf echten Geräten statt.

→

Teststufe	Testtiefe
Systemtests	Wir konzentrieren uns auf die mobilspezifischen Punkte. Wir führen manuell die fünf wichtigsten Anwendungsfälle auf den zehn meistbenutzten Geräten unserer Zielgruppe durch. Für eine höhere Geräteabdeckung führen wir die automatisierten Testfälle auf weiteren 40 Geräten durch. Dabei kommen die ermittelten wichtigen Geräte zum Einsatz (vgl. Geräteliste in der Übung, Abschnitt 2.5) Außerdem prüfen wir alle neuen Fehlermeldungen manuell auf eine korrekte Anzeige. Je Betriebssystem (Android, iOS) auf einem Gerät mit großem und einem mit kleinem Bildschirm (Darstellungsfehler aufgrund der Länge der Fehlermeldung sollten nicht vorkommen). Die bereits vorhandenen Fehlermeldungen wurden bereits initial beim ersten Release der App geprüft. Wir veranstalten vor jedem Major Release ein Bug Hunting innerhalb der Firma. Dabei achten wir darauf, dass die Testteams immer wieder anders besetzt werden. Im Bug Hunting wird explorativ mit verschiedenen Testtouren auf bis zu 50 der meistbenutzten Geräte unserer Zielgruppe getestet. Diese werden von der Testabteilung bereitgestellt und für den Test vorbereitet. Außerdem können die Tester auch ihre eigenen Geräte benutzen.
Feldtests	Typische Anwendungsfälle der Nutzer müssen in jedem Major Release als Feldtest durchgeführt werden. Dazu benutzen wir die zehn meistbenutzten Geräte unserer Zielgruppe. Mit diesen besuchen wir typische Aufenthaltsorte der Nutzer. An diesen Orten und den Wegen dazwischen testen wir die App.
Store-Zulassungstests	Da eine erneute Prüfung durch die Hersteller sehr viel Zeit in Anspruch nehmen kann und sich dadurch unser Release verzögern würde, müssen wir sicherstellen, dass unsere Checkliste bezüglich des Store-Reviews stets aktuell ist, und außerdem vor jeder Einreichung beim Hersteller die Checkliste durchgehen. Dabei prüfen wir, dass die Anforderungen der Hersteller durch unsere App erfüllt werden.
Benutzerabnahmetests	Wird vom Abnahmeverantwortlichen selbst gestaltet. Erfahrungsgemäß prüft dieser mit wenigen Geräten manuell.
Post-Release-Tests	Heutzutage können Konten relativ schnell gewechselt werden. Gefällt dem Nutzer die App nicht, wechselt er sicherlich schneller die Bank, als wenn die App zu seiner vollsten Zufriedenheit funktioniert. Zu dieser Zufriedenheit zählt, dass ein Update nicht negativ auffällt. Wir müssen folglich sicherstellen, dass nach einer neuen Veröffentlichung fehlerfrei ein Update durchzuführen ist. Dazu benutzen wir die zehn meistbenutzten Geräte unserer Zielgruppe und führen automatisierte Tests für die Standardanwendungsfälle durch.

Tab. 4–4 *Beispielhafte Darstellung der Testtiefe*

Testwerkzeuge für die jeweilige Teststufe

Es gibt je Teststufe unzählige Werkzeuge. Es ist wichtig, einige Werkzeuge zu kennen, zu verstehen und zu wissen, wie die Werkzeuge benutzt werden können. Je weiter unten wir uns in der Testpyramide befinden, desto mehr Werkzeuge werden eingesetzt (vgl. Abb. 4–8). Tabelle 4–5 zeigt beispielhaft, welche Werkzeuge auf welcher Teststufe eingesetzt werden können, und erklärt, wie diese funktionieren. Die Tabelle ist nicht vollständig und enthält nur Werkzeuge, die wir bereits in dem einen oder dem anderen Projekt gesehen und benutzt haben. Wir verzichten innerhalb der Tabelle auf Fußnoten und Links – siehe dazu die Bonusübung am Ende des Kapitels.

Teststufe	Mögliche Werkzeuge
Komponententests	Für iOS kommt XCTest in Xcode zum Einsatz. Das Tool hat sich in zahlreichen Projekten bewährt. Für Android JUnit oder vergleichbare etablierte Testframeworks sowie der Profiler in Android Studio. Fehlende Komponenten, die die zu testende Komponente aufrufen oder von dieser aufgerufen werden, müssen dabei mit Stubs oder Drivern ersetzt werden. Derzeit wird dazu gerne das Framework Mockito genutzt. Sowohl für iOS als auch Android gilt, dass die Tests im Simulator, Emulator oder auf einem echten Gerät durchgeführt werden können. Meist entscheidet hier die Geschwindigkeit der Testdurchführung, ob echte oder virtuelle Geräte genutzt werden.
Integrationstests	Für iOS kommt wieder XCTest in Xcode zum Einsatz. Das Tool hat sich in zahlreichen Projekten bewährt. Für Android der Profiler innerhalb von Android Studio. Sowohl für iOS als auch Android gilt, dass die Tests im Simulator, Emulator oder auf einem echten Gerät durchgeführt werden können. Meist entscheidet hier die Geschwindigkeit der Testdurchführung, ob echte oder virtuelle Geräte genutzt werden.
Systemtests	Für iOS sind es Appium, Eggplant, Perfecto Mobile, Ranorex, XCTest u.v.a. Wir haben alle genannten Tools bereits erfolgreich in Projekten gesehen. Für Android können die genannten Werkzeuge, mit Ausnahme von XCTest, ebenfalls eingesetzt werden. Zusätzlich stehen Espresso und UI-Automator zur Verfügung. Alle Unterschiede sowie Vor- und Nachteile der genannten Werkzeuge aufzuführen, würde den Rahmen dieses Buches sprengen. Zudem sollten diese im Kontext des jeweiligen Projektes betrachtet werden. Neben dem Budget und dem im Team vorhandenen Know-how können viele andere Faktoren zur Auswahl des Werkzeuges relevant sein. Wir empfehlen in jedem Fall, eine ausführliche Evaluierung der Werkzeuge durchzuführen (vgl. Abschnitt 6.3). Diese ist aufwendig und nimmt Ressourcen in Anspruch. Dafür ist der ROI (Return of Investment) dieser Maßnahme sehr hoch.
Feldtests	Feldtests werden normalerweise manuell durchgeführt. Ganz selten kommen aber auch automatisierte Tests zum Einsatz. Bei Twitter wurde vor einiger Zeit ein Foto geteilt, auf dem viele verschiedene Geräte im ICE aufgebaut waren und darauf automatisierte Tests liefen – vermutlich im Zusammenhang mit der Verbindungsqualität. In einem solchen Fall kommen die gleichen Werkzeuge zum Einsatz, wie sie beim Systemtest aufgeführt werden.
Store-Zulassungstests	Je nachdem, wie die eigene Checkliste in Bezug auf diese Teststufe aussieht, können unter Umständen auch Werkzeuge eingesetzt werden. In unseren Projekten erfolgten die Tests auf dieser Stufe manuell.
Benutzerabnahmetests	Abnahmetests durch Benutzer werden in der Regel manuell durchgeführt. Daher kommen nur wenige Werkzeuge zum Einsatz.
Post-Release-Tests	Die Tests erfolgen in erster Linie manuell. Teilweise kommen auch die gleichen Werkzeuge zum Einsatz, wie sie beim Systemtest aufgeführt werden.

Tab. 4–5 *Werkzeuge je Teststufe*

4.4.2 Die umgedrehte Testpyramide

Nach unserer Erfahrung und auch nach Aussagen von anderen, sehr geschätzten Kollegen, ist es im mobilen Umfeld sinnvoll, viele manuelle Tests durchzuführen.

Zum einen sind diese häufig billiger, als Testautomatisierungsskripte für sehr viele verschiedene Geräte zu erstellen und zu warten.

Natürlich könnten wir mithilfe von Cloud-Anbietern wie Perfecto Mobile auf vielen verschiedenen Geräten testen, dafür muss aber grundsätzlich die Entscheidung für Testen in der Cloud getroffen worden sein. Außerdem lassen sich auch die Cloud-Anbieter solche Tests gut bezahlen.

Komplexe Automatisierungsskripte erfordern einen hohen Wartungsaufwand. Unserer Erfahrung nach müssen Automatisierungsvorhaben als echte Entwicklungsprojekte innerhalb des Projektes betrachtet werden. Demzufolge ist dieses Vorhaben nicht billig!

Zum anderen lassen sich manche Tests nur sehr schwer oder gar nicht automatisieren und müssen manuell durchgeführt werden. Ein manueller Test hat außerdem den Vorteil, dass das echte Nutzererlebnis vom Tester begutachtet werden kann.

Normalerweise gilt für die meisten Testpyramiden, dass auf den unteren Teststufen viele Tests und auf den höheren Teststufen weniger Tests durchgeführt werden. Die Breite der Stufe symbolisiert sozusagen die Anzahl der Tests. Das ist im Bereich Mobile unserer Meinung nach anders. Natürlich werden in mobilen Projekten auch Unit Tests und Integrationstests durchgeführt, aber eben meist nicht so viel wie in anderen Projekten. Abbildung 4–9 veranschaulicht diese Überlegungen.

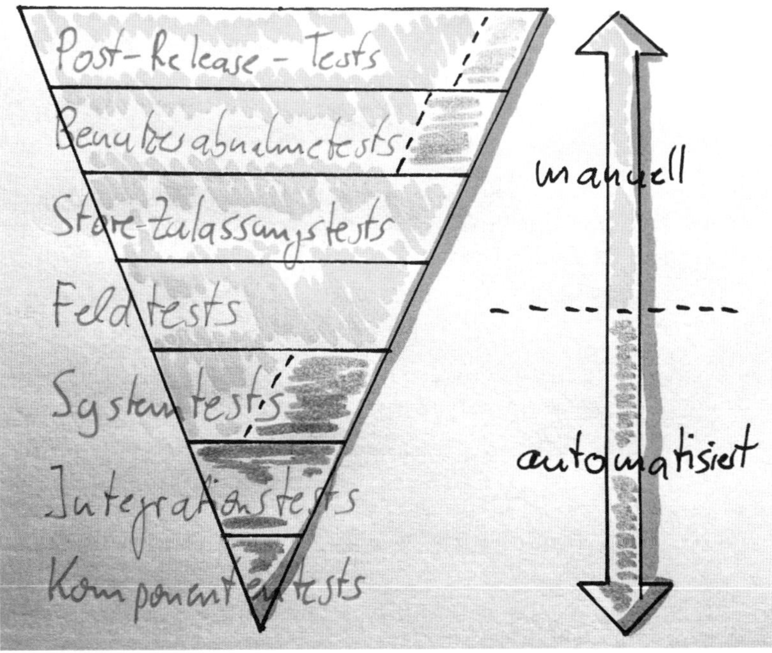

Abb. 4–9 *Umgedrehte Testpyramide, wie sie in vielen Mobile-App-Projekten zum Einsatz kommt.*

Für weitere Informationen siehe dazu auch das Kapitel »Die umgedrehte Testpyramide« in [Knott 2016].

4.5 Übung: Übliche Testarten angewendet für mobile Apps

Es folgt eine Übung zur Auswahl einer Tour, einer Merkhilfe oder einer Heuristik zum Testen von mobilen Applikationen im Rahmen des Session Based Test Management.

Szenario

Wir haben in unserem Projekt Noten-App (App zum Erlernen eines Instruments, vgl. Praxisbeispiel 2–5) beschlossen, Session Based Test Management (SBTM) zu verwenden. Du hast dich bereit erklärt, die Vorbereitungen durchzuführen. Für verschiedene Testmissionen bezüglich der Gebrauchstauglichkeit sollst du Testchartas für die Kollegen bereitstellen. Der Projektleiter möchte, dass du drei Testchartas erstellst. Für die erste Charta soll eine Testtour, für die zweite eine Heuristik und für die dritte eine Merkhilfe als zentrale Testidee verwendet werden.

Aufgabe 1

Erstelle eine Testcharta mit Testtour als zentraler Testidee. Beschreibe die Testtour mit deinen eigenen Worten und beziehe dich dabei auf die Noten-App. Verwende die generische Tabelle 4–2 als Vorlage für die Testcharta.

Aufgabe 2

Erstelle eine Testcharta mit einer mobilen Heuristik als zentraler Testidee. Beschreibe die Testmission mithilfe der ausgewählten Heuristik und beziehe dich dabei auf die Noten-App. Verwende die generische Tabelle 4–2 als Vorlage für die Testcharta.

Aufgabe 3

Erstelle eine Testcharta mit einer mobilen Merkhilfe als zentraler Testidee. Beziehe die einzelnen Unterpunkte der ausgewählten Merkhilfe auf die Noten-App. Verwende die generische Tabelle 4–2 als Vorlage für die Testcharta.

Aufgabe 4

Bereite das Briefing für die Kollegen vor und mache dir in Stichpunkten darüber Gedanken, was du ihnen vor den eigentlichen Sessions mitteilen musst.

Beispiellösung Aufgabe 1

Supermodell-Tour	
Testmission	Untersuche das Aussehen der Noten-App mithilfe der Supermodell-Tour (auch bezüglich des Corporate Designs). Vergleiche das Aussehen im Groben auch mit dem Aussehen einer App der Konkurrenz.
Akteur	Standardnutzer, kennt die App bereits
Referenz	App der Konkurrenz
Priorität	Aufgrund der Wichtigkeit des Nutzererlebnisses »hoch«
Vorbedingungen	Neueste App installiert
Daten	Login
Aktivitäten	Alle Masken besuchen und beurteilen, auf Konsistenz prüfen
Orakel-Notizen	Persönliche Erfahrung (ja – Aussehen ist Geschmackssache ...), App der Konkurrenz
Variationen	keine

Tab. 4–6 *Testcharta Supermodell-Tour*

Gesten-Tour	
Testmission	Untersuche die Notenansicht der App mithilfe der Gesten-Tour. Funktioniert das Umblättern mit der »Wisch«-Geste konsistent?
Akteur	Standardnutzer, kennt die App bereits
Referenz	keine
Priorität	Aufgrund der Wichtigkeit des Nutzererlebnisses »sehr hoch«, zentrale Funktionalität
Vorbedingungen	Neueste App installiert, Notenblätter eingespielt
Daten	Login, mind. eine Partitur
Aktivitäten	Umblättern der Noten durch Wischen, vor und zurück, leicht schräg wischen
Orakel-Notizen	keine
Variationen	keine

Tab. 4–7 *Testcharta Gesten-Tour*

Beispiellösung Aufgabe 2

Ästhetik und Design	
Testmission	Verwende die Heuristik »Ästhetik und minimalistisches Design« und achte insbesondere auf alle Meldungen, die während des »Spielens« eines Instruments auftauchen können. Dialoge oder Nachrichten müssen hier unbedingt sehr kurz gehalten oder gar unterdrückt werden.
Akteur	Standardnutzer, kennt die App bereits
Referenz	keine
Priorität	Aufgrund der Wichtigkeit dieser zentralen Funktionalität »sehr hoch«
Vorbedingungen	Neueste App installiert, Tester kann Instrument spielen, extra Raum, damit andere Tester nicht gestört werden
Daten	Login, Gerät mit Mikrofon
Aktivitäten	Ein Instrument spielen, absichtlich falsch spielen
Orakel-Notizen	App muss Richtigkeit und Falschheit des Spiels erkennen, Meldungen für z.B. zu schnelles Spielen müssen sich »schön« in die App einbetten und dürfen das Spielen nicht stören.
Variationen	Schnelles Spiel, langsames Spiel, lautes Spiel, leises Spiel, Spiel mit Hintergrundgeräuschen

Tab. 4–8 *Testcharta Ästhetik und Design*

PAOLO	
Testmission	Untersuche mit der spezifischen mobilen Heuristik PAOLO (Portrait, Audio, Objects, Landscape, Overlay) von Maik Nogens [URL: PAOLO] die Noten-App und dort insbesondere die Notenansicht bezüglich der Formate Portrait und Landscape, achte dabei auf Überlappungen der einzelnen Objekte. Untersuche auch die Audioein- und -ausgaben.
Akteur	Standardnutzer, kennt die App bereits
Referenz	Webseite mit PAOLO
Priorität	mittel
Vorbedingungen	Neueste App installiert, Tester kann Instrument spielen, extra Raum vorhanden, damit andere Tester nicht gestört werden
Daten	Login, Gerät mit Mikrofon
Aktivitäten	Siehe Webseite PAOLO
Orakel-Notizen	Persönliche Erfahrung
Variationen	keine

Tab. 4–9 *Testcharta PAOLO*

Beispiellösung Aufgabe 3

MOBILE APP TESTING	
Testmission	Nutze die Merkhilfe »MOBILE APP TESTING« und hier die Buchstaben »O« für Orientierung und »L« für das Look & Feel, um die App bezüglich der Gebrauchstauglichkeit zu untersuchen. Achte dabei insbesondere auf das Aussehen der verschiedenen Notenblätter in der Portrait- und in der Landscape-Darstellung.
Akteur	Standardnutzer, kennt die App bereits
Referenz	App der Konkurrenz
Priorität	Aufgrund der Wichtigkeit des Nutzererlebnisses »hoch«
Vorbedingungen	Neueste App installiert
Daten	Login
Aktivitäten	Alle Masken besuchen und beurteilen, auf Konsistenz prüfen
Orakel-Notizen	Persönliche Erfahrung (ja – Aussehen ist Geschmackssache ...), App der Konkurrenz
Variationen	keine

Tab. 4–10 *Testcharta MOBILE APP TESTING*

SFiDPOT	
Testmission	Benutze die Eselsbrücke SFiDPOT als zentrale Testmission
Akteur	Standardnutzer, kennt die App bereits
Referenz	Siehe Testmission
Priorität	hoch
Vorbedingungen	Neueste App installiert, Notenblätter vorhanden, Geld auf dem Kundenkonto, um Notenblätter herunterzuladen, Tester kann Instrument spielen, extra Raum vorhanden, damit andere Tester nicht gestört werden
Daten	Login
Aktivitäten	■ **Structure** (Strukturen) Untersuche alle Elemente in der Notenansicht und ob sie sich aufrufen lassen und konsistentes Verhalten zeigen. ■ **Function** (Funktionen) Die gewünschten Features in der Notenansicht sind verfügbar und funktionieren gemäß den Anforderungen. ■ **Input** (Eingaben) Die App erkennt in der Notenansicht die gespielten Noten per Midi und auch per Mikrofon und verarbeitet diese Information, um anzuzeigen, welche Noten richtig bzw. falsch gespielt wurden. Zudem wird angezeigt, bis zu welcher Note das Stück bereits gespielt wurde. ■ **Data** (Daten) Die heruntergeladenen Notenblätter werden wie in den Anforderungen beschrieben abgespeichert und sind auch nach dem Schließen und dem wieder Öffnen der App verfügbar.

→

SFiDPOT (Fortsetzung)	
Aktivitäten (Fortsetzung)	■ **Platform** (Plattform) Die in den Systemeinstellungen eingestellte Lautstärke ändert sich durch die Installation der App nicht. Überhaupt hat die Lautstärkeneinstellung der App keinen Einfluss auf die Lautstärkeeinstellung anderer Apps. ■ **Operations** (Operationen) Ein plötzliches Fehlen der Netzwerkverbindung hat keinen Einfluss auf die Notenansicht und das Musizieren des Nutzers. ■ **Time** (Zeit) Die App funktioniert mit verschiedenen Datums- und Zeitformaten.
Orakel-Notizen	Persönliche Erfahrung, App der Konkurrenz, vorherige Versionen der App
Variationen	keine

Tab. 4–11 *Testcharta SFiDPOT*

Beispiellösung Aufgabe 4

- Länge der Session – 30 Minuten
- Benötigte Daten – Link für Download der Noten, Kundenkonto mit Geld
- Geräte – aufgeladen, neueste App installiert
- JIRA-Fehlertemplate angelegt
- Bevor eigentliche Session beginnt, Fragen zur Testcharta stellen, zehn Minuten Zeit zum Lesen

Aufgabe 5: Bonusübung

Recherchiere zu den in Tabelle 4–5 genannten Werkzeugen im Internet und installiere das ein oder andere davon. Von vielen der kostenpflichtigen Werkzeuge gibt es Demoversionen, die meist für eine bestimmte Dauer voll funktionsfähig und kostenfrei sind. Es gibt zahlreiche Lernvideos auf YouTube oder ähnlichen Webseiten.

5 Mobile App-Plattformen, Werkzeuge und Umgebungen

In diesem Kapitel betrachten wir die Entwicklungsumgebungen für mobile Apps und darin enthaltene Werkzeuge für den Test. Besonderes Augenmerk liegt dabei auf Simulatoren und Emulatoren. Außerdem erläutern wir, wie ein Testlabor für das Testen mobiler Apps eingerichtet werden kann.

Schlüsselbegriffe aus dem englischen Syllabus:
Feldtests (field testing), umgebungsbasiertes Testen (proximity-based testing), entferntes Testlabor (remote test lab), Emulator (emulator), Simulator (simulator)

Weitere Schlüsselbegriffe in diesem Kapitel:
IDE

5.1 Entwicklungsplattformen für mobile Apps

Mobile Apps werden, wie die meisten anderen Anwendungen, in sogenannten integrierten Entwicklungsumgebungen (Integrated Development Environment, kurz IDE) erstellt. Dabei handelt es sich um Anwendungen, die alle Werkzeuge enthalten, die benötigt werden, um Apps zu entwerfen, zu programmieren, zu kompilieren, zu installieren, zu deinstallieren, zu überwachen, zu emulieren, zu protokollieren und zu testen. Teilweise sind auch Cloud-Services angebunden, die dann beispielsweise den Zugriff auf in der Cloud vorgehaltene Geräte ermöglichen.

Zusätzlich zu universellen IDEs, wie z.B. Eclipse, gibt es spezielle IDEs für die Entwicklung von mobilen Apps. Für Android stellt Google das Android Studio bereit [URL. Studio]. Für iOS gibt es Xcode von Apple [URL: Xcode]. Beide bieten eine vollumfängliche Unterstützung ihrer jeweiligen Plattform.

Die Entwicklung von mobilen Apps ist aber auch mit universellen IDEs möglich, eventuell jedoch nur mit Einschränkungen, abhängig von der jeweiligen IDE.

Je nach App-Architektur können auch plattformübergreifende Entwicklungsframeworks wie Xamarin von Microsoft [URL: Xamarin] oder Phone Gap von Adobe [URL: Phone Gap] eingesetzt werden. In solchen Frameworks kann beispielsweise mit C# entwickelt werden. Das Framework stellt die notwendigen Werkzeuge bereit, um die App für die Zielplattformen iOS, Android und andere zu kompilieren. Noch vor einigen Jahren galt, je näher am Gerät bzw. am Betriebssystem die App entwickelt wird, desto weniger gut lassen sich solche Frameworks benutzen. Der Grund ist, dass sich die Plattformen stark voneinander unterscheiden. Je mehr Sensoren und betriebssystemspezifische Schnittstellen eine App nutzt, desto schwieriger ist es, sie so zu programmieren, dass sie auf beiden Plattformen funktioniert. Heute sind solche Frameworks jedoch sehr mächtig, sodass zumindest in unseren Projekten häufig auch native Apps mit ihnen entwickelt werden.

Auch wenn IDEs in erster Linie durch die Entwickler genutzt werden, ist es auch für Tester wertvoll, sich mit den im Projekt genutzten IDEs vertraut zu machen. Sie können uns mit ihren enthaltenen Werkzeugen auch im Test wertvolle Dienste leisten.

5.2 Für den Test geeignete Werkzeuge der Entwicklungsplattformen

Leider haben wir schon so manches Projekt erlebt, in dem die Tester keine IDE und keinen Zugriff auf das SDK (Software Development Kit) der jeweiligen Plattform auf ihren Arbeitsrechnern hatten. Dies ist sehr schade, da diese in der Regel Werkzeuge enthalten, die für alle Tester hilfreich sein und die Testeffizienz verbessern können. So haben wir es z. B. schon häufig erlebt, dass Tester Screenshots der App mithilfe der geräteeigenen Screenshot-Funktion oder als Foto mithilfe eines zweiten Gerätes angefertigt haben. Dieser Screenshot wird anschließend per Mail oder Cloud-Speicher auf den Arbeitsrechner übertragen, um von dort wiederum in eine Fehlermeldung eingefügt zu werden. Dieser Prozess ist sehr aufwendig. Deutlich effizienter ist es, den Screenshot mithilfe der IDE bzw. der Werkzeuge aus dem SDK zu erstellen. Dadurch befindet sich der Screenshot direkt auf dem Arbeitsrechner und kann ohne den Umweg über eine Mail bzw. einen Cloud-Speicher in den Fehlerbericht eingefügt werden.

Ein paar der enthaltenen Werkzeuge wollen wir im Folgenden kurz vorstellen. Wir empfehlen, sich mit den Werkzeugen vertraut zu machen, da sie die tägliche Arbeit vereinfachen und effizienter machen können.

Screenshots aufnehmen

Screenshots sind häufig sehr hilfreich, da die Fehlerwirkung, so wie der Nutzer sie sieht, einfach im Fehlerbericht eingefügt werden kann.

- **Android**
  Bis zum Release 3.1 des Android Studio gab es den Android Device Monitor [URL: Device Monitor]. In diesem waren sehr viele Testwerkzeuge übersichtlich gebündelt. Darunter auch die Funktion zum Aufnehmen von Screenshots.

Leider ist dieser in neueren Releases nicht mehr enthalten. In der derzeit aktuellen Version Android Studio 4.0 findet sich die Funktion zum Aufnehmen von Screenshots im unten gezeigten Protokollierungswerkzeug »Logcat« (vgl. Abb. 5–1). Voraussetzung zum Aufnehmen eines Screenshots ist, dass das Gerät per Android Debug Bridge (ADB) [URL: ADB] mit dem Computer verbunden ist, auf dem Android Studio läuft. Dann kann durch Klicken auf das Screenshot-Symbol ein Screenshot ausgelöst werden.

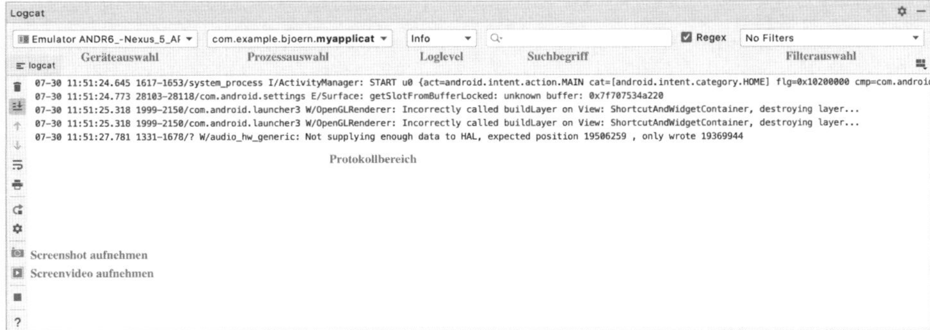

Abb. 5–1 *Logcat aus Android Studio inkl. ausgewählter Funktionsbeschriftungen*

- iOS

  In Xcode kann im unten gezeigten Fenster »Geräte und Simulatoren« (Devices and Simulators) im Reiter »Devices« auf alle verbundenen Geräte zugegriffen werden (vgl. Abb. 5–2). Ein Klick auf den Knopf »Take Screenshot« speichert einen Screenshot des gewählten Gerätes auf dem Desktop des Arbeitsrechners, wobei der Dateiname aus Datum und Uhrzeit gebildet wird.

Abb. 5–2 *Fenster »Devices and Simulators« in Xcode*

Extrahieren von Protokollen

Protokolle und Logfiles können sowohl bei der Entwicklung als auch beim Test sehr wichtig sein. So mancher Bug wird durch die Analyse der Protokolle besser verständlich und häufig kann dadurch auch die Fehlerursache identifiziert werden.

- **Android**
  Das Extrahieren von Protokollen ist mithilfe des bereits bei den Screenshots erwähnten Werkzeuges »Logcat« möglich.
- **iOS**
  Über das Xcode-Fenster »Devices and Simulators« kann auf die Protokolle zugegriffen werden.

Auslösen von Unterbrechungen

Die Möglichkeit zum Auslösen von Unterbrechungen, z.B. durch Erhalt eines Anrufs oder einer Benachrichtigung, ist für uns Tester Gold wert. Ohne eine Möglichkeit, dies synthetisch zu tun, brauchen wir mindestens zwei Geräte, um mit dem einen Gerät eine Nachricht an das andere Gerät zu schicken.

- **Android**
  Bei Android bietet der Emulator viele verschiedene Möglichkeiten, Unterbrechungen an das emulierte Gerät zu schicken.
- **iOS**
  Leider bietet der iOS-Simulator keine Möglichkeit, synthetische Unterbrechungen an ein simuliertes Gerät zu schicken. Lediglich synthetische GPS-Daten können dem Gerät vorgegeben werden.

Monitoring von Geräteressourcen

Die Überwachung von Parametern wie Speicher- und CPU-Auslastung ist insbesondere im Umfeld von Performanztests hilfreich.

- **Android**
  Früher war die Überwachung mithilfe des bereits bei Screenshots erwähnten Werkzeuges Android Device Monitor sehr einfach möglich. Aktuell finden sich die entsprechenden Werkzeuge in Android Studio innerhalb des Profilers [URL: Profiler].
- **iOS**
  In Xcode ist das Werkzeug Instruments enthalten [URL: Instruments], das u.a. zur Analyse der Auslastung von CPU und Speicher sowie des Energieverbrauchs genutzt werden kann.

Einrichtung von virtuellen Geräten

Die Einrichtung von virtuellen Geräten ist in vielerlei Hinsicht hilfreich. Warum das so ist und wie virtuelle Geräte eingerichtet werden können, wird in Abschnitt 5.3 ausführlich beschrieben.

- **Android**
  Mithilfe des Android Virtual Device Manager (AVD) [URL: AVS] ist die Erstellung und Ausführung von virtuellen Geräten sehr einfach über ein grafisches Werkzeug möglich.
- **iOS**
  Virtuelle Geräte können direkt aus Xcode heraus gestartet werden, sofern die Simulatoren von Apple heruntergeladen wurden.

Neben den genannten Werkzeugen, die alle in den jeweiligen Plattform-SDKs enthalten sind, haben wir auch in Projekten mitgewirkt, in denen Werkzeuge von Drittanbietern zum Einsatz kamen. Als Beispiel sei hier Genymotion genannt [URL: Genymotion]. Genymotion ist ein Anbieter für Software, die virtuelle Android-Geräte bereitstellt.

Zudem haben wir oder unsere Projektkollegen zusätzlich benötigte Werkzeuge selbst geschrieben. Dies ist aber aus anderen Testprojekten bekannt. Solche selbst erstellten Werkzeuge müssen ebenfalls getestet werden, um vertrauenswürdige Ergebnisse produzieren zu können.

5.3 Emulatoren und Simulatoren

5.3.1 Vergleich von Emulatoren und Simulatoren

Häufig werden Simulator und Emulator synonym verwendet. Im Kontext des Mobile App Testing ist dies jedoch schlichtweg falsch. Aus unserer Sicht gibt es einen gravierenden Unterschied zwischen Apples iOS-Simulator und dem Android-Emulator.

Der von Apple in Xcode angebotene iOS-Simulator ist eine spezielle Software, die eine Laufzeitumgebung bereitstellt, die vorgibt, iOS auf einem iPhone oder iPad zu sein. Es handelt sich aber nicht um iOS. Daher ist es auch notwendig, Apps explizit für den Simulator zu kompilieren. Diese speziell für den Simulator kompilierte App kann nicht auf einem echten iPhone installiert werden. Die Installation von fremden Apps, z.B. aus dem Apple App Store, ist auf Simulatoren nicht möglich. Der Simulator ist unabhängig vom echten Betriebssystem.

Bei Android hingegen ist im SDK ein Emulator enthalten, der lediglich die Hardware virtuell zur Verfügung stellt. Auf dieser virtuellen Hardware wird ein echtes Android-System installiert und ausgeführt. Daher kann jede App installiert werden, die als Installationspaket vorliegt. Damit einher geht aber auch die Abhängigkeit von einem funktionsfähigen Betriebssystem. Um eine App im Emulator zu testen, ist es notwendig, das entsprechende Betriebssystem-Image herunterzuladen, damit es auf dem Emulator installiert werden kann.

Auf einem Android-Emulator läuft somit ein echtes Android, das wir auf einem echten Gerät installieren könnten. Hingegen ist es nicht möglich, das iOS aus dem iOS-Simulator auf einem iPhone zu installieren.

Insbesondere im Rahmen der Entwicklung sind Simulatoren und Emulatoren hilfreich. Aufgrund ihrer Integration in die Entwicklungsumgebungen bzw. SDKs stehen sie jedem Entwickler ohne zusätzlichen Installationsaufwand zur Verfügung, um ihre Codeänderungen lokal auf ihrer Entwicklungsmaschine zu installieren, zu testen und zu profilieren.

Auch im Test sind Simulatoren und Emulatoren wertvoll. Zum einen können sie als Ersatz genutzt werden, wenn physikalische Geräte nicht verfügbar sind. Zum anderen sind sie auch für den Test der App auf Kompatibilität mit Betriebssystemversionen geeignet, die nicht auf Geräten im Portfolio installiert sind. Sie können somit helfen, die Kosten für das Testlabor zu reduzieren. Zudem können wir sie sehr gut für bestimmte Tests benutzen. Sie ermöglichen es teilweise, gefälschte Sensordaten, wie z.B. GPS-Koordinaten, an das Gerät zu schicken oder die Netzwerkbandbreite künstlich festzulegen.

Allerdings können Simulatoren und Emulatoren echte Geräte niemals vollständig ersetzen. Zum einen sind sie kein echter Ersatz, da sie sich von echten Geräten unterscheiden und somit Auswirkungen der Hardware nur eingeschränkt getestet werden können. Zum anderen werden manche Funktionen nicht unterstützt. Auf einem Simulator oder Emulator, der auf einem PC läuft und mit der Maus bedient wird, ist es z.B. nicht möglich, Multi-Touch-Gesten manuell zu testen. Teilweise lassen sich diese Nachteile im manuellen Test durch automatisierte Tests auffangen. Beispielsweise sind Multi-Touch-Gesten mit den meisten Automatisierungstools in automatisierten Testfällen auch auf simulierten bzw. emulierten Geräten möglich.

Wir müssen bei der Nutzung von Simulatoren und Emulatoren im Test auf jeden Fall berücksichtigen, dass sich das Nutzererlebnis stark unterscheidet, wenn mit der Maus auf einem virtuellen Gerät gearbeitet wird, anstatt mit dem echten Gerät in der Hand. Somit sollte eine App immer auch auf echten Geräten getestet werden.

Wir betrachten Simulatoren und Emulatoren als sehr hilfreiche Werkzeuge für die Entwicklung und den Test von mobilen Apps. Daher empfehlen wir jedem Tester, sich mit dem iOS-Simulator sowie dem Android-Emulator und ihren jeweiligen Möglichkeiten vertraut zu machen. Trotzdem müssen wir ausdrücklich davon abraten, eine App zu veröffentlichen, die nur auf Simulatoren oder Emulatoren getestet wurde!

5.3.2 Nutzung des iOS-Simulators

Wie wir bereits erläutert haben, ist es für den iOS-Simulator notwendig, die App direkt für den Simulator zu übersetzen. Somit ist der Zugriff auf den Quellcode der App zwingende Voraussetzung.

Wenn der Quellcode der App in Xcode als Projekt geöffnet ist, kann der Zielsimulator gewählt werden (vgl. Abb. 5–3). Ein Klick auf den »Play«-Button führt dazu, dass die App für den Simulator kompiliert, der Simulator gestartet und die App installiert wird. Anschließend können wir die App auf dem virtuellen Gerät mit der Maus bedienen, so wie mit einem Finger auf einem echten Gerät.

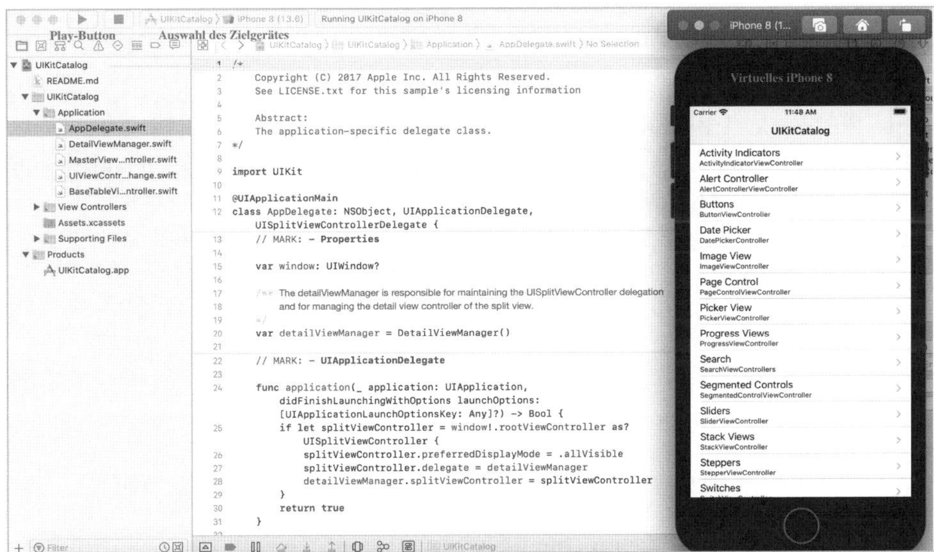

Abb. 5–3 *Xcode und virtuelles iPhone*

5.3.3 Nutzung des Android-Emulators

Im Android SDK ist der Android Virtual Device Manager (AVD) enthalten (vgl. Abb. 5–4). Dieser kann sowohl aus dem Android Studio heraus aufgerufen als auch als eigenständige Anwendung von der Kommandozeile aus gestartet werden.

In AVD können dann bestehende virtuelle Geräte gestartet werden. Zudem ist es sehr einfach, neue virtuelle Geräte anzulegen. Beim Anlegen eines virtuellen Gerätes müssen diverse Parameter, wie z.B. Bildschirmgröße und Auflösung oder Betriebssystemversion, festgelegt werden. Nach Abschluss der Konfiguration steht das virtuelle Gerät zur Ausführung bereit.

Nach dem Start kann das virtuelle Gerät wie ein echtes Gerät, das mit dem PC verbunden ist, benutzt werden. Mithilfe von ADB lässt sich eine App installieren. Die Bedienung des virtuellen Gerätes und der darauf installierten App erfolgt mit der Maus.

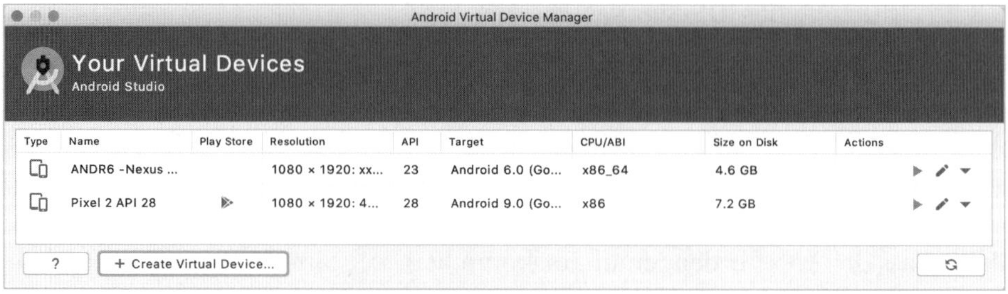

Abb. 5–4 *Android Virtual Device Manager mit zwei virtuellen Geräten*

5.4 Testlabore für den manuellen Test

Grundsätzlich gibt es zwei Ansätze zum Einrichten eines Testlabors für mobile Apps. Ein lokales Labor vor Ort oder ein entferntes Labor, auf das über das Internet zugegriffen wird. In vielen unserer Projekte kommt oder kam dabei eine Kombination von lokalen und entfernten Testlaboren zum Einsatz. Dieser Ansatz hat sich bewährt, da wir so die Vorteile beider Modelle kombinieren können und es teilweise möglich ist, die Nachteile der beiden Modelle auszugleichen.

Zusätzlich gibt es die Möglichkeit, sich den Test inklusive Labor als Dienstleistung einzukaufen.

5.4.1 Lokales Testlabor

In einem lokalen Testlabor sind alle Geräte und benötigten Werkzeuge am gleichen Ort wie die Tester. Die Tester können die Geräte in die Hand nehmen und nutzen, wie auch immer sie möchten. Sie haben somit die volle Kontrolle über die Testgeräte. Die Testgeräte stehen exklusiv zur Verfügung, sodass Datenschutz und Vertraulichkeit gewährleistet sind. Dieser Vorteil wird allerdings mit vielen Herausforderungen erkauft. Zum einen muss sorgfältig ausgewählt werden, welche Geräte im Labor bereitgestellt werden, und es muss das Budget vorhanden sein, die Geräte anzuschaffen. Zudem müssen die Geräte gepflegt und gewartet werden, wodurch permanent Aufwand entsteht. Nicht zu vernachlässigen ist, dass auch in einem Labor Geräte kaputt gehen können, woraufhin sie ersetzt werden müssen. Insbesondere bei älteren Geräten kann es vorkommen, dass diese auf dem Markt nicht mehr verfügbar sind. Wir haben beide bereits Geräte auf dem Gebrauchtmarkt erworben, da sie im Test benötigt wurden, aber im Labor nicht vorhanden und auf dem Markt nicht mehr als Neugeräte zu kaufen waren. Den Kauf von Gebrauchtgeräten für den Test können wir zwar nur sehr eingeschränkt empfehlen, aber wenn ein wichtiger Kunde ein solches Gerät hat und wir durch diesen Kunden gefundene Fehler nachstellen müssen, muss das Gerät beschafft werden. Weiterhin muss ständig geprüft werden, ob neue Geräte im Geräteportfolio aufgenommen bzw. ob Geräte ausgemustert werden müssen.

Insbesondere in größeren Unternehmen, in denen mehrere Projekte an mobilen Apps arbeiten, muss zudem abgestimmt werden, welches Team wann welche Geräte nutzt. Es ist normalerweise wirtschaftlich nicht sinnvoll, jedes Team sein eigenes Testlabor aufbauen zu lassen. Der notwendige Abstimmungsaufwand zur gemeinsamen Nutzung sollte aber nicht unterschätzt werden.

In dem Fall, dass das Labor von mehreren Teams genutzt wird, ist es auch notwendig, festzulegen, wer die Wartung und Pflege der Geräte verantwortet und welche Änderungen an den Geräten durch die Nutzer vorgenommen werden dürfen. Diese Festlegungen müssen von allen akzeptiert und eingehalten werden und sind dabei so zu treffen, dass Entwicklungs- und Testaktivitäten nicht beeinträchtigt werden. So stellt es z.B. ein großes Hindernis für den Test dar, wenn die Tester Geräteeinstellungen nicht ändern können oder dürfen (vgl. Abschnitt 3.2). Es kann aber genau so problematisch sein, wenn ein Kollege eine Aktualisierung des Betriebssystems durchführt, nur weil die Aktualisierung zur Verfügung steht. Eine solche Aktualisierung führt ggf. dazu, dass eine bestimmte Betriebssystemversion für den Test nicht mehr zur Verfügung steht bzw. nur noch mit einem Simulator oder Emulator getestet werden kann.

Wir empfehlen dennoch jedem, ein lokales Labor einzurichten, da aus unserer Sicht die Vorteile den höheren Aufwand rechtfertigen. Eine App mit dem Gerät in der Hand zu testen ist durch nichts zu ersetzen. Erfahrungsgemäß sind für Android 10–20 Geräte und für iOS 5–10 Geräte ausreichend, um eine adäquate Marktabdeckung zu erreichen. Bei der Kombination mit einem entfernten Labor können auch weniger Geräte im lokalen Labor vorgehalten werden. Das folgende Bild zeigt einen Geräteschrank aus unseren Projekten (vgl. Abb. 5–5).

Abb. 5–5 *Geräteschrank*

Eine Alternative bzw. Ergänzung zum eigenen lokalen Lab bietet Open Device Lab [URL: Open Device Lab]. Dabei handelt es sich um eine weltweit aktive Community-Organisation, die gespendete Geräte für den Test von mobilen Apps bereitstellt. Ob es in deiner Nähe ein Lab gibt und welche Geräte dort genutzt werden können, kannst du über die Internetseite von Open Device Lab herausfinden.

5.4.2 Entferntes Testlabor

Wie der Name schon sagt, sind entfernte Testlabore nicht vor Ort. Stattdessen stehen diese Labore irgendwo auf der Welt und der Tester greift über das Internet auf die Geräte zu. Der Tester kann somit bequem von seinem normalen Arbeitsplatz aus testen. Die Verbindung zum Gerät wird normalerweise über ein VPN realisiert, wobei der Nutzer mit einem Browser auf das Webinterface des Anbieters zugreift. Wir sprechen dabei von »Remote Device Access Service«, kurz RDA, oder auch von Device Cloud.

Auch wenn es möglich ist, sein eigenes entferntes Labor aufzubauen, wird in der Regel auf kommerzielle Anbieter zugegriffen. Diese bieten den Vorteil, dass sie sehr viele verschiedene Geräte in ihren Laboren bereitstellen und somit der Zugriff auf diese Vielfalt möglich ist. Das Labor lässt sich dann auch im Projektverlauf kostengünstig entsprechend den Bedürfnissen anpassen. Dabei fallen nur die Kosten für die eigentliche Nutzung an. Es entstehen keine Kosten zur Anschaffung und Wartung der Geräte und benötigter Infrastruktur. Insbesondere wenn auch ältere, aktuell auf dem Markt nicht mehr verfügbare Geräte im Test berücksichtigt werden sollen, sind RDA-Anbieter häufig die einzige Möglichkeit, mit solchen Geräten zu testen. Dies ist unserer Erfahrung nach ein starker Vorteil, denn wie wir bereits beschrieben haben, kann es sehr wichtig sein, bestimmte, aber selten genutzte Geräte für den Test zur Verfügung zu haben.

Ein weiterer Vorteil ist, dass viele RDA-Anbieter zusätzliche Funktionen bereitstellen. Zum Beispiel ist es häufig möglich, über verschiedene Mobilfunknetze zu testen. Auch die Erstellung einer Videoaufnahme des Tests ist meist möglich. Zudem bieten viele RDA-Anbieter die Möglichkeit, andere Leute in eine Testsession einzuladen, sodass diese die Tests auf ihrem PC beobachten können.

Außerdem leisten viele RDA-Anbieter auch Unterstützung für automatisierte Tests, sodass bei Nutzung der Angebote automatisierte Tests ohne Aufbau der benötigten Infrastruktur möglich sind.

Dieser Vielzahl von Vorteilen stehen jedoch auch Nachteile gegenüber. Allen voran das eingeschränkte Nutzererleben, wenn die App mit einer Maus im Browser bedient wird, anstatt das Gerät in der Hand zu halten, wie es der Nutzer tut. Auch ist es nicht möglich, wie bereits erwähnt, Multi-Touch-Gesten auszuführen. Zudem können manche Tests, z.B. in Bezug auf den Batterieladestand, nicht oder nur sehr schwierig ausgeführt werden. Auch die Nutzung der Gerätesensoren kann eingeschränkt sein, da es z.B. nicht möglich ist, das Gerät zu schütteln oder über Bluetooth auf verbundene Geräte zuzugreifen. Ein weiteres Problem ist die Vertraulichkeit der Daten. Zwar setzen alle RDA-Anbieter die Geräte nach einer Kundensession zurück, sodass der nächste Kunde nicht sieht, was der letzte Kunde getan hat, aber dabei kann es zu Fehlern kommen. Auch wenn es schon lange her ist, so konnten wir doch teilweise beobachten, dass noch Apps auf den Geräten waren, die von anderen Nutzern stammten. Das ist in vielen Projekten ein No-Go!

Nicht vernachlässigt werden darf auch die Tatsache, dass die RDA-Anbieter viele Kunden haben. Dies kann dazu führen, dass ein bestimmtes Gerät zu einem bestimmten Zeitpunkt nicht zur Verfügung steht, da es gerade durch einen anderen Kunden genutzt wird. Somit ist eine flexible Testplanung nötig. Zudem führt der Zugriff über Internet dazu, dass es zu zeitlichen Verzögerungen kommen kann. Diese Verzögerungen können den Testablauf negativ beeinflussen und im Extremfall sogar dazu führen, dass Tester es vermeiden, auf die Geräte in der Cloud zuzugreifen, und nur mit Geräten vor Ort zu testen, worunter die Testabdeckung leidet.

Für Unternehmen, deren Testumgebung gegen das Internet abgeschirmt ist, kann es auch eine Herausforderung sein, den Zugriff auf das Backend aus der Cloud heraus zu realisieren.

All die genannten Punkte sowie die Vielzahl an Anbietern mit ihren jeweiligen Angebotsmodellen erfordern eine sorgfältige Auswahl und Evaluation des RDA-Anbieters, mit dem das Team zusammenarbeitet, sofern ein entferntes Testlabor zum Einsatz kommen soll.

5.4.3 Testlabor als Dienstleistung

Eine weitere Möglichkeit besteht darin, sich die benötigten Testlabordienstleistungen einzukaufen. Dabei sprechen wir auch von »Managed Testing Services«. Bei dieser Lösung sind im lokalen Labor nur sehr wenig Geräte vorhanden. Mit diesen werden rudimentäre Tests durchgeführt. Der Großteil der Tests inklusive des Risikos Gerätevielfalt wird über einen Dienstleister abgedeckt, der über ein Testlabor mit vielen Geräten und Testern verfügt. Über VPN können solche Geräte mit den eigenen Testumgebungen verbunden werden und der Dienstleister übernimmt die Testdurchführung, indem er auf vielen verschiedenen Geräten viele Tests manuell ausführt und ggf. zudem Testfälle automatisiert. Diese Lösung ist vor allem in Projekten mit wenig Testern und wenig Geräten von Vorteil. Außerdem bietet ein solcher Dienstleister auch einen neutralen Blick auf die App.

5.4.4 Vor- und Nachteile der verschiedenen Beschaffungsvarianten für Mobile Devices

Abbildung 5–6 zeigt, welche Vor- oder Nachteile es zu den einzelnen Beschaffungsvarianten gibt. Im Folgenden haben wir ein paar ergänzende Erläuterungen aufgeführt, die bisher noch nicht erwähnt wurden, da sie nicht explizit im Syllabus vorkommen:

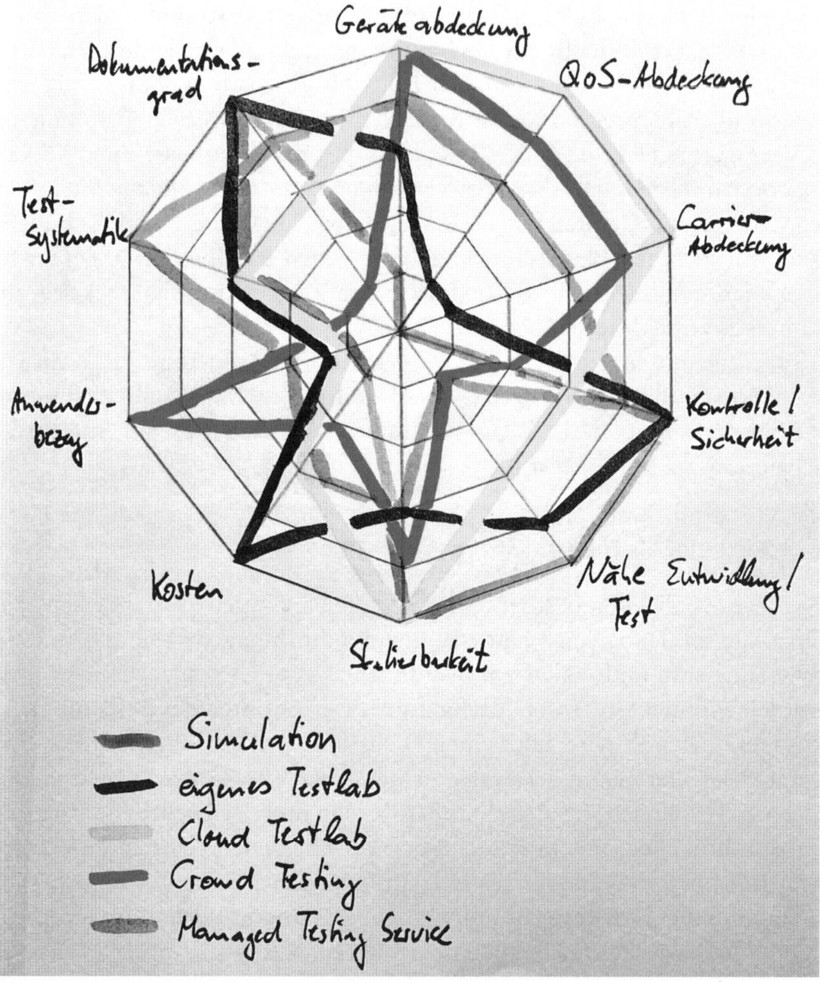

Abb. 5–6 *Vor- und Nachteile der verschiedenen Beschaffungsvarianten für Mobile Devices*

- **Geräteabdeckung**
  Bezieht sich darauf, welcher Anteil der im Markt und bei den Nutzern im Gebrauch befindlicher Geräte durch die Variante abgedeckt werden kann.

- **QoS** (Quality of Service)
  Die QoS-Abdeckung meint in diesem Zusammenhang die Qualität des Netzes. Beispielsweise kommt es hin und wieder zu Verbindungsabbrüchen oder die Datenübertragung ist eher langsam. Möchten wir Tests bezüglich QoS durchführen, können wir dies sehr gut in einem Cloud-Testlabor. Bei der Simulation kann die QoS-Abdeckung nicht getestet werden.
- **Carrier-Abdeckung**
  Diese Abdeckung bezieht sich auf die verschiedenen Mobilfunkanbieter, wie Telekom oder O2. Möchten wir Tests in diesem Zusammenhang durchführen, gilt das Gleiche wie für QoS.
- **Kontrolle und Sicherheit**
  Bei diesem Punkt geht es uns um die Kontrolle über das Testgerät und somit auch um Sicherheit. Je mehr Kontrolle ich habe, beispielweise, um Einstellungen manuell vorzunehmen oder Daten zu löschen, desto sicherer sind die Tests in Bezug auf Datenschutz, Kompromittierung oder Geschäftsgeheimnisse. Die größte Kontrolle haben wir im eigenen Testlabor oder bei der Simulation bzw. der Emulation.
- **Nähe Entwicklung/Test**
  Hierbei ist gemeint, wie direkt Entwickler und Tester zusammenarbeiten können.
- **Skalierbarkeit**
  Die Skalierbarkeit meint in diesem Zusammenhang die Möglichkeit, schnell weitere Geräte für den Test bereitstellen zu können, da beispielsweise ein Release mit vielen Änderungen ansteht. Dies geht mit einem Cloud-Service natürlich schneller als mit einem eigenen Testlabor.
- **Kosten**
  Beschreibt die zu erwarteten Kosten für die jeweilige Variante.
- **Anwenderbezug**
  Bezieht sich in diesem Zusammenhang darauf, wie gut die Anwender durch die Tester repräsentiert werden. In Abbildung 5–6 ist dies der einzige Punkt, bei der eine Orientierung zum Zentrum hin besser ist.
- **Testsystematik**
  Bezieht sich darauf, wie systematisch und strukturiert die Testausführung erfolgt.
- **Dokumentationsgrad**
  Bezieht sich auf die Qualität der Dokumentation der Testausführung.

Die Darstellung für Managed Testing Service ist als Beispielswert zu sehen. Die konkrete Ausgestaltung variiert je nach Anbieter und was mit diesem vereinbart wurde.

5.5 Übung: Mobile Plattformen, Werkzeuge und Umgebungen

Die folgende Übung beinhaltet beide im Syllabus vorgesehenen Übungen zu diesem Kapitel. Sie berücksichtigt sowohl die Erstellung eines virtuellen Gerätes als auch die Nutzung der vorgestellten Werkzeuge.

Aufgabe

Teste eine App auf einem Emulator und nutze die vorgestellten Werkzeuge, um einen Screenshot anzufertigen, einen Anruf zu erhalten und das Protokoll der Aktivitäten zu sichern.

Beispiellösung mit Android

1. Stelle sicher, dass das Installationspaket (.apk-file) für eine App auf dem PC verfügbar ist.
2. Starte Android Studio.
3. Starte AVD durch Klick auf das zugehörige Icon, wie in Abbildung 5–7 gezeigt. (Achte auf die »Mouseover-Tooltipps«, wenn du mit der Maus über die Icons gehst.)

Abb. 5–7 *Icon-Leiste des Android Studio. Das AVD-Icon ist unterstrichen.*

4. Klicke in AVD auf den Button »+ Create Virtual Device« (vgl. Abschnitt 4.3.3).
5. Starte die Konfiguration eines virtuellen Gerätes durch Auswahl eines vorgeschlagenen Modells bzw. durch Auswahl von Bildschirmgröße und Auflösung. Klicke anschließend auf »Next«.
6. Wähle eine Betriebssystemversion aus, die auf dem virtuellen Gerät ausgeführt werden soll. Gegebenenfalls ist das zugehörige Image herunterzuladen. Klicke anschließend auf »Next«.
7. Gib dem virtuellen Gerät einen Namen und prüfe die Konfiguration. Durch Klicken auf den Button »Show Advanced Settings« können weitere Einstellungen vorgenommen werden, sofern dies gewünscht ist.
8. Durch Klicken auf den Button »Finish« wird das virtuelle Gerät erstellt und steht anschließend im Android Virtual Device Manager bereit, wo es durch Klicken auf den »Play«-Button gestartet werden kann.
9. Nachdem das virtuelle Gerät gestartet wurde, öffne die Kommandozeile und gehe in das Verzeichnis, in dem das Programm ADB (adb.exe unter Microsoft Windows) zu finden ist. In der Regel findet sich das Programm ADB im Verzeichnis »Plattform-Tools« innerhalb des SDK.
10. Führe in der Kommandozeile den Befehl »adb devices« aus. Als Ergebnis sollte eine Liste aller angeschlossenen Geräte ausgegeben werden (vgl. Abb. 5–8). Der Einfachheit halber geht diese Beispiellösung davon aus, dass nur das zuvor erstellte virtuelle Gerät angeschlossen ist.

```
platform-tools — -zsh — 80×24
bjoern@Bjorns-MBP platform-tools % ./adb devices
List of devices attached
emulator-5554   device
```

Abb. 5–8 Kommandozeile mit Befehl »adb devices« und die zugehörige Systemantwort.

11. Installiere die App, indem du auf der Kommandozeile den Befehl »adb install /Pfad/zum/Installationspaket.apk« ausführst. (Hinweis: Pfad und Dateiname so anpassen, wie sie für dein System lauten.) Dieser Befehl führt dazu, dass die App auf dem virtuellen Gerät installiert wird. Die erfolgreiche Installation wird mit der Meldung »Success« quittiert (vgl. Abb. 5–9).

```
platform-tools — -zsh — 83×24
bjoern@Bjorns-MBP platform-tools % ./adb install /Users/bjoern/Documents/Trainings/
CTFL-MAT-EN/CMAPApp.APK
Performing Streamed Install
Success
bjoern@Bjorns-MBP platform-tools %
```

Abb. 5–9 Installation via ADB inkl. Quittierung der erfolgreichen Installation

12. Wechsle in Android Studio und nutze das Screenshot-Icon in Logcat, um einen Screenshot aufzunehmen (vgl. Abschnitt 5.2).
13. Das Protokoll kann gesichert werden, indem der relevante Bereich in Logcat markiert wird. Der markierte Bereich kann anschließend kopiert und in eine beliebige Textdatei eingefügt werden.
14. Wechsle in den Emulator und klicke bei den Steuerelementen auf die drei Punkte, die das Icon für weitere Befehle sind (vgl. Abb. 5–10).
15. Wähle im Fenster für die weiteren Befehle »Phone«. Durch Klicken auf den Button »CALL DEVICE« kann eine Unterbrechung in Form eines Anrufs ausgelöst werden (vgl. Abb. 5–10).

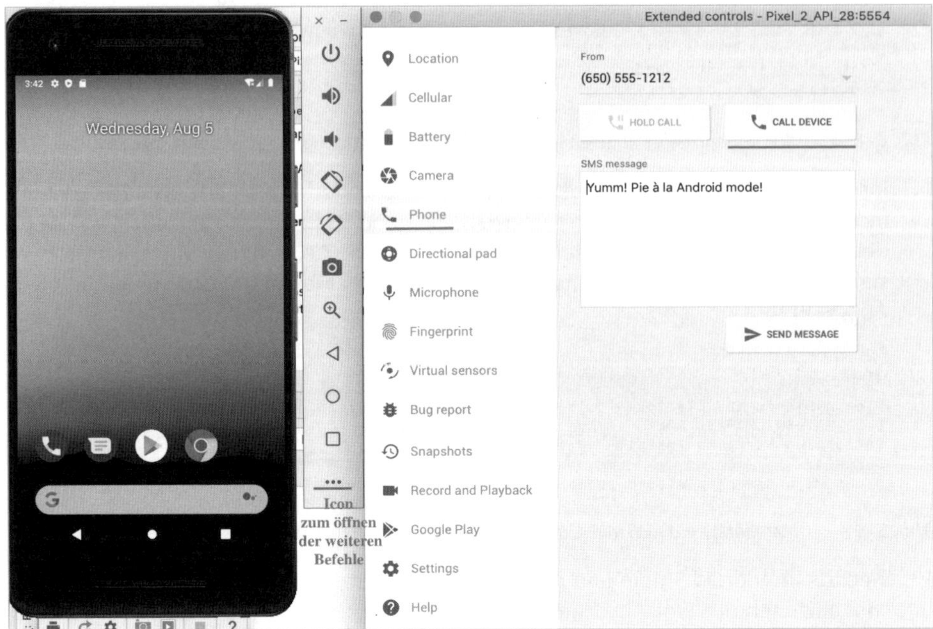

Abb. 5–10 *Android-Emulator mit geöffnetem Fenster für weitere Befehle. Die relevanten Buttons für die Übung sind unterstrichen.*

6 Automatisierung der Testausführung

In diesem abschließenden Kapitel werden Ansätze zur automatisierten Testausführung für mobile Apps vorgestellt. Außerdem diskutieren wir die Stärken und Schwächen der verschiedenen Methoden zur Testautomatisierung von mobilen Apps und geben Hinweise, wie ein geeignetes Werkzeug für die Testautomatisierung ausgewählt werden kann. Zum Schluss weisen wir darauf hin, was bei der Einrichtung eines Testautomatisierungslabors berücksichtigt werden sollte, und bewerten Testautomatisierung im Kontext von mobilen Apps.

Die Automatisierung weiterer Aktivitäten im Testprozess wird in diesem Kapitel nicht behandelt.

Schlüsselbegriffe aus dem englischen Syllabus:
API (Application programming interface), User-Agent-basiertes Testen (user-agent-based testing), gerätebasiertes Testen (device-based testing), Testbericht (test report)

Weitere Schlüsselbegriffe in diesem Kapitel:
OCR

6.1 Automatisierungsansätze

Das Thema Testautomatisierung wird vom ISTQB® ebenfalls als wichtig genug erachtet, um dafür einen eigenen Syllabus, den »Advanced Level Test Automation Engineer, zu erarbeiten [URL: ISTQB Downloads; GTB-Lehrplan 2019b]. Das passende Lehrbuch »Basiswissen Testautomatisierung« von Manfred Baumgartner, Stefan Gwihs, Richard Seidl, Thomas Steirer und Marc-Florian Wendland [Baumgartner et al. 2021] befand sich während des Schreibens dieses Buches in der Drucklegung. Daher werden wir in diesem Kapitel lediglich auf die wichtigsten sowie die mobilspezifischen Punkte eingehen.

Im Bereich der mobilen Apps gibt es verschiedene Ansätze zur Automatisierung der Testausführung. Diese Ansätze unterscheiden sich dabei nicht von den Ansätzen, die auch für nicht mobile Apps zum Einsatz kommen.

Bei mobilen Apps kommt jedoch eine Möglichkeit hinzu, die bei nicht mobilen Apps keine Rolle spielt. Neben der automatisierten Testausführung auf der Zielplattform, auf der die Applikation produktiv genutzt werden soll, können mobile Web-Apps auch in Desktop-Browsern getestet werden. Dabei sprechen wir von einer User-Agent-basierten Testautomatisierung.

6.1.1 User-Agent-basierte Testautomatisierung

Dieser Ansatz nutzt Desktop-Browser für den automatisierten Test von mobilen Web-Apps. Er sollte nicht mit anderen Ansätzen verwechselt werden, bei denen es erforderlich sein kann, einen Softwareagenten auf den Mobilgeräten zu installieren.

Die Bezeichnung »User-Agent-basiert« ist darauf zurückzuführen, dass Browser sich gegenüber Servern ausweisen. Dazu schicken sie in ihren Anfragen an die Server den sogenannten »User Agent Identifier String« mit. In diesem steht, von welchem Browser auf welcher Plattform die Anfrage kommt. Dieser String kann durch die Server ausgewertet werden, um dem Anwender für seine Plattform angepasste Inhalte zu liefern.

Moderne Browser erlauben es, einen gefälschten User Agent Identifier String zu schicken. Somit weist sich der Browser als ein anderer Browser bzw. als auf einer anderen Plattform laufender Browser aus. Als Ergebnis erhält der Browser von den Servern den Inhalt geliefert, wie er für das Gerät bzw. den Browser bestimmt ist, als der er sich identifiziert. Dies kann mit einem gefälschten Ausweis verglichen werden, der Zutritt zu Bereichen ermöglicht, die ohne diesen Ausweis nicht zugänglich sind.

Bei diesem Ansatz ist es möglich, Kombinationen von Plattform und Browser festzulegen, die bei der Ausführung auf Mobilgeräten nicht machbar sind. Beispielsweise ist in Abbildung 6–1 zu sehen, dass sich Apples Safari auf MacOS als Microsoft Edge auf einem iPhone ausweisen kann. Daher muss bei der Auswahl darauf geachtet werden, nur Kombinationen zu wählen, die auch bei echten Geräten vorkommen können. Ansonsten werden automatisierte Tests auf Geräte- und Browserkombinationen ausgeführt, die bei echten Nutzern nicht vorkommen können, und dadurch Ressourcen verschwendet.

Einen gefälschten User Agent Identifier String können wir auch für manuelle Tests nutzen. Alle gängigen Browser erlauben es, innerhalb der enthaltenen Entwicklerwerkzeuge festzulegen, als was sich der Browser ausweisen soll. Insbesondere für den Test von Responsive und Adaptive Web Apps ist diese Möglichkeit sehr gut geeignet, da auf Knopfdruck zwischen den unterschiedlichen Darstellungsvarianten gewechselt werden kann (vgl. Abb. 6–1).

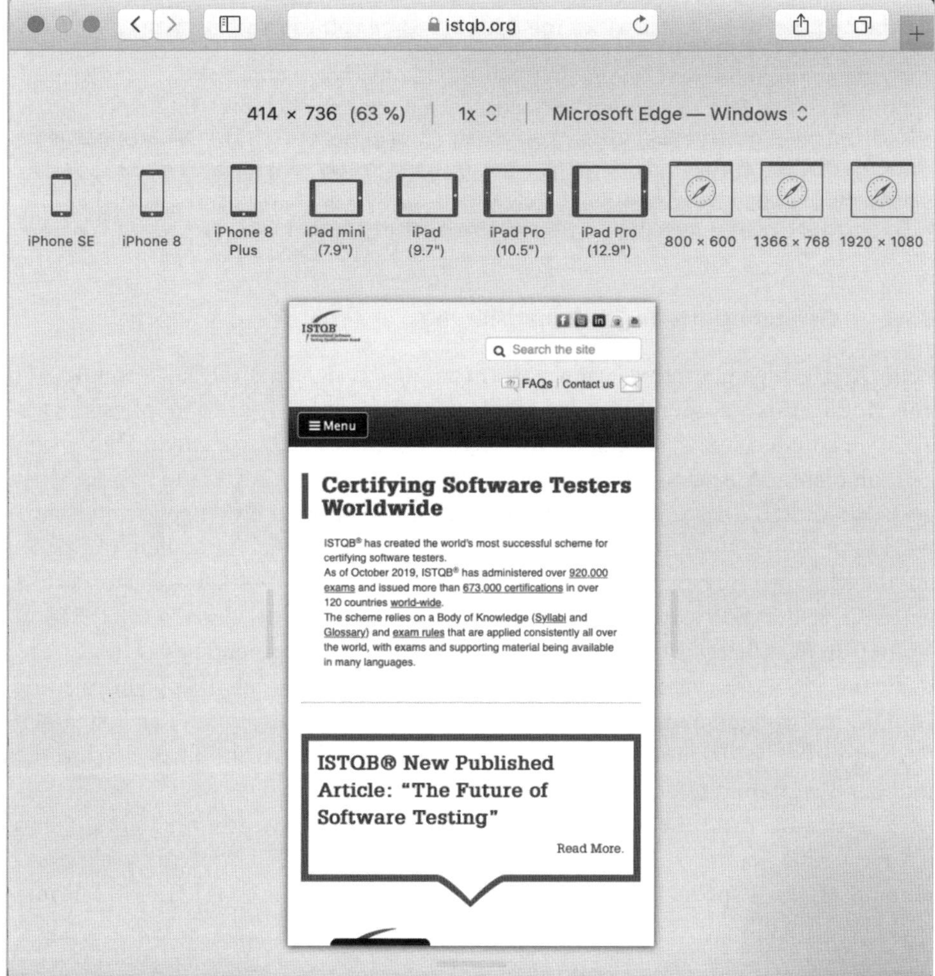

Abb. 6–1 *Apple Safari, der sich als Microsoft Edge auf einem iPhone 8 Plus ausweist.*

Der Vorteil dieses Ansatzes ist, dass vorhandenes Know-how und bekannte Werkzeuge für automatisierte Tests von Webapplikationen genutzt werden können, um mobile Web-Apps automatisiert zu testen. Der Nachteil besteht darin, dass es sich aber immer noch um den tatsächlichen Desktop-Browser handelt und nicht um den mobilen Browser, als den er sich ausgibt. Somit können Fehler, die aufgrund der Rendering-Engine oder JavaScript-Engine des mobilen Browsers auftreten, nicht gefunden werden. Gleichzeitig können Fehler gefunden werden, die auf dem mobilen Browser nicht auftreten. Dieses Risiko sollte dem Team bewusst sein, wenn auf einen User-Agent-basierten Ansatz für die Testautomatisierung gesetzt wird (vgl. Praxisbeispiel 6–1).

Praxisbeispiel 6–1: Auswirkungen des User-Agent-basierten Ansatzes

In einem Projekt, in dem eine mobile Web-App entwickelt wurde, hatten wir den Fall, dass ein Entwickler einen Fix, inkl. Screenshot, wie die App nach dem Fix aussieht, zum Nachtest bereitgestellt hat. Auf dem Screenshot war zu sehen, dass mit Safari auf einem Mac gearbeitet wurde und nur mithilfe der Entwicklertools vorgegeben wurde, dass die Seite mit Chrome auf iPhone 6/7/8 aufgerufen wurde. Wenn wir uns die App aber mit Chrome auf einem echten iPhone 8 angeschaut haben, war der Fehler weiterhin sichtbar.

6.1.2 Gerätebasierte Testautomatisierung

Beim Ansatz der gerätebasierten Testautomatisierung wird die zu testende App auf Mobilgeräten ausgeführt. Als Mobilgeräte können sowohl echte physikalische als auch emulierte bzw. simulierte Mobilgeräte zum Einsatz kommen. Daher können mit diesem Ansatz nicht nur Web-Apps, sondern auch native und hybride Apps getestet werden. Allerdings ist es erforderlich, dass spezielle Werkzeuge und Frameworks zum Einsatz kommen. Diese bieten entsprechende Schnittstellen, mit denen auf die Mobilgeräte zugegriffen werden kann. Manche der Werkzeuge erfordern es, einen speziellen Softwareagenten für die Interaktion mit der App auf den Mobilgeräten zu installieren oder den Anwendungscode zu instrumentieren. Dies ist aber nicht für alle Werkzeuge zum automatisierten Test von mobilen Apps notwendig. Da Querwirkungen zwischen App und Agent oder Auswirkungen der Instrumentierung nicht auszuschließen sind, sollte dies bei der Auswahl eines Werkzeuges und der Testplanung berücksichtigt werden.

Plattformspezifische Werkzeuge werden von den Plattformanbietern angeboten bzw. sind bereits in den jeweiligen SDKs enthalten. Für Android wird durch Google derzeit Espresso [URL: Espresso] und UI Automator [URL: UI Automator] bereitgestellt:

- Espresso ermöglicht lediglich die Interaktion mit einer einzigen App.
- UI Automator hingegen ermöglicht die Interaktion mit mehreren Apps und erlaubt es somit, Anwenderszenarien zu automatisieren, die mehrere Apps beinhalten.

Für iOS wird von Apple XCUITest bereitgestellt. XCUITest ist Bestandteil von XCTest [URL: XCTest]. Dieses Testframework von Apple erlaubt es Entwicklern, Tests für alle Teststufen in einem einzigen Framework zu erstellen. Angefangen bei Unit Tests bis hin zum Test von Benutzerszenarien auf der grafischen Oberfläche der App.

Zusätzlich gibt es Testautomatisierungswerkzeuge von weiteren Anbietern. Häufig lassen sich diese Werkzeuge plattformübergreifend einsetzen. Es gibt immer gute Gründe, warum ein Werkzeug besonders gut für das eine oder das andere Projekt geeignet ist. Wir verzichten daher auf eine Auflistung vieler Hersteller und ihrer Werkzeuge und beschränken uns in diesem Buch auf ein gängiges und frei erhältliches Werkzeug.

Derzeit ist der Einsatz von Appium [URL: Appium] sehr weit verbreitet. Appium ist ein Open-Source-Projekt, das den automatisierten Test von nativen, hybriden und Web-Apps unter Android, iOS und Windows erlaubt. Es setzt dabei auf das WebDriver-Protokoll auf [URL: WebDriver], wie es z.B. auch von Selenium [URL: Selenium] genutzt wird. Die Verwendung dieses Protokolls macht es sehr einfach, Tests für mobile Apps zu automatisieren, wenn entsprechendes Selenium-Know-how vorhanden ist. Hauptunterschied ist, dass mit den Testskripten eine entsprechende Konfiguration in Form von sogenannten »Desired Capabilities« übergeben werden muss. Diese Konfiguration legt fest, auf welchem Gerät, mit welchem Betriebssystem in welcher Version und welche App getestet werden soll. Die Übergabe von Desired Capabilities ist dabei sehr ähnlich wie beim Einsatz von Selenium Grid [URL: Selenium Grid] (vgl. Praxisbeispiel 6–2).

Praxisbeispiel 6–2: Desired Capabilities für Appium

Beispiel für eine Appium-Konfiguration zum automatisierten Test einer mobilen Web-App auf einem iPhone:

```
public void setUp() throws Exception {
  DesiredCapabilities capabilities = new DesiredCapabilities();
  capabilities.setCapability("automationName", "Appium");
  capabilities.setCapability("platformName", "IOS");
  capabilities.setCapability("platformVersion", "11.3");
  capabilities.setCapability("deviceName", "iPhone 6");
  capabilities.setCapability("browserName", "Safari");
  driver = new RemoteWebDriver(new URL("http://127.0.0.1:4723/wd/hub"),
  capabilities);
}
```

Zur Umsetzung dieser Herangehensweise ist es notwendig, ein entsprechendes Testlabor zu nutzen. Ob dieses selbst lokal aufgebaut wird oder Angebote in der Cloud genutzt werden, muss im Kontext der zu testenden App entschieden werden. Die in Abschnitt 5.4 vorgestellten Vor- und Nachteile für lokale und entfernte Testlabore gelten dabei auch für die Testautomatisierung. Auf automatisierungsspezifische Vor- und Nachteile wird in Abschnitt 6.5 eingegangen.

6.1.3 Herkömmliche Testautomatisierungsansätze

Oben beschriebene Ansätze müssen mit den herkömmlichen Testautomatisierungsansätzen kombiniert werden, die auch bei nicht mobilen Apps zum Einsatz kommen. Verschiedene weitverbreitete Ansätze werden in den folgenden Abschnitten vorgestellt.

Aufnahme und Wiedergabe

Dieser Ansatz ist auch als »Capture & Replay« bzw. »Record & Playback« bekannt. Er basiert darauf, dass ein Testfall Schritt für Schritt durch einen Tester manuell ausgeführt und dabei aufgenommen wird. Durch das Werkzeug werden die einzelnen Schritte protokolliert. Dieses Protokoll kann später genutzt werden, um die Schritte von einer Maschine wiederholen zu lassen. Häufig geschieht diese Protokollierung in der Form, dass aus den manuell ausgeführten Schritten durch das Werkzeug ein Skript generiert wird.

Auch wenn dieser Ansatz sehr verlockend klingt, zeigt die Erfahrung, dass dieser Ansatz meistens nicht sehr nachhaltig ist, da sich eine App in ihrem Lebenszyklus ändert und die Wartung und Pflege der Skripte sehr aufwendig ist. Abhängig vom genutzten Werkzeug kann es sogar notwendig sein, bei jeder Änderung in der App die Testfälle neu aufzunehmen. Das ist ein schier unendliches und teures Unterfangen.

Aktuell ist der Trend zu beobachten, dass Frameworks zur Aufnahme und Wiedergabe mit KI ausgestattet werden, was die Wartung und Pflege vereinfachen oder sogar weitestgehend überflüssig machen soll. Ob dieses Versprechen in der Praxis eingehalten wird, kann derzeit durch uns nicht abschließend beurteilt werden.

Manuelle Skripterstellung

Dieser Ansatz nutzt die Testfälle in der Form von Skripten, die von Hand programmiert werden. Diese Skripte werden ausgeführt, um den jeweiligen Test durchzuführen. Dabei ist zu berücksichtigen, dass die Entwicklung der Testskripte Softwareentwicklung ist. Wie wir Tester wissen, kommt es bei der Entwicklung von Software zu Fehlern. Somit müssen die Testfallskripte selbst getestet werden. Der mit der Entwicklung und dem Test der Skripte verbundene Aufwand sollte nicht unterschätzt werden. Zudem müssen die Skripte gepflegt werden, um Änderungen in der damit getesteten Software zu berücksichtigen. Um die langfristige und nachhaltige Nutzung zu vereinfachen, empfehlen wir, die Regeln und Methoden zur Erstellung von Software auch bei der Erstellung der Testskripte anzuwenden. Testskripte sollten u.a, wie jeder andere Code, einer Versionsverwaltung unterliegen. Dies erleichtert es, festzustellen, welche Version des Testfalls zu welcher Softwareversion passt.

Datengetriebene Testautomatisierung

Dieser Ansatz nutzt Testskripte, die es erlauben, Testein- und -ausgaben aus einer Datenquelle, z.B. einer Excel-Tabelle oder Datenbank, zu übergeben. Der Testablauf innerhalb des Skriptes wird dann mit jedem Datensatz einmal wiederholt. So ist es möglich, mit einem Testskript eine Vielzahl von Testvariationen abzudecken. Damit ist dieser Ansatz insbesondere in den Situationen effizient, in denen Abläufe sich lediglich durch die Ein- und Ausgabewerte unterscheiden.

Schlüsselwort- und verhaltensgetriebene Testautomatisierung

Dieser Ansatz basiert darauf, die geschäftliche von der technischen Logik des Testfalls zu trennen. Die Testfälle werden als Abfolge von Schlüsselworten definiert, die das Nutzer- und/oder Systemverhalten beschreiben. Damit diese Testfälle ausgeführt werden können, ist es notwendig, im Hintergrund festzulegen, wie pro Schlüsselwort technisch mit dem getesteten System interagiert wird.

Durch die Trennung ergibt sich der große Vorteil, dass die technische Umsetzung für ein Schlüsselwort nur einmal realisiert werden muss, aber in einer Vielzahl von Testfällen genutzt werden kann. Wenn die Schlüsselworte bekannt sind, können auch Tester ohne Programmierkenntnisse die fachliche Logik in automatisch ausführbaren Testfällen abbilden (vgl. Praxisbeispiel 6–3).

In den letzten Jahren hat insbesondere im Umfeld von BDD (Behavior Driven Development) und ATDD (Acceptance Test Driven Development) dieses Vorgehen Verbreitung gefunden. Dabei werden die Anforderungen an die zu entwickelnde Software direkt mit den Schlüsselworten definiert. Bei der Entwicklung wird dann die technische Logik parallel zur Anwendung selbst erstellt.

Unserer Erfahrung nach kann eine nachträgliche Definition von Schlüsselworten, abhängig von der zu testenden App, sehr aufwendig sein. Eine solche Architekturentscheidung zur Testautomatisierung sollte demzufolge möglichst früh im Projekt getroffen werden.

Praxisbeispiel 6–3: Vereinfachtes Beispiel für ein Automatisierungsskript (Hinweis: Code hat keine Produktionsqualität.)

Unten stehender Selenium-Beispielcode für den Test einer Webanwendung trennt die geschäftliche Nutzeraktivität, beschrieben als Schlüsselwort, von der technischen Umsetzung der einzelnen Automatisierungsschritte. Der Testfall besteht aus zwei Klassen.

Klasse 1 mit dem Namen »Login« enthält die geschäftliche Logik für die Testfälle. Im Beispiel ist lediglich ein Testfall in der Klasse. In diesem wird geprüft, dass sich der Nutzer mit gültigem Usernamen und Passwort am System anmelden kann. Neben dem Keyword »Login« sind Username und Passwort als Parameter enthalten.

```
class Login extends BaseTest {
   @Test
   void testlogin() throws Exception {
      login("Username", "Passwort")
   }
}
```

→

Klasse 2 hat den Namen »BaseTest«. In dieser Klasse gibt es u.a. die unten stehende Methode »login«. Sie enthält alle technischen Schritte zur Anmeldung des Nutzers und nutzt die übergebenen Parameter:

```
protected void login(String USER, String PW) throws Exception {
    getDriver().get(Config.URL);
    WebElement userTextBox =
    getWaitr().until(ExpectedConditions.visibilityOf(driver.findElement
    (By.id("user_login"))));
    assertTrue(userTextBox.isEnabled(), "Field Username not enabled.");
    userTextBox.sendKeys(USER);
    assertEquals(USER, userTextBox.getAttribute("value"), "Expected text
    not entered");
    WebElement pwdBox = driver.findElement(By.id("user_pass"));
    assertTrue(pwdBox.isEnabled(), "PWDfield is not enabled.");
    pwdBox.sendKeys(PW);
    assertEquals(PW, pwdBox.getAttribute("value"), "Expected text not
    entered");
    WebElement submit = driver.findElement(By.id("submit"));
    assertTrue(submit.isEnabled(),"Submitbutton not enabled");
    submit.click();
}
```

6.2 Testautomatisierungsframeworks

Testautomatisierungswerkzeuge liegen in der Regel als sogenannte Rahmenwerke oder Frameworks vor. Sie bilden den Rahmen, in dem die konkrete Testautomatisierungslösung umgesetzt wird. Sie können dabei sehr rudimentär oder sehr komplex sein, und selbst wiederum andere Frameworks enthalten.

Ein Testautomatisierungsframework sollte folgende wichtige Fähigkeiten aufweisen:

- **Objektidentifizierung**
  Zur Erkennung der Elemente der App, mit denen im Testfall interagiert werden soll. Beispielsweise können so Buttons, Eingabefelder und Ausgabefelder erkannt werden. Da die Objekterkennung einer der kritischsten Punkte bei der Testautomatisierung ist, kann es sinnvoll sein, schon bei der Entwicklung die Objekterkennung durch das Testautomatisierungswerkzeug zu berücksichtigen, z.B. indem eindeutige IDs für Objekte vergeben werden.
- **Objektoperationen**
  Um mit den erkannten Objekten zu interagieren, z.B. Antippen von Buttons, Eingeben von Daten in Eingabefelder oder Lesen von Ausgaben.

- **Testberichte**
  Um zu dokumentieren, welche Testfälle erfolgreich und welche mit Fehler ausgeführt wurden. Bei Fehlern ist wichtig, dass im Testbericht zu erkennen ist, was genau die Fehlerwirkung ist und wie diese vom erwarteten richtigen Ergebnis abweicht. Dabei ist es oft hilfreich, wenn das Testautomatisierungswerkzeug die Möglichkeit bietet, Screenshots zu erstellen und in die Berichte einzubinden.
- **Application Programming Interface (APIs) und erweiterbare Funktionen**
  Um programmatisch mit dem Werkzeug interagieren zu können, z.B. um die Automatisierung aus der Build-Pipeline heraus aufzurufen. Und um neue Funktionen hinzufügen oder bestehende Funktionen so zu erweitern, wie sie für die getestete App benötigt werden.
- **Angemessene Dokumentation**
  Um zu lernen, wie das Werkzeug eingesetzt werden kann und um Hilfestellung bei Problemen zu finden.
- **Integration mit anderen Werkzeugen**
  Um das Automatisierungswerkzeug mit anderen im Testprozess genutzten Werkzeugen zu verbinden (Beispiele für Schnittstellen finden sich in Abschnitt 6.4).
- **Unabhängigkeit von der Testentwicklung**
  Um sicherzustellen, dass Tests ohne Berücksichtigung des Werkzeug erstellt werden können. So kann verhindert werden, dass relevante Tests nur deswegen nicht erstellt werden, weil ihre Erstellung durch das Werkzeug nicht unterstützt wird. Erst bei der Auswahl der Testfälle, die automatisiert werden sollen, dürfen Limitierungen durch das Werkzeug Einfluss nehmen.

6.3 Automatisierungsmethoden

Zur Umsetzung der Automatisierung muss den ausführenden Testern bekannt sein, wie sie Testfälle für die automatisierte Ausführung aufbereiten müssen. Ein Kernelement ist dabei die Identifizierung von Objekten, um mit diesen zu interagieren. Zudem muss bekannt sein, welche Möglichkeiten zur Interaktion mit den erkannten Objekten und zur Ergebnisprüfung durch das genutzte Automatisierungswerkzeug zur Verfügung gestellt werden. Daher ist es wichtig, dass der Umgang mit dem Automatisierungswerkzeug angemessen geübt wird. Insbesondere auch, um die für die gegebene Situation am besten geeignete Erkennungsmethode zu nutzen. Eine gute Objekterkennung erlaubt es, die erstellten Testfälle unverändert auf einer großen Anzahl von verschiedenen Geräten und über einen langen Zeitraum zu nutzen.

Weitverbreitete Methoden zur Objekterkennung werden in den folgenden Abschnitten diskutiert.

6.3.1 Bildvergleich

Bei dieser Methode wird in einem Basisbild innerhalb des Werkzeuges das Objekt, mit dem interagiert werden soll, markiert. Im Rahmen der Testausführung nimmt das Werkzeug anschließend ein Bild der auf dem Gerät laufenden App auf und vergleicht dieses mit dem Basisbild. Dabei wird versucht, dass im Basisbild markierte Objekt im aufgenommenen Bild wiederzuerkennen, um die für das Objekt hinterlegte Aktion auszuführen. Solange nur Größenunterschiede zwischen Basisbild und aufgenommenen Bild bestehen, funktioniert diese Methode recht zuverlässig. Wenn jedoch das Layout der App geändert wird, kann die Bilderkennung die markierten Objekte häufig nicht mehr verlässlich identifizieren. In diesem Fall müssen die Testfälle angepasst werden, indem neue Basisbilder erzeugt und im Werkzeug bereitgestellt werden. Zudem müssen die Objekte erneut markiert und mit den jeweiligen Aktionen verknüpft werden.

Die Erstellung und Vorbereitung der Basisbilder ist einer der größten Aufwandstreiber dieser Automatisierungsmethode. Dafür kommt diese Automatisierungsmethode häufig ohne manuelle Skripterstellung aus, da nur auf Basis der sichtbaren Benutzeroberfläche gearbeitet wird. Somit ist diese Methode auch gut für den Regressionstest des Nutzererlebnisses geeignet. Das Nutzererlebnis ist zu einem großen Teil vom visuellen Erleben der App geprägt. Ein unverändertes Aussehen und unveränderte Arbeitsabläufe sind ein starker Indikator, dass keine Änderung des Nutzererlebnisses vorliegt. Sein initialer Test sollte jedoch manuell durchgeführt werden. Nur ein Mensch kann beurteilen, wie das Nutzererlebnis für einen menschlichen Nutzer ist.

Die meisten Werkzeuge, die diese Methode unterstützen, erlauben es, gewisse Bildbereiche von den Vergleichen auszunehmen. Dies ist hilfreich für Inhalte, die sich häufig ändern. Wenn z.B. in der App ein Datum angezeigt wird, sollte dieses vom Vergleich ausgenommen werden können, um sicherzustellen, dass der Testfall an jedem Tag funktioniert und nicht wegen eines anderen Datums ein Fehler erkannt wird.

Ein weiterer Vorteil ist, dass diese Methode plattformunabhängig funktioniert. Wenn eine App unter Android und iOS identisch aussieht, kann der Testfall ohne Änderung auf beiden Plattformen ausgeführt werden. Zudem kann diese Methode genutzt werden, wenn alle anderen Methoden scheitern. Dies ist möglich, da die Objekterkennung nur auf dem Abgleich der Bilder basiert und daher die Technologie der App nur minimale Auswirkungen hat. Genau aus demselben Grund können so auch sehr einfach Betriebssystemfunktionalitäten, wie beispielsweise das WLAN ein- und ausschalten, automatisiert werden.

Der Nachteil ist dabei, dass diese Methode tendenziell langsam ist, da Bilder der App von den Geräten aufgenommen werden, die anschließend Pixel für Pixel mit dem jeweiligen Basisbild verglichen werden müssen.

Ein weiterer Nachteil besteht darin, dass aufgrund der Vielzahl von Displaygrößen und Displaydichten ggf. pro Bildschirmmaske mehrere Bilder erstellt werden müssen, was teuer sein kann.

6.3.2 Optische Zeichenerkennung

Die optische Zeichenerkennung ist besser unter dem Kürzel OCR bekannt, was für »Optical Character Recognition« steht. Bei dieser Methode werden ebenfalls Bilder der laufenden App aufgenommen. Im Anschluss wird versucht, anhand der Muster im Bild Zeichenketten zu erkennen. Diese Zeichenketten können anschließend mit Vorgaben verglichen werden, um die Objekte dadurch zu identifizieren. Gegenüber der Bilderkennung ist diese Methode unempfindlicher gegen Layoutänderungen, da Objekte nach wie vor anhand der enthaltenen Texte erkannt werden können, auch wenn sie an anderer Stelle auf dem Display angezeigt werden. Nachteil ist jedoch, dass diese Methode nur für Objekte genutzt werden kann, die Zeichen enthalten. Für Objekte, die keine Zeichen enthalten, oder für selbst erstellte Grafiken kann diese Methode nicht genutzt werden.

Du kennst bestimmt den Spruch: »Ein Bild sagt mehr als tausend Worte.« So ist es auch bezüglich des Nutzererlebnisses. Was ohne Text funktioniert, steigert die Zufriedenheit bei der Benutzung. Viele moderne Apps basieren immer häufiger auf Bildern anstatt auf Texten oder Buttons mit Textinhalt, sodass OCR-Erkennung immer weniger benutzt werden kann.

6.3.3 Native Objekterkennung

Bei nativen Apps werden die nativen Objekte der jeweiligen Plattform erkannt, bei Web-Apps und hybriden Apps die enthaltenen Webobjekte. Dabei ist es hilfreich zu wissen, dass Benutzeroberflächen nativer Apps unter Android und iOS in der Regel XML-Dokumente sind. Es geht somit in der Regel um die Erkennung von XML- bzw. HTML-Objekten. Dazu kann auf das DOM (Document Object Model) zugegriffen werden, das als API zum Zugriff auf Objekte innerhalb der Dokumentenstruktur dient. Das DOM spiegelt die logische Struktur der Oberfläche, die enthaltenen Objekte und ihre Eigenschaften wider. Dies ermöglicht den Zugriff auf Objekte anhand ihrer Eigenschaften oder ihrer Position innerhalb der Struktur.

Die Zuverlässigkeit hängt dabei sehr stark von der konkreten Ausgestaltung der App ab. Wenn auf Objekteigenschaften wie ID oder Name zugegriffen wird, sind die erstellten Skripte in der Regel sehr zuverlässig und robust gegenüber Layoutänderungen. Voraussetzung ist dabei, dass die zur Identifizierung gewählten Eigenschaften statisch sind, d.h. sich nicht ändern (vgl. Praxisbeispiel 6–4). Weiterhin müssen die genutzten Eigenschaften das Objekt eindeutig kennzeichnen. So ist es z.B. technisch möglich, mehreren Objekten die gleiche ID zu geben. Wenn bei mehreren Objekten die gleiche ID genutzt wird, kann das gesuchte Objekt nicht eindeutig anhand der ID identifiziert werden, da das Automatisierungswerkzeug nicht weiß, welches der Objekte gemeint ist. Unserer Erfahrung nach ist dies eine der größten Herausforderungen in App-Projekten, in denen automatisiert getestet werden soll. Insbesondere in Projekten mit mehr oder weniger unabhängig voneinander agierenden Entwicklern und Testautomatisierern kommt es immer wieder zu Problemen, auch weil manche Web-Entwicklungsframeworks solche IDs zur Laufzeit dynamisch generieren. Dies hat zur Folge, dass bei jedem Aufruf der Webanwendung die Objekte andere IDs haben. In manchen Projekten haben wir es auch erlebt, dass die Vergabe von IDs zusätzliche Arbeit für die Entwickler bedeutet hat. Aus vorgeschobenen Zeitgründen werden keine IDs vergeben. Testautomatisierungsskripte werden deswegen sehr kompliziert und dadurch wird noch viel mehr Zeit verschwendet, als wenn von Anfang an IDs vergeben worden wären (vgl. Praxisbeispiel 6–4).

Ist die Erkennung über die Position innerhalb der Dokumentenstruktur realisiert, kann sich diese Position mit jeder Layoutänderung verschieben, abhängig davon, wo sich die Änderung auf die Dokumentenstruktur auswirkt. Wenn sich die Position des gesuchten Objektes ändert, wird das Objekt nicht mehr gefunden.

Praxisbeispiel 6–4: Objektidentifizierung

In einem Projekt wurde eine Responsive Web App zur Berechnung der Kosten von individuellen Kfz-Versicherungen entwickelt. Hierzu musste der Nutzer eine Vielzahl von Fragen zu seiner Person und zum Fahrzeug beantworten. Die Entwickler sagten, dass es schwierig sei, IDs für die Objekte festzulegen. Auch würde kein Wert für die Testautomatisierung daraus entstehen, da jede Frage-Antwort-Kombination in einem eigenen, individuell identifizierbaren Containerobjekt gekapselt ist und somit sehr kleine relative XPaths zur Objektidentifizierung genutzt werden können. Zudem seien die XPaths stabil, da sich die Struktur innerhalb eines Containerobjektes nicht ändert. Daher wurden bei der Erstellung der automatisierten Tests dann auch die relativen XPaths für die Umsetzung der technischen Zugriffe auf die Objekte genutzt. Zur initialen Erstellung der automatisierten Tests hat dies auch wunderbar funktioniert.

Dann wurde allerdings festgestellt, dass die Struktur innerhalb der Containerobjekte geändert werden musste. Infolgedessen mussten in der Testautomatisierung alle technischen Zugriffe angepasst werden. Diese Anpassungen haben ca. fünf Personentage Arbeitsaufwand verursacht. Dieser zusätzliche Arbeitsaufwand war ursprünglich nicht eingeplant. Somit hat die Zeit für andere, geplante Aufgaben gefehlt. Zudem war die Testautomatisierung damit auch deutlich teurer als ursprünglich geplant.

Die Objekterkennung birgt das Risiko, dass mit Objekten interagiert wird, die der Benutzer nicht sieht, z.B. weil das Objekt von anderen Objekten überlagert wird oder die Eigenschaft hat, dass es unsichtbar ist. Auch ist es möglich, dass ein Objekt zum Zugriffszeitpunkt außerhalb des sichtbaren Bereichs der App liegt.

Damit einher geht auch das Risiko, das Nutzererlebnis nur unzureichend zu berücksichtigen, z.B. weil die Automatisierung den erwarteten Text innerhalb eines Objektes lesen kann, aber nicht erkennt, dass dieser Text über den Rand des Textfeldes hinausragt, wodurch er für Menschen nicht mehr lesbar ist oder andere Bildschirminhalte überlagert. Zur Berücksichtigung des Nutzererlebnisses in einem automatisierten Regressionstest ist somit das Design der Testfälle von besonderer Bedeutung.

In der Regel ist bei dieser Methode die Ausführungsgeschwindigkeit höher als bei anderen Methoden. Jedoch ist dies auch von der konkreten Gestaltung der Skripte abhängig. Schlecht programmierte Skripte können die Ausführung massiv verzögern. Somit ist es wichtig, dass die Personen, die die Testfälle automatisieren, sowohl mit der Programmiersprache als auch mit den Softwareentwicklungsmethoden und Praktiken vertraut sind. Dies gilt normalerweise auch, wenn der Testautomatisierungsansatz der »Aufnahme und Wiedergabe« gewählt wird. Bei diesem Ansatz ist es häufig notwendig, die generierten Skripte manuell zu überarbeiten, damit eine nachhaltige, schnelle und wartbare Testautomatisierungslösung entsteht.

6.4 Auswahl eines Testautomatisierungswerkzeuges

Um eine Automatisierungslösung zu realisieren, muss das passende Automatisierungswerkzeug ausgewählt werden. Diese Auswahl kann sehr aufwendig sein, abhängig vom Kontext, in dem das Werkzeug genutzt werden soll.

Da sich der Prozess zur Auswahl eines Automatisierungswerkzeuges für mobile Applikationen nur unwesentlich von der Auswahl eines Automatisierungswerkzeuges für andere Applikationen unterscheidet, wird an dieser Stelle nur komprimiert darauf eingegangen. In den folgenden Abschnitten findet sich somit keine vollständige Anleitung, wie ein Automatisierungswerkzeug auszuwählen ist. Stattdessen werden exemplarische Beispiele genannt, die bei der Auswahl eines entsprechenden Werkzeuges für die automatisierte Testausführung zum Test einer mobilen App bedacht werden sollten.

Die Faktoren, nach denen ein Automatisierungswerkzeug beurteilt werden sollte, lassen sich in zwei Hauptklassen einteilen, die nachfolgend beschrieben werden.

Organisatorische Faktoren

Hierzu gehört u.a., wie gut das Werkzeug zur Organisation und deren Prozessen passt. Dabei sollte eine Anpassung der Prozesse nur in Betracht gezogen werden, wenn sich eine Prozessverbesserung realisieren lässt. Einen guten Prozess so zu ändern, dass er weniger effizient ist, nur damit ein Werkzeug nutzbar wird, können und wollen wir nicht empfehlen. Zu den weiteren organisatorischen Faktoren gehört, inwieweit das Wissen zum Betrieb des Werkzeuges in der Organisation vorhanden ist.

Welche Kenntnisse und Fähigkeiten zur Realisierung der Automatisierungslösung mithilfe des Werkzeuges benötigt werden und welche davon bereits in der Organisation vorhanden sind bzw. wie fehlende Fähigkeiten erlangt werden können, spielt ebenfalls eine wichtige Rolle.

Technische Faktoren

Hierzu gehört u. a., wie gut ein Werkzeug auf neue Funktionen vorbereitet ist, die im Mobilbereich relevant sind. Wichtiges Beispiel für solche Funktionen ist der Umgang mit Sensoren, z. B. zur Nutzung des Fingerabdrucksensors in automatisierten Testfällen, oder auch Funktionen zur Nutzung von Chatbots innerhalb der getesteten App.

Auch die Anforderungen der genutzten Testumgebung gehören zu den technischen Faktoren. So ist es wichtig, zu wissen, ob und wie mit unterschiedlichen Netzwerkbedingungen getestet werden kann und wie Testdaten in der Testumgebung bereitgestellt werden können. Grundsätzlich ist es zu empfehlen, dass die Testumgebung möglichst vollständig durch das Testautomatisierungswerkzeug kontrolliert werden kann (vgl. Praxisbeispiel 6–5). Damit lässt sich das Risiko reduzieren, dass Umgebungsprobleme zu Fehlermeldungen durch die Testautomatisierung führen, obwohl keine Fehler in der getesteten Software gefunden werden. Zu dieser Kontrolle der Testumgebung gehört es bei nativen Apps auch, dass die App durch das Werkzeug auf dem jeweiligen Gerät installiert werden kann. Dadurch kann sichergestellt werden, dass die richtige Version der App getestet wird. Es ist sehr ärgerlich, wenn die Automatisierung Fehler findet, die analysiert werden müssen, nur um festzustellen, dass diese Fehler in der aktuellen Version bereits behoben sind.

Praxisbeispiel 6–5: Datenverbrauch durch Testautomatisierung

In unserem Praxisbeispiel 2–3 der Onlinebanking-App war u. a. eine Funktion zum Überweisen von Guthaben auf andere Konten enthalten. Für den Test wurde initial ein Konto »A« mit einem Guthaben von 200,– € in der Testumgebung für uns angelegt.

Da Überweisen eine wichtige Funktion der App war, wurde entschieden, dass ein automatisierter Regressionstest auch eine Überweisung enthalten sollte. Daher wurde ein automatisierter Testfall umgesetzt, in dem aus der App 10,– € von Konto »A« auf Konto »B« überwiesen wurden und geprüft wurde, dass die Transaktion im Kontoverlauf aufgeführt war.

Anfangs lief der Testfall auch problemlos. Nach ein paar Ausführungen war im Reporting jedoch zu sehen, dass die Überweisung zu einem Fehler führte. Die Analyse des Fehlers ergab sehr schnell, dass die Ursache kein Fehler in der App war. Stattdessen lag die Ursache darin, dass das gesamte Guthaben auf Konto »A« verbraucht war.

Da das App-Team keinen direkten Zugriff auf die Datenbank hatte, in der der Kontostand gespeichert war, hatten wir keine Möglichkeit, im Rahmen der Testautomatisierung sicherzustellen, dass immer ein Guthaben von 200,– € auf Konto »A« verfügbar war. Daher wurde ein zusätzlicher automatisierter Testfall angelegt, in dem 10,– € von Konto »B« auf Konto »A« überwiesen wurden. Da immer beide Testfälle ausgeführt wurden, konnte so sichergestellt werden, dass sich der Kontostand durch die automatisierten Tests nicht änderte und somit immer genug Guthaben zum Ausführen der Überweisung verfügbar war.

Im Kontext des Testumgebungsmanagements sollte auch berücksichtigt werden, welche Art von Testlabor durch das Werkzeug unterstützt wird. Aus unserer Sicht ist es sinnvoll, wenn das Werkzeug die Möglichkeit bietet, mehrere Labore anzubinden. Dadurch können Testfälle sowohl lokal im eigenen Labor als auch entfernt auf Geräten in der Cloud ausgeführt werden. Daneben ist es auch sinnvoll, wenn das Werkzeug die Fähigkeit hat, Tests parallel auf mehreren Geräten ausführen zu können, wodurch die Effizienz der Testausführung gesteigert werden kann.

Wichtig ist auch, das Automatisierungswerkzeug in die bestehende Werkzeuglandschaft einbinden zu können. Werkzeuge, die sich gut integrieren lassen, können deutlich effizienter genutzt und betrieben werden als Insellösungen, die keine Schnittstellen zu bestehenden Werkzeugen haben. Eine wünschenswerte Schnittstelle ist die Möglichkeit zur Integration in die Build-Pipeline, damit eine automatische Ausführung der Testfälle gestartet werden kann, sobald einer neuer Build verfügbar ist. Ist eine solche Schnittstelle nicht verfügbar, entsteht manueller Aufwand und eine zeitliche Verzögerung, den Build in das Automatisierungswerkzeug zu überführen und anschließend die automatisierte Testausführung zu starten.

Eine weitere sinnvolle Schnittstelle besteht zum Testmanagementsystem. Eine solche Schnittstelle ermöglicht es, die Ergebnisse der automatisierten Testausführung automatisch zu übertragen. Damit sind alle Informationen zur manuellen und automatischen Testausführung in einer Quelle konsolidiert und für ein übergreifendes Testberichtswesen verfügbar.

Zudem ist eine Schnittstelle zum Fehlermanagementsystem sinnvoll. Über eine solche Schnittstelle können automatisch Fehlertickets aus fehlgeschlagenen Tests erzeugt werden. Vorteil ist, dass alle gefundenen Fehler, unabhängig von der Art der Testausführung, bei der die Fehler gefunden werden, in einem System erfasst werden, was wiederum den Gesamtüberblick über alle gefundenen Fehler erleichtert.

Nicht vernachlässigt werden sollten auch die Faktoren Dokumentation und Support. Gut strukturierte, verständliche Dokumentation erleichtert das Lernen des Umgangs mit dem Werkzeug und die Lösungsfindung bei Problemen. Gerade im geschäftlichen Umfeld sollte auch nicht vergessen werden, dass es wirtschaftlich sinnvoller sein kann, auf kommerzielle Unterstützung zurückzugreifen, als sich stundenlang durch Handbücher und diverse Foren zu lesen.

6.5 Einrichtung von Testautomatisierungslaboren

Testlabore werden in Abschnitt 5.4 besprochen. Die dort gemachten Aussagen treffen weitestgehend auch auf Automatisierungslabore zu. So kann auch ein Testautomatisierungslabor vor Ort oder in der Cloud eingerichtet werden. Auch die Kombination von beidem ist möglich und wird praktiziert. Welcher Ansatz der richtige für die eigene App ist, muss individuell anhand des Projektkontextes festgelegt werden.

Voraussetzung für die Nutzung von Cloud-Laboren ist, dass diese Schnittstellen für die Testautomatisierung bereitstellen. Zum Glück verfügen die meisten Cloud-Anbieter für RDA über solche Schnittstellen. Häufig bieten sie sogar zusätzliche Funktionen zur Unterstützung der Automatisierung sowie umfangreiche Berichtsmöglichkeiten, was die Dokumentation der Testausführung vereinfacht.

Gerade bei der Testautomatisierung können RDA-basierte Testlabore einige ihrer Nachteile ausgleichen und zusätzliche Vorteile bieten. Ein Beispiel für einen solchen Vorteil ist, dass die Skripte lokal beim Cloud-Anbieter zur Ausführung kommen. Daher spielen Verzögerungen, die bei manueller Nutzung der entfernten Geräte im Browser durch das Netzwerk verursacht werden, in der Regel keine Rolle.

Ein weiterer Vorteil ist, dass Cloud-Anbieter eine Vielzahl an Kombinationen von Geräten und Betriebssystemversionen vorrätig halten und parallelen Zugriff auf diese ermöglichen. Somit lassen sich die automatisierten Tests gleichzeitig auf einer großen Bandbreite an Kombinationen ausführen. Dies liefert sehr schnelles Feedback in Bezug auf die Kompatibilität der App mit den getesteten Kombinationen. Zusätzlich können, abhängig vom verfügbaren Reporting, Indikatoren für den Performanzvergleich zwischen den verschiedenen Geräten gefunden werden. Dies ist möglich, wenn die Laufzeiten pro Gerät und Testfall sowie Testschritt verfügbar sind. Der Fokus sollte dabei auf die Schritte gelegt werden, die auf den Geräten ausgeführt werden. Bei Schritten, die Netzwerkkommunikation beinhalten, ist Vorsicht geboten, da die Netzwerkbedingungen und ihr Einfluss auf die Laufzeit nicht kontrollierbar sind.

Insbesondere in späten Phasen der App-Entwicklung, kurz vor dem Release, sind Cloud-Labore eine gute Ergänzung zu lokalen Testlaboren. Gleiches gilt für Updates der App, die viele oder tiefgreifende Änderungen beinhalten. Dies begründet sich in erster Linie mit der hohen Abdeckung von Geräten und Betriebssystemversionen, die mithilfe von Cloud-Anbietern erreicht werden kann.

Lokale Testlabore können sehr unterschiedlich ausgeprägt sein. Sie fangen bei einem Emulator oder Simulator an, der auf dem eigenen Rechner ausgeführt wird, und reichen bis hin zu Regalen, die mit einer Vielzahl von Geräten bestückt sind. Aufgrund der in Abschnitt 5.3 erörterten Schwächen von Emulatoren und Simulatoren sollten diese nur in frühen Phasen der App-Entwicklung oder bei der Entwicklung der Testfälle an sich genutzt werden. Für die produktive Nutzung ist es empfehlenswert, dass die automatisierten Testfälle auf echten Geräten ausgeführt werden.

Wenn sich die Organisation entscheidet, vor Ort ein Testautomatisierungslabor mit echten Geräten aufzubauen, sollte darauf geachtet werden, dass das Labor zum Softwareentwicklungsmodell passt. Wenn mehrfach am Tag, ggf. sogar nach jedem Commit durch einen Entwickler, ein neuer Build der App zur Verfügung steht und die Testausführung automatisch aus der Build-Pipeline gestartet wird, müssen die Geräte oder zumindest ein Teil davon auch permanent für die automatisierte Ausführung zur Verfügung stehen.

Wenn zeitgesteuerte Builds genutzt werden, z.B. wenn jede Nacht eine neue Version der App erstellt wird, ist es eventuell möglich, die Geräte tagsüber für manuelle Tests zu nutzen und über Nacht für die Ausführung von automatisierten Tests bereitzustellen. Bei diesem Modell ist der notwendige Verwaltungsaufwand nicht zu vernachlässigen, um sicherzustellen, dass die Geräte nachts für automatische Tests bereitstehen. Dagegen steht der Vorteil, dass Geräte nur einmal angeschafft und gewartet werden müssen. Ob sich die Organisation für ein exklusives Testautomatisierungslabor entscheidet oder die Geräte zusätzlich für manuelle Tests nutzt, ist individuell im Projektkontext zu entscheiden. Beide Modelle sind uns schon in Projekten begegnet und haben für sich genommen sehr gut funktioniert.

Sinnvoll ist es, wenn die automatisierten Tests automatisch aus der Build-Pipeline heraus gestartet werden. Dies bietet den Vorteil, dass sichergestellt werden kann, dass die Grundfunktionalität der App gegeben ist, bevor der erste Tester anfängt, Zeit in den Test der neuen Version zu investieren. Grundvoraussetzung dafür ist die Stabilität der Testumgebung. Es ist sehr ärgerlich, wenn ein funktionsfähiger Build als fehlerhaft markiert und Aufwand zur Fehlersuche verursacht wird, nur um festzustellen, dass die Fehlerursache in der Testumgebung liegt. Aus diesem Grund sollten die Wartung und Pflege des Automatisierungslabors von Anfang an berücksichtigt werden.

Ein gut gemanagtes und gewartetes Testautomatisierungslabor vor Ort bietet jedoch einige Vorteile. Dazu gehört die Vertraulichkeit, da niemand anders Zugriff auf die Geräte hat, sowie die Kontrollierbarkeit aller Betriebsparameter.

6.6 Bewertung der Testautomatisierung für mobile Apps

Wie für andere Softwareprojekte auch kann die automatisierte Ausführung von Testfällen ein wertstiftendes Werkzeug im Test von mobilen Apps sein. Es darf aber nicht vergessen werden, dass die initiale Anlage der automatisierten Tests aufwendig ist und die Testfälle auch weiterentwickelt und gewartet werden müssen. Zum einen, da sich die App weiterentwickelt, zum anderen aber auch, da innerhalb des Lebenszyklus der App neue Geräte mit neuen Features und neue Betriebssystemversionen relevant werden, für die die Tests eventuell angepasst werden müssen.

Hinzu kommt, dass viele relevante Qualitätsmerkmale bei Apps nur bedingt oder gar nicht automatisiert getestet werden können. So ist es z.B. nicht möglich, automatisiert die Benutzbarkeit zu bewerten.

Daher darf Testautomatisierung nicht zum Selbstzweck werden. Insbesondere wenn Tester in ihrer verfügbaren Zeit die App sowohl manuell testen als auch automatisierte Tests erstellen. In dieser Situation können Tester in der Zeit, in der sie automatisierte Tests erstellen, nicht manuell testen und daher auch keine neuen Erkenntnisse zur App gewinnen. Dieser potenzielle Informationsverlust sollte mit einkalkuliert werden, wenn es um die Bewertung des erzeugten Wertes durch die Testautomatisierung geht.

Eine sinnvolle Auswahl, welche Tests automatisiert und welche weiterhin manuell ausgeführt werden, ist somit für mobile Apps von besonderer Bedeutung. Nur durch eine sinnvolle Auswahl der Tests lässt sich sicherstellen, dass das Verhältnis zwischen Aufwand für die Automatisierung und gestiftetem Wert positiv ist und somit ein Mehrwert für das Projekt entsteht.

Anhang

A Mapping zwischen den Kapiteln dieses Buches und dem ISTQB®-MAT-Syllabus[1]

Kapitel im Buch	Kapitel im englischen Syllabus
Kapitel 1	nicht vorhanden
Abschnitt 1.1	nicht vorhanden
Abschnitt 1.2	nicht vorhanden
Abschnitt 1.3	nicht vorhanden
Abschnitt 1.4	nicht vorhanden
Abschnitt 1.5	nicht vorhanden
Kapitel 2	MAT-1
Abschnitt 2.1	MAT-1
Abschnitt 2.1.1	MAT-1.1
Abschnitt 2.1.2	MAT-1.2
Abschnitt 2.2	MAT-1.3 & MAT-1.4 & MAT-1.5 & MAT-2.3
Abschnitt 2.2.1	MAT-1.3
Abschnitt 2.2.2	MAT-1.4
Abschnitt 2.2.3	MAT-1.5 & MAT-2.3
Abschnitt 2.3	MAT-1.7 & MAT-1.8
Abschnitt 2.4	MAT-1.6
Abschnitt 2.4.1	MAT-1.6
Abschnitt 2.4.2	MAT-1.6
Abschnitt 2.4.3	MAT-1.6
Abschnitt 2.4.4	MAT-1.6
Abschnitt 2.4.5	MAT-1.6
Abschnitt 2.5	HO-1.1.1 and HO-1.7.1

→

1. MAT und HO sind die Abschnittsbezeichnungen aus dem Syllabus.

Kapitel im Buch	Kapitel im englischen Syllabus
Kapitel 3	MAT-2
Abschnitt 3.1	MAT-2.1
Abschnitt 3.1.1	MAT-2.1.1
Abschnitt 3.1.2	HO-2.1.1
Abschnitt 3.1.3	MAT-2.1.2
Abschnitt 3.1.4	HO-2.1.2
Abschnitt 3.1.5	MAT-2.1.6
Abschnitt 3.1.6	HO-2.1.6
Abschnitt 3.1.7	MAT-2.1.3
Abschnitt 3.1.8	MAT-2.1.9
Abschnitt 3.1.9	MAT-HO-2.1.9
Abschnitt 3.1.10	MAT-2.1.4
Abschnitt 3.1.11	MAT-2.1.5
Abschnitt 3.1.12	HO-2.1.5
Abschnitt 3.2	MAT-2.2
Abschnitt 3.2.1	MAT-2.1.7
Abschnitt 3.2.2	HO-2.1.7
Abschnitt 3.2.3	MAT-2.2.1
Abschnitt 3.2.4	HO-2.2.1
Abschnitt 3.2.5	MAT-2.2.2
Abschnitt 3.2.6	MAT-2.2.3
Abschnitt 3.2.7	HO-2.2.3
Abschnitt 3.2.8	MAT-2.1.8
Abschnitt 3.2.9	HO-2.1.8
Abschnitt 3.2.10	MAT-2.2.4
Abschnitt 3.2.11	MAT-2.2.5
Abschnitt 3.2.12	MAT-2.2.6

→

Kapitel im Buch	Kapitel im englischen Syllabus
Kapitel 4	MAT-3
Abschnitt 4.1	MAT-3.1
Abschnitt 4.1.1	MAT-3.1.1
Abschnitt 4.1.2	MAT-3.1.3
Abschnitt 4.1.3	MAT-3.1.4
Abschnitt 4.1.4	MAT-3.1.2 & MAT-3.1.4 (Lasttests werden im Syllabus nicht gesondert behandelt)
Abschnitt 4.1.5	MAT-3.1.2
Abschnitt 4.1.6	MAT-3.1.5
Abschnitt 4.1.7	MAT-3.1.8
Abschnitt 4.1.8	MAT-3.1.6
Abschnitt 4.1.9	MAT-3.1.7
Abschnitt 4.2	MAT-3.2
Abschnitt 4.2.1	MAT-3.2.1
Abschnitt 4.2.2	MAT-3.2.2
Abschnitt 4.2.3	MAT-3.2.2
Abschnitt 4.3	MAT-3.3
Abschnitt 4.3.1	MAT-3.3.1
Abschnitt 4.3.2	MAT-3.3.1
Abschnitt 4.3.3	MAT-3.3.2
Abschnitt 4.3.4	MAT-3.3.3
Abschnitt 4.3.5	MAT-3.3.1
Abschnitt 4.4	MAT-3.4
Abschnitt 4.4.1	MAT-3.4
Abschnitt 4.4.2	nicht vorhanden
Abschnitt 4.5	HO-3.1.5 & HO-3.3.1 & HO-3.3.2 & HO-3.3.3

→

Kapitel im Buch	Kapitel im englischen Syllabus
Kapitel 5	MAT-4
Abschnitt 5.1	MAT-4.1
Abschnitt 5.2	MAT-4.2
Abschnitt 5.3	MAT-4.3
Abschnitt 5.3.1	MAT-4.3.1
Abschnitt 5.3.2	MAT-4.3.2
Abschnitt 5.3.3	MAT-4.3.2
Abschnitt 5.4	MAT-4.4
Abschnitt 5.4.1	MAT-4.4
Abschnitt 5.4.2	MAT-4.4
Abschnitt 5.4.3	MAT-4.4
Abschnitt 5.4.4	MAT-4.4
Abschnitt 5.5	HO-4.2.1 & HO-4.3.2
Kapitel 6	MAT-5
Abschnitt 6.1	MAT-5.1
Abschnitt 6.1.1	MAT-5.1
Abschnitt 6.1.2	MAT-5.1
Abschnitt 6.1.3	MAT-5.1
Abschnitt 6.2	MAT-5.1
Abschnitt 6.3	MAT-5.2
Abschnitt 6.3.1	MAT-5.2
Abschnitt 6.3.2	MAT-5.2
Abschnitt 6.3.3	MAT-5.2
Abschnitt 6.4	MAT-5.3
Abschnitt 6.5	MAT-5.4
Abschnitt 6.6	nicht vorhanden

B Glossar

Das hier vorliegende Glossar dient dem besseren Verständnis dieses Buches. Darüber hinaus empfehlen wir das domänenspezifische Glossar im ISTQB®-MAT-Syllabus [URL: ISTQB Materials; URL: GTB MAT] sowie das generelle Glossar des ISTQB® [URL: ISTQB Glossary; URL: ISTQB-Glossar].

ADB
: Android Debug Bridge – Kommandozeilenwerkzeug, das die Kommunikation vom Rechner mit angeschlossenen Android-Geräten ermöglicht.

Akku
: Kurzform für Akkumulator. Wiederaufladbares galvanisches Element zur Speicherung elektrischer Energie.

API
: Application Programming Interface – Anwendungsprogrammierschnittstelle; Schnittstelle, die von einer Software bereitgestellt wird, damit andere Software deren Funktionalität nutzen kann.

ART
: Android Run Time – Laufzeitumgebung für Android-Programme

ATDD
: Acceptance Test Driven Development – akzeptanztestgetriebene Entwicklung. Vorgehensweise in der Softwareentwicklung, bei der zuerst automatisierte Akzeptanztests geschrieben werden und anschließend die Software an sich.

AVD
: Android Virtual Device Manager – Werkzeug aus dem Android SDK, das die Erstellung und Ausführung von virtuellen Android-Geräten ermöglicht.

BDD
: Behavior Driven Development – verhaltensgetriebene Entwicklung. Vorgehensweise in der Softwareentwicklung, bei der das Systemverhalten in einer semiformalen Form beschrieben wird, um die Beschreibung als automatisierten Test zu nutzen.

Beidou
Ein chinesisches sattelitenbasiertes Navigationssystem

Bitkom
Interessenverband der deutschen Digitalwirtschaft. Mehr als 2.700 Unternehmen sind Mitglied.

Bluetooth
Technologie für Funkverbindungen mit kleiner Reichweite

Build-Pipeline
Werkzeugkette, die den gesamten Prozess vom Quellcode bis zum Installationspaket bzw. bis inkl. Installation der Software umfasst. In der Regel greift die Build-Pipeline auf die Quellcodeverwaltung zu, kompiliert und paketiert die Software aus dem Quellcode, führt automatisierte Tests aus und stellt die Installationspakete bereit bzw. installiert die Software auf der Zielumgebung.

CMAP-FL
Certified Mobile App Professional – Foundation Level. Es handelt sich um ein Zertifikat des iSQI® (International Software Quality Institute).

Compiler
Werkzeuge zum Übersetzen des Programmcodes in durch die Zielplattform ausführbaren Maschinencode.

Cross-Compiler
Programm, das auf einer Plattform läuft und Programmcode in eine maschinenlesbare Form einer anderen Plattform übersetzt.

CSS
Cascading Style Sheets – eine Sprache zur Definition von Layouts elektronischer Dokumente. Neben HTML und JavaScript eine der Kernsprachen des World Wide Web.

Deeplink
Link, der zu einer festgelegten Stelle in der App führt oder bestimmte Funktionen in der App von außerhalb aufruft.

DPI
Dots Per Inch – Anzahl physikalischer Bildpunkte pro pro Quadratinch, das entspricht einer Fläche von 2,54×2,54 cm.

GALILEO
Ein europäisches sattelitenbasiertes Navigationssystem

Gerätepool
Synonym zu Geräteportfolio

Geräteportfolio
Summe aller für den Test verfügbaren bzw. genutzten Geräte

GLONASS
: Ein russisches sattelitenbasiertes Navigationssystem

GPS
: Global Positioning System – ein amerikanisches sattelitenbasiertes Navigationssystem

GSM
: Global System for mobile communication – globaler Mobilfunkstandard

GTB
: German Testing Board

Handover
: Ist der englische Begriff für »die Funkzelle wechseln«.

IDE
: Integrated Development Environment – integrierte Entwicklungsumgebung, Programmpaket, das die erforderlichen Werkzeuge und Hilfsmittel integriert, die benötigt werden, um eine Applikation zu entwickeln. Neben dem eigentlichen Codeeditor sind häufig auch weitere Werkzeuge wie ein Debugger, ein grafischer Editor für das Benutzerinterface sowie Compiler und Testwerkzeuge enthalten.

IoT
: Internet of Things – Internet der Dinge

ISQI®
: International Software Quality Institute

ISTQB®
: International Software Testing Quality Board

ISTQB® CTFL
: International Software Testing Quality Board Certified Tester Foundation Level

JVM
: Java Virtual Machine – virtuelle Maschine, die die Laufzeitumgebung für Java-Programme bereitstellt. Durch sie wird es möglich, Java-Programme auf jedem Computer auszuführen, auf dem eine JVM verfügbar ist.

KI
: Künstliche Intelligenz

Komponenten
: In den Mobilgeräten verbaute Hardwarebauteile

Lightning Port
: Kabelgebundene Schnittstelle von Apple

MAT
Mobile Application Testing – Abkürzung des ISTQB® für den Kurs, zu dem dieses Buch den Inhalt bereitstellt.

MDM
Mobile Device Management – die Verwaltung von Mobilgeräten von zentraler Stelle aus, zum Beispiel durch die Systemadministration des jeweiligen Unternehmens. In der Regel ein spezielles Softwarewerkzeug. Zu den enthaltenen Möglichkeiten gehört u.a. auch die Ausführung von Updates und Installationen von Apps.

NFC
Near Field Communication – Funkverbindungstechnologie mit sehr kurzer Reichweite

Nutzerbasis
Die gesamten Nutzer der eigenen App

OCR
Optical Character Recognition – optische Zeichenerkennung

OTA
Over the Air – Funkübermittlung ohne Kabel

OWASP
Open Web Application Security Project – Konsortium, das sich um die Sicherheit im World Wide Web bemüht.

Plattformen
Mobile Betriebssystemfamilie inkl. zugehörigem Eco-System wie Entwicklungswerkzeuge und Store

PPI
Synonym zu DPI

RDA
Remote Device Access – Service, der es ermöglicht, über einen Browser auf entfernte Geräte zuzugreifen. Teilweise auch als Device Cloud oder Device Farm bezeichnet. Bekannte Beispiele für einen solchen Service sind Perfecto Mobile und SauceLabs. Neben diesen beiden gibt es aber noch viele weitere RDA-Anbieter auf dem Markt.

ROI
Return on Investment – je höher der ROI, desto mehr hat sich eine bestimmte Investition gelohnt. Für ein ordentliches Review der Anforderungen durch einen Tester werden im Verlauf des Projektes etliche Fehlerkorrekturen eingespart.

SBT
Session Based Test – sitzungsbasiertes Testen. Vorgehensweise im Test, bei der die Testaktivitäten in Zeitscheiben fester Länge durchgeführt werden.

SBTM
Session Based Test Management

SDK
Software Development Kit – Paket aus Werkzeugen, Programmbibliotheken, Schnittstellen und Dokumentation, das Entwickler und Tester dabei unterstützt, Applikationen für eine bestimmte Zielplattform zu entwickeln.

Shell
Schnittstelle zur Eingabe von Anwenderbefehlen. Sie kann grafisch oder als reines Textinterface realisiert sein.

SIM-Karte
Subscriber Identity Modul – Teilnehmer-Identitätsmodul; Komponente, die den Nutzer eindeutig identifiziert.

SMS
Smart Message Service – Kurznachrichtendienst, ähnlich wie WhatsApp oder vergleichbare Anwendungen

Stacktrace
Protokoll der im Speicher (Stack) durchgeführten Änderungen

Store-and-Forward
Im deutschen Syllabus als »Teilstreckenverfahren« bezeichnet. Daten werden lokal zwischengespeichert und zu einem geeigneten Zeitpunkt an das Backend übertragen.

Stores
Von den Plattformherstellern bereitgestellte Quellen, um Apps für ein mobiles Gerät zu beziehen. Teilweise stehen diese Apps kostenfrei, teilweise als Kauf-Apps zur Verfügung.

Testorakel
Quelle für das erwartete Ergebnis

Tethering
Technologie, bei der das Smartphone als Access-Point bzw. Hotspot genutzt wird. Andere Geräte können sich über WLAN mit dem Smartphone verbinden, das seine GSM-Internetverbindung für diese über WLAN verbundenen Geräte bereitstellt.

USB-C
Eine bestimmte physische Schnittstelle, realisiert als 24-poliger Anschluss

UX
User Experience – Nutzererlebnis, wie erlebt der Nutzer die App während des Gebrauchs? Wie fühlt sich die Nutzung an?

Viewports
Übersetzt als Sichtfenster bzw. Anzeigebereich. Sie dienen in HTML zur Skalierung von Webseiten, sodass der Inhalt entsprechend auf das Display angepasst wird.

VPN
Virtual Private Network (Virtuelles Privates Netzwerk) – virtuelles privates Netzwerk. Verschlüsselter Kanal, der virtuell ein privates Netz in einem öffentlichen Netz bereitstellt.

W3C
World Wide Web Konsortium, das sich mit vielen Standards für das Web beschäftigt.

Wallet
Ein Wallet ermöglicht das Abspeichern von digitalen Guthaben oder auch Gutscheinen, Boardkarten, Eintrittskarten und Ähnlichem.

WLAN
Wireless Local Area Network – kabelloses lokales Netzwerk. Lokales Funknetzwerk, das ab Layer 3 des OSI-Referenzmodells die gleichen Protokolle und Technologien nutzt wie kabelgebundene lokale Netze. Im englischen Sprachgebrauch wird WiFi anstatt WLAN genutzt.

Wrapper
Brücke bzw. Adapter; sie ermöglichen eine Nutzung von Programmcode in einer Sprache innerhalb einer anderen Sprache.

C Verzeichnis der Praxisbeispiele

Kapitel 1

Kapitel 2

Kapitel 3

Kapitel 4

Kapitel 6

D Verzeichnis der Übungen

Kapitel 2

Kapitel 3

Kapitel 4

Kapitel 5

E Referenzen

[Bach 2020] Bach, J.: Heuristic Test Strategy Model, 2020; *https://www.satisfice.com/download/heuristic-test-strategy-model.*

[Baumgartner et al. 2021] Baumgartner, M.; Gwihs, S.; Seidl, R.; Steirer, T.; Wendland, M.-F.: Basiswissen Testautomatisierung. Aus- und Weiterbildung zum ISTQB® Advanced Level Specialist – Certified Test Automation Engineer. 3., aktual. und überarb. Auflage, dpunkt.verlag, Heidelberg, 2021.

[Google 2012] Google: Unser mobiler Planet: Deutschland. Der mobile Nutzer, Mai 2012; *https://services.google.com/fh/files/blogs/our_mobile_planet_germany_de.pdf.*

[GTB-Lehrplan 2017] German Testing Board: Certified Tester – Foundation Level Syllabus – Usability Testing, 2017; *https://www.german-testing-board.info/wp-content/uploads/2018/06/DE_ISTQB_Usability_Tester_FL_Lehrplan_2017_mit_Aenderung_auf_Testing.pdf.*

[GTB-Lehrplan 2019b] German Testing Board: Certified Tester – Advanced Level Syllabus – Testautomatisierungsentwickler, 2019; *https://www.german-testing-board.info/wp-content/uploads/2019/12/Advanced-Testautomatisierungsentwickler-Syllabus_DE_2019-12-16_Version_H.pdf.*

[GTB-Lehrplan 2019a] German Testing Board: ISTQB Certified Tester – Foundation Level Specialist Lehrplan – Performanztest, 2019; *https://www.german-testing-board.info/wp-content/uploads/2020/01/CTFL-PT-Syllabus_deutsch_2019.pdf.*

[Hendrickson 2014] Hendrickson, E.: Explore It! Wie Softwareentwickler und Tester mit explorativem Testen Risiken reduzieren und Fehler aufdecken. dpunkt.verlag, Heidelberg, 2014.

[Knott 2016] Knott, D.: Mobile App Testing. Praxisleitfaden für Softwaretester und Entwickler mobiler Anwendungen. dpunkt.verlag, Heidelberg, 2016.

[Knott 2018] Knott, D.: Mobile App Testing Mnemonic: Reminders & Tips for Testing Mobile Apps, 2018; *https://www.ministryoftesting.com/dojo/lessons/mobile-app-testing-mnemonic.*

[Kohl 2017] Kohl, J.: Tap into Mobile Application Testing. leanpub, 2017.

[OpenSignal 2015] OpenSignal: Android Fragmentation visualized, 2015; *https://www.opensignal.com/sites/opensignal-com/files/data/reports/global/data-2015-08/2015_08_fragmentation_report.pdf.*

[Perfecto 2014] Perfecto Mobile: Perfecto Mobile 2014 Benchmark Survey. Why Mobile Apps fail, 2014; *https://info.perfectomobile.com/rs/perfectomobile/images/why-mobile-apps-fail-report.pdf.*

[Perfecto 2020] Perfecto: Mobile & Web Test Coverage Index, Spring 2020; *https://www.perfecto.io/resources/mobile-web-test-coverage-index.*

[Simon et al. 2019] Simon, F.; Grossmann, J.; Graf, C. A.; Mottok, J.; Schneider, M. A.: Basiswissen Sicherheitstests. Aus- und Weiterbildung zum ISTQB® Advanced Level Specialist – Certified Tester. dpunkt.verlag, Heidelberg, 2019.

[Software Quality Lab 2018] Software Quality Lab: Interesting Insights into Professional Practice. 2018 Software Quality Days. Conference Journal 2018; *https://2018.software-quality-days.com/conferences/2018/Documents/SWQD2018_ConferenceJournal.pdf.*

[Spillner & Linz 2019] Spillner, A.; Linz, T.: Basiswissen Softwaretest. Aus- und Weiterbildung zum Certified Tester – Foundation Level nach ISTQB®-Standard. 6. Auflage, dpunkt.verlag, Heidelberg, 2019.

[Spreitzenbarth 2017] Spreitzenbarth, M.: Mobile Hacking. Ein kompakter Einstieg ins Penetration Testing mobiler Applikationen – iOS, Android und Windows Mobile. dpunkt.verlag, Heidelberg, 2017.

Internetverweise[1]

[URL: 42matters] *https://42matters.com/stats.*

[URL: ADB] *https://developer.android.com/studio/command-line/adb.*

[URL: Appium] *http://appium.io.*

[URL: Apple Accessibility] *https://developer.apple.com/design/human-interface-guidelines/accessibility/overview/introduction/.*

[URL: Apple Events] *https://www.apple.com/de/apple-events/.*

[URL: ATB] Austrian Testing Board; *https://www.austriantestingboard.at/.*

[URL: AVD] *https://developer.android.com/studio/run/managing-avds.*

[URL: Bitkom] *https://www.bitkom.org/Presse/Presseinformation/Deutscher-App-Markt-auf-Umsatz-Rekordhoch.*

[URL: Dashboard] *https://developer.android.com/about/dashboards.*

1. Alle Links wurden im August 2020 geprüft. Eine Garantie für deren Gültigkeit über dieses Datum (August 2020) hinaus kann nicht übernommen werden.

[URL: Device Monitor] *https://developer.android.com/studio/profile/monitor.*

[URL: Espresso] *https://developer.android.com/training/testing/espresso/.*

[URL: Flutter] *https://flutter.dev/.*

[URL: Genymotion] *https://www.genymotion.com/.*

[URL: Google Barrierefreiheit] *https://www.google.com/accessibility/.*

[URL: Google I/O] *https://events.google.com/io/.*

[URL: GTB] German Testing Board; *https://www.german-testing-board.info/.*

[URL: GTB MAT] *https://www.german-testing-board.info/lehrplaene/istqbr-certified-tester-schema/specialist-module/mobile-application-testing/.*

[URL: Instruments] *https://developer.apple.com/xcode/features/.*

[URL: ISO 25010] *https://iso25000.com/index.php/en/iso-25000-standards/iso-25010.*

[URL: ISTQB] International Software Testing Qualifications Board; *https://www.istqb.org/.*

[URL: ISTQB Downloads] *https://www.istqb.org/downloads/send/48-advanced-level-test-automation-engineer-documents/201-advanced-test-automation-engineer-syllabus-ga-2016.html.*

[URL: ISTQB-Glossar] *https://glossary.istqb.org/de/search/.*

[URL: ISTQB Glossary] *https://www.istqb.org/downloads/glossary.html.*

[URL: ISTQB Materials] *https://www.istqb.org/certification-path-root/mobile-application-testing.html#materialsForDownload.*

[URL: ISTQB Performance Testing] *https://www.istqb.org/downloads/syllabi/performance-testing-syllabus.html.*

[URL: ISTQB Usability Testing] *https://www.istqb.org/certification-path-root/usability-testing.html.*

[URL: Komoot] *https://apps.apple.com/de/app/komoot-fahrrad-wander-navi/id447374873.*

[URL: Kotlin Multiplatform] *https://www.jetbrains.com/lp/mobilecrossplatform/.*

[URL: Meme] *https://me.me/i/so-whats-your-idea-of-a-perfect-date-immayyyy-find-13828696.*

[URL: Mobile Testing Book] *http://www.kohl.ca/tag/mobile-testing-book/.*

[URL: Monkey] *https://developer.android.com/studio/test/monkey.*

[URL: Open Device Lab] *https://opendevicelab.com/.*

[URL: OWASP] *https://owasp.org/.*

[URL: OWASP MSTG] *https://owasp.org/www-project-mobile-security-testing-guide/.*

[URL: OWASP Top 10] *https://owasp.org/www-project-mobile-top-10/.*

[URL: OWASP ZAP] *https://owasp.org/www-project-zap/.*

[URL: PAOLO] *https://hanseatictester.info/paolo-heuristic-for-ipad/.*

[URL: Phone Gap] *https://phonegap.com.*

[URL: Pro1] *https://www.fxtec.com/pro1.*

[URL: Profiler] *https://developer.android.com/studio/profile/android-profiler/.*

[URL: Selenium] *https://www.selenium.dev/.*

[URL: Selenium Grid] *https://www.selenium.dev/documentation/en/grid/.*

[URL: SFiDPOT] *http://karennicolejohnson.com/2012/05/applying-the-sfdpot-heuristic-to-mobile-testing/.*

[URL: Statcounter] *https://gs.statcounter.com/.*

[URL: STB] Swiss Testing Board; *https://swisstestingboard.org/.*

[URL: Studio] *https://developer.android.com/studio.*

[URL: Test Mobile Apps] *http://www.kohl.ca/2010/test-mobile-apps-with-i-sliced-up-fun/.*

[URL: Testflight] *https://testflight.apple.com.*

[URL: The Garageband Guide] *https://thegaragebandguide.com/wtf-is-inter-app-audio-apps.*

[URL: t-online] *https://www.t-online.de/digital/id_88282810/corona-warn-app-akku-einstellungen-machen-probleme-das-koennen-sie-tun.html.*

[URL: UI Automator] *https://developer.android.com/training/testing/ui-automator.*

[URL: Usability Heuristics] *https://www.nngroup.com/articles/ten-usability-heuristics/.*

[URL: W3C] *https://www.w3.org.*

[URL: W3C Internationalisierung] *https://www.w3.org/International/articles/article-text-size.de.*

[URL: WebDriver] *https://www.w3.org/TR/webdriver/.*

[URL: Wireshark] *https://www.wireshark.org.*

[URL: Xamarin] *https://dotnet.microsoft.com/apps/xamarin.*

[URL: Xcode] *https://developer.apple.com/xcode/.*

[URL: XCTest] *https://developer.apple.com/documentation/xctest.*

Index

H

I

J

K

L

M

U

V

W

X

Z